人民日报 中华文化复兴方阵书系

出版人 董 伟

人民日报名家自述系列
中华文化复兴方阵

超越百年的人生智慧
周有光自述

周有光 著 | 文明国 编

人民日报出版社

图书在版编目(CIP)数据

超越百年的人生智慧 ：周有光自述 / 周有光著；文明国编. -- 北京 ：人民日报出版社，2014.10

（中华文化复兴方阵. 名家自述系列）

ISBN 978-7-5115-2363-1

Ⅰ. ①超… Ⅱ. ①周… ②文… Ⅲ. ①周有光—自传 Ⅳ. ①K825.5

中国版本图书馆 CIP 数据核字(2014)第 008822 号

书　　名：超越百年的人生智慧 ：周有光自述
作　　者：周有光

出 版 人：董　伟
责任编辑：林　薇　　陈志明
版式设计：汪要军

出版发行：人民日报出版社
社　　址：北京金台西路 2 号
邮政编码：100733
发行热线：（010）65369527　65369512　65369509　65369510
邮购热线：（010）65369530
编辑热线：（010）65369514
网　　址：www.peopledailypress.com
经　　销：新华书店
印　　刷：北京彩虹伟业印刷有限公司

开　　本：1/16
字　　数：300 千字
印　　张：24.25
印　　次：2014 年 10 月　第 1 版　　2014 年 10 月　第 1 次印刷

书　　号：ISBN 978-7-5115-2363-1
定　　价：42.00 元

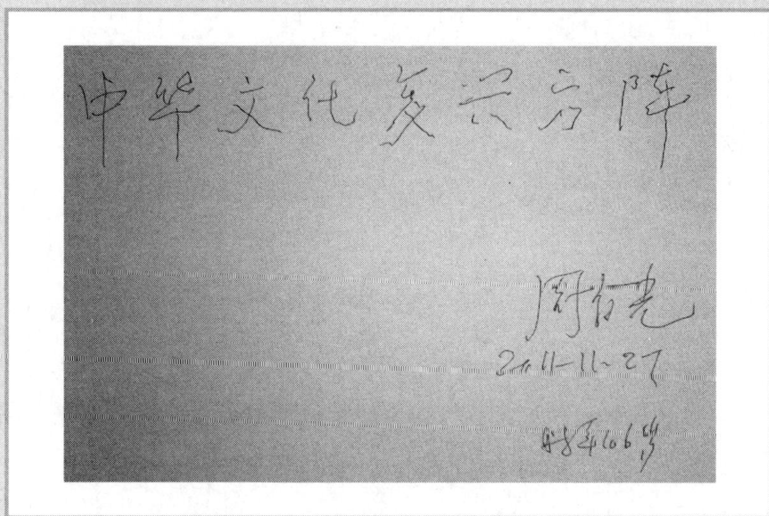

周有光先生“中华文化复兴方阵”手迹

目录

第一编　百岁口述传记

一　常州青果巷……………………………………………… 3
二　育志小学……………………………………………… 7
三　常州中学……………………………………………… 9
四　五四运动………………………………………………13
五　圣约翰大学……………………………………………15
六　光华大学………………………………………………21
七　拉丁化运动……………………………………………25
八　妻子张允和……………………………………………27
九　“流水式”的恋爱……………………………………31
十　“举杯齐眉”…………………………………………35
十一　四姐妹………………………………………………39

十二　连襟沈从文……42
十三　留学日本……44
十四　抗日战争……48
十五　从上海到四川……51
十六　“左”倾幼稚病……56
十七　美国生活……59
十八　和爱因斯坦聊天……64
十九　环游世界……66
二十　美国归来……69
二十一　上海的变化……71
二十二　文字改革委员会……77
二十三　新陋室铭……82
新陋室铭……83
二十四　昆曲研习社……85
二十五　宁夏五七干校……89
二十六　“专家专家，专门在家”……94
二十七　重游欧美……99
二十八　家庭文化……102
二十九　“周百科”……105
三十　晚年所思……108
三十一　长寿之道……118

第二编　记忆的碎片

少年家学…………………………………………………… 125
坐独轮车上大学……………………………………………… 127
圣约翰大学的依稀杂忆……………………………………… 129
抗战八年…………………………………………………… 135
故人风流…………………………………………………… 138
“文革”劫难………………………………………………… 140
大雁粪雨…………………………………………………… 143
暮年生活…………………………………………………… 145
“傻瓜电脑”的趣事………………………………………… 147
　八十六岁的老太学电脑………………………………… 148
　按钮娃娃………………………………………………… 148
　十二岁的女孩看了一天就能打字……………………… 149
　十三岁的女孩要提出中文打字倡议书………………… 150
有书无斋记………………………………………………… 152
在纪念国务院发布《汉字简化方案》和《关于推广普通话的指示》五十周年活动上的讲话…………………………… 154
窗外的大树风光……………………………………………… 156
失落了的欢欣……………………………………………… 159
地球缩小了，胸襟要开阔…………………………………… 162
张允和的乐观人生
　——《曲终人不散——张允和自述文录》前言 ………… 165

终身教育，百岁自学

——《见闻随笔》前言 …… 167

聊天的记录

——《学思集》后记 …… 171

回首百年

——《百岁新稿》自序 …… 173

《〈伊索〉的舞台艺术》序 …… 177

世纪的来客

——《二十一世纪的华语和华文：周有光耄耋文存》前言 …… 180

学而不思则盲，思而不学则聋

——《现代文化的冲击波》前言 …… 182

残酷的自然规律

——《浪花集》后记 …… 184

第三编　回顾语言学界往事

跟林汉达先生一同看守高粱地的时候 …… 189

宁夏平罗的“五七干校” …… 189

语文大众化 …… 189

乐观主义 …… 190

三化和三性 …… 191

怀念敬爱的张寿镛校长 …… 192

切音字运动百年祭 …… 197

一目了然初阶 …… 197

“思入风云变态中”…………………………………… 198
两个发展层次………………………………………… 198
五百年一次飞跃……………………………………… 199
卢戆章：切音字运动的开创者……………………………… 201
蔡元培：现代新教育的开创者……………………………… 204
提倡国语和白话文…………………………………… 204
提倡注音符号和拉丁化……………………………… 208
提倡“世界语” …………………………………………… 210
瞿秋白：中文拉丁化的创导人……………………………… 213
新时代的先驱者……………………………………… 213
瞿秋白先生的语言观………………………………… 215
瞿秋白先生的文字观………………………………… 216
附录：瞿秋白方案和三种方案的比较……………… 219
黎锦熙：语文现代化的先驱……………………………… 220
黎锦熙先生和语文现代化……………………………… 225
胡愈之引导一代青年……………………………………… 230
高瞻远瞩……………………………………………… 230
“爱斯不难读”……………………………………… 231
“手头字”…………………………………………… 231
“大众语”…………………………………………… 232
文字改革……………………………………………… 233
冲破中世纪的黑暗…………………………………… 234
叶籁士：左翼语文运动的倡导者………………………… 236
新文化、新语文……………………………………… 236

埋头苦干、任劳任怨…………………………………… 237
吴玉章和拉丁化运动…………………………………… 238
倪海曙：拉丁化运动的旗手…………………………… 241
胡乔木：智慧的巨星…………………………………… 245
扩大白话文运动的成果………………………………… 245
扩大汉字简化的范围…………………………………… 247
解决汉语拼音方案的设计难题………………………… 248
村野辰雄：日语罗马字的旗手………………………… 250
魏建功：台湾普及国语的开创者……………………… 253
陈望道：革命教育家…………………………………… 256
现代进步思潮的先驱者………………………………… 256
现代语文革新运动的倡导者…………………………… 258
跟倒退逆流作不妥协的斗争…………………………… 261
罗常培：继往开来的语言学家………………………… 264
王力：龙虫并雕的语言学家…………………………… 271
吕叔湘：语法学大师…………………………………… 276
林汉达：大众化的教育家……………………………… 279
向传统教育挑战………………………………………… 279
参加扫盲工作…………………………………………… 280
研究拼音文字…………………………………………… 281
编写历史故事和提倡成语通俗化……………………… 282
姜椿芳：《中国大百科全书》的创办人……………… 286
大百科全书和拼音序列………………………………… 286
纪念汤显祖逝世三百七十周年………………………… 288

刘尊棋：《中国日报》的创办人…………………………… 291
纽约初见…………………………………………… 291
香港重逢…………………………………………… 292
主持《简明不列颠》……………………………… 293
创办英文《中国日报》…………………………… 294
张志公：实用语法学家………………………………… 296
曾世英：现代地图学的开创者………………………… 299
开创现代地图学的新纪元………………………… 299
与大学者为友……………………………………… 300
逆境中有顺境……………………………………… 301
郑权伯：水利学大师…………………………………… 303
良师益友…………………………………………… 303
海上论文…………………………………………… 304
章乃器：胆识过人的银行家…………………………… 306

第四编　我和语文现代化

回忆拼音方案的制订过程…………………………………… 313
我和语文现代化……………………………………………… 323
参加制订汉语拼音方案……………………………………… 325
使文字改革跟语言学挂钩…………………………………… 329
找寻汉字在人类文字史上的地位…………………………… 334
研究信息化时代的中国语文问题…………………………… 339
《汉字改革概论》序言……………………………………… 343

利用拼音，帮助汉字…… 346
一　汉语拼音方案的诞生…… 346
二　利用拼音帮助汉字…… 348
《中国语文的时代演进》前言…… 352
《人类文字学浅说》前言…… 354
《字母的故事》前言…… 356
为什么要讲《字母的故事》…… 356
《字母的故事》讲些什么 …… 357
《今日花开又一年》序言…… 361
《现代汉字学》序言…… 363
《比较文字学初探》后记…… 366
《汉字改革概论》三版序言…… 369

周有光先生事略…… 371

周有光自述

第一编

百岁口述传记

一　常州青果巷

我的曾祖父号润之公，祖父号逢吉公，都是号，名字我都不知道。父亲名保贻，号企言。母亲徐雯。我最大的姐姐是三姐，因为大姐、二姐小时候就去世了。我的妈妈生三姐、四姐、五姐、我、九妹，共五个孩子。我父亲一个姨太太生的老七去世，又生一个八妹，这样，我的妹妹就是九妹了。我排行第六。

我的曾祖父很有名，《常州府志》有记载。太平天国把我们家打光了，就穷下来了。我的曾祖父在太平天国之前就办工业，那时是手工工业。常州纺纱织布到今天还是有名。常州虽然穷，但有一个特点，没有失业的人。农民家里都有在城里做工的人，不单是种田。

家里有一个老姨太太，可能是我曾祖父的姨太太，她养一只大猫，有八九只小猫，每天晚上睡觉，要把它们的脚洗干净。猫的规矩大得很，大猫管理小猫，开饭吃东西，小猫想吃桌子上的东西，就把大猫放在桌子上，小猫一上来，大猫把小猫一打就打下去了。

我家在常州住的巷子叫青果巷。青果巷有意思，瞿秋白、赵元任、我都住在青果巷，我们三个人都搞文字改革。瞿秋白家很穷，租人家的房子住。赵元任家的房子叫八桂堂。我们家的房子叫礼和堂。我们家的房子是明朝造的，了不起，很旧了也不能拆掉，旁边就造一座新的房子，连在一起，房子有好几进。我们住在新房子里，旧房子租给人家。我们家在运河边上，前门在路上，后门在水边。我们住在河的北面，我要过了河去上学，河没有桥，只有由船连起来的渡桥，人在船上走过去。大船来的时候，摆渡船就分开，叫开渡，大船过去之后再合起来，人又可以走来走去。

我大概 3 岁开始，常常跟祖母在一起。祖母住在河旁边的房子，大玻璃窗，有月亮的时候特别好。祖母教我念唐诗。祖母娘家是一个大家，在女孩子时受很高的教育，那时候没有新式学校，她在妇女中是了不起的，打官司她拿起笔来能写状子，很有学问。我记得一件奇怪的事情，祖母要吃补的东西，吃奶，没有像我们现在这么方便，是牵着一头牛到家里来挤奶。此外，妇女挤人奶给老太太吃，她的身体特别好。

我的父亲当教员，当时常州只有两个中学，一个男中，一个女中，父亲就在女中里教书。后来父亲办一个国学馆，收学生，教古文。我跟父亲很少在一起，不过我的印象中，父亲的脾气还是很好的，他并不固执，那时候提倡白话文，他教古文，可是不反对白话文。我们跟着母亲到了苏州，我的父亲跟姨太太还是住常州，家庭穷了，就分裂了。

我的母亲对我影响大。母亲是读老书的，没有进过新学校，她的文笔不行，我的祖母的文笔很好。祖母是高级知识分子，母亲是普通知识分子，她看书没有问题，可是写文章不行。我的母亲性格温和，向来不生气，她常说一句古话："船到桥头自然直。"不要着急，着急也没有用处。她经过那么多困难，到96岁去世，头发黑的，耳朵不聋，眼睛也不花。

抗日战争时，我们到了四川，我的父亲和姨太太避日本人到乡下。抗战没有结束，他就去世了。我听说，他去拔牙，弄得不干净，中毒，大概是这样去世的。他的姨太太也是晚一点在抗战期间去世了。

上小学之前，我们家请了中文、英文、舞蹈老师，教我的姐姐们。我年纪太小，没有条件上她们的课。我就去偷看，家里买了一架风琴，一位女老师教姐姐们唱歌跳舞，一位年轻的男老师教英文，一位老先生教中文。

我没有上私塾。我小时候读书读得不多，家里只有我一个男孩，溺爱我，说："不要压他读书，早读书身体不好。"当时我妹妹还没有生，我的姐姐大，不跟我玩。我就到我们家的房客那里，他们的女孩子跟我差不多大，我跟他们玩，他们大人不让我玩，说女孩跟男孩不能一起玩。我一个人很孤独，没有玩的伴侣。后来上小学就好了，同学多得很。

每年过年一定要拜祖宗，一代一代有好几个大小的厅，有画像，这种画像画得很仔细，平时收藏起来，过年才拿出来，挂上要叩头。一抗战，我们逃难，东西都没有了。打完仗，我到美国，看见宾馆里就挂着我们中国人祖宗的画像，价钱贵得不得了。

常州亲戚很多，可是小时候叫的伯伯、叔叔，大名一个都不知道，后来我是一路往外跑，从常州到苏州到上海到外国。常州几十年没有去，八十年代，常州举行一个纪念瞿秋白的学术研讨会，我去了。常州是出篦子的，《十五贯》里就是拿十五贯的钱到常州买篦子。我想买些篦子回来，结果买不到。我住在一个当时算最好的宾馆，在四楼，外面下大雨，房子是漏的。

可是常州在中国来讲，是电气化最早的城市。沪宁铁路是最早发展的地方，常州在沪宁铁路的中心，最早办了一个发电厂，发电厂的电输到整个沪宁铁路。常州乡下很早就有电灯了，而且用电来搞小的发电机打水，所以常州没有荒年，农业发展很早。

二　育志小学

我长大一点，大概 6 岁了，进了小学。进小学的印象我到今天还记得，刚刚开始创办新式小学，听说已经创办了两个学校，我们这个小学是第三个。我们的小学叫育志小学。这个小学原来是一个庙，我们家的男工带我去看，把庙里的菩萨一个一个打掉，怎么打呢？把绳子套在菩萨的脖子上，一拉，卟隆冬，就破了。把菩萨都搞光，把庙收拾收拾，就成了小学。那个房子里面都是麻雀窝，麻雀多得不得了。我们下了课，小学生很淘气的，架一个梯子爬上去，把麻雀蛋拿出来，吃了。麻雀就在那儿飞，一边飞，一边骂我们。

还有一个有趣味的事情，提倡男女同学。那时小学可以男女同学，中学、大学不行。小学是这样子的：男生、女生分开的，一进门，女生在女生部，男生在男生部。上课，课堂里一排排的座位，男生先坐好，教师来了，然后，女舍监领了女生坐在旁边；下课，女合监把女生排了队带出来，男生才出来。虽然在一个课堂里，实际是分开的。还有更麻烦的，中午吃饭叫送饭，家里烧了饭，送去吃的，有女孩、男孩同一个家的，不能一起吃，要分开来吃。后来就改进了，可以一家一起吃。那时候男女同学根本是分开的。

人家一直说，我们那个时候，不论小学、中学，老师水平好得不得了。府城只有三所小学，这是刚刚开头新兴的，了不起了。小学读的课程是国、英、算，那时候小学要读七年，学日本制度，四年初小，三年高小。本来要七年毕业，我的成绩特别好，六年就给我毕业了。其实这样不好，因为许多功课是衔接的，少读了一年，就断掉了，进中学就不方便。

我离开小学就没有常州的家庭生活，到苏州了。我们家过年过节规模大得不得了，客人从早到晚来访。我母亲决定到苏州的原因之一就是家里穷了，常州的生活过不下去了。家里穷了还要顾着面子，这就活受罪。我记得我们家天天要送礼，专门有一个男工，一家一家送礼，这种生活不合理。所以，我母亲决心离开常州到苏州。

我小学毕业以后不久，就搬到苏州。在苏州起初是住自己的房子，我们在苏州有一所很大的房子，好几十间，但是破破烂烂的，后来就卖掉了。我们租人家房子住，租一进，几间房。

常州、苏州、上海很近，但是常州就落后，苏州思想进步一点，上海思想更进步，这个很明显。常州人说："中学毕业很好了，用不着进大学了。"苏州人说："中学不行，一定要大学毕业。"上海人说："大学不行，一定要留学。"一个地方差那么一点点，思想不一样。地理条件跟社会问题有密切联系。外国的新思想、新生活都是从上海传到苏州，再传到常州。

三　常州中学

大概因为我读了六年就算小学毕业了，不能进入常州中学。我十二岁小学毕业了，自己也搞不清楚怎么把我送到镇江中学去，大概是学校里面有老师是和我们有关系的人，有人照顾。我到镇江，不习惯。在镇江待了不到一年，又回来了。镇江也是江苏的大地方，回来的理由大概是年龄太小，不能适应，我就记得镇江中学其他的同学都是比我大得多。

回来后，我就进常州中学的预科读了一年。常州中学的好处是预科非常好，因为每个学生不同科目的水平不同，假如你的国文不好，读预科就补国文，数学不好就补数学，英文不好就补英文。在预科，我的记忆当中主要读古代的东西，最重要是读了《左传》。一年预科，四年正科，结果小学读了六年，最后还是七年。

常州中学的创办人是屠元博，常州中学有一个塔纪念他。这个人了不起，他在清朝末年就跟孙中山在日本一起闹革命。每年冬天，他偷偷地回到常州，辫子已剪掉，头上戴着帽子，戴上假辫子。那时候男人可以骑马骑驴，他不敢，白天也不敢活动，晚上坐轿子，戴帽子在常州搞革命，其中重要的一件事情是创办常州中学，是清朝最晚的时候创办的，等到办好，已经是民国元年了。屠元博的父亲叫屠寄，《辞海》里有他的名字，他是历史学家，清朝末年京师大学堂的教授，一早就让儿子到日本去了。屠元博是孙中山的左右手，民国初年有国会，不同的党都有议员，同盟会的议员小组叫同盟会党团，要有一个头头，叫党魁，就是屠元博。后来北洋政府时的党派斗争很厉害，据说，人家就请了屠元博吃饭喝酒，酒里面放了毒药，把他毒死了。屠元博的儿子叫屠伯范，是我的姐夫，我的三姐嫁给屠伯范。屠伯范在日本学化学，和郭沫若是同班同学。

江苏省是教育发达的地方，一个府只办一个中学。没有大学，大学就是教会学校。常州府就开了常州中学，四周好几个县都属于这个府的，要到这个地方来读书。教员集中了一些水平很高的进步人士，给我们影响特别大的是一位中文教师叫吴山秀，那时的中文教材都是文言文，可是他解释这些文章时，就发挥他的思想，给我们印象深刻。

我们学校要请一些有名的人来演讲，叫作“名人演讲”。有一个小组专门请名人来演讲，这个小组也请吴山秀来讲。吴山秀是自己人，黑板上写好了“名人演讲”，他用笔把“名人演讲”改成“各人演讲”。他提倡白话文，可是当时白话文不进课堂，他就在课外教我们看白话的东西，写白话的文章，把许多五四运动的思想在中文课上灌输给我们，我们这些小青年对他非常钦佩。

常州中学都是男生，没有女生，一定要住在学校里面，一个星期只能回家一天。特点是上午上三课，每课五十分钟，下午是游艺课。什么是游艺课？自己选课，假如你喜欢古典文学，可以选古文；喜欢书法，可以选书法；喜欢打拳，有两位老师教打拳，一位教北拳，一位教南拳；喜欢音乐，可以选音乐，音乐有国乐、外国音乐两门。有一位很有名的音乐家刘天华就在我们学校教音乐，音乐课的乐理就是他上的。刘天华在学校搞一个军乐队，每到四点钟，就在学校里一面演奏一面绕一个大圈子，听到军乐声，大家都休息了。刘天华的哥哥叫刘半农，弟弟叫刘寿慈。

游艺课不用考试的，考是没有必要的。这个课程你有兴趣，会学得好的，用不着考。考得很好，不一定学得很好。

大家读书很用功。老师并不是追着你，给你很大的负担。常州中学教古书的能力很高，英文水平很高。学生到大学里，就能用英文了，不是像今天到大学还不能用英文，还要补英文，那就苦了。还有一点，中学时读世界历史、世界地理都是用英文课本，化学、物理、生物学都是英文课本。一直到今天，好些外国地名我都只记得英文地名，中文地名记不了。

吕叔湘是我中学同学，比我高一班，我们在读书时就认识了，我很钦佩他，他从前在家里读古书，我没有读，他会背《诗经》，我不会背。后来我搞语言，他是真的语言学家，我是假的，跟他往来很多，而且他的观点跟我一样。因为语言学界有许多观点是不同的，吕叔湘的观点跟我一致，所以相处很好。吕叔湘的哥哥非常有名，叫作吕凤子，是画家，也在常州教图画，我父亲教中文，吕凤子跟我父亲很要好。

那时候读古书很重要，我的老师是教古文，但是提倡白话文，又不能教白话文，写文章主要写文言文，白话文写得好不算数。我在读中学预科时，补读古书，特别读《左传》，一篇篇地背，那时候古文进步得快了。我的老师教《古文观止》，他喜欢韩愈，因此我们大家都跟着他喜欢韩愈。现在想起来，那时候很糊涂的。那时候记忆力非常好，所以读了很多古书。我有一个同学叫史松培，溧阳人，那时候自修室一张桌子两人用，我跟他一个桌子，受他的影响，他从小就读许多古书，我很羡慕他。他很用功，清早五六点人家还没有起来，我们就起床，我跟他念了许多古书。史松培后来去读东吴大学，我们没有联系了。我很怀念他。

四　五四运动

五四运动不是学生上街那么几天。清朝末年思想激荡很大，现代化的思潮到“五四”达到一个高潮。五四运动在全国影响大，范围广。我也受五四运动的影响。

五四运动对我们来说，有几个概念，一个概念是要搞白话文，一个概念是要爱国，反对帝国主义。五四运动是老师引导我们，出去反对帝国主义。一个人拿一根旗子，上面写“同仇敌忾”几个字，我们都不懂，老师叫我们写就写。我到茶馆去演讲，茶馆里的人都停下来听我演讲，看不见我的人。我个子长得很慢，当时很矮小，一个客人就把我抱起来站在桌子上面讲，茶馆里面的人起劲得不得了。

五四运动是相当普遍，小地方都有活动。五四运动的确是广泛的思想活跃的时候。我认为五四运动是中华民族觉醒的一个高潮。“五四”提出的口号“民主”“科学”完全正确，解放后要抨击“五四”，这是错误的。仔细研究，“五四”时的文章没有整个否定传统，对儒学也没有完全否定。有人考证，“打倒孔家店”不是“五四”时提出来的，是后来提出的。

五四运动的先锋是白话文运动。这个现象好像非常奇怪，后来胡愈之的解释非常好，他写过一篇文章，说：西欧的文艺复兴、启蒙运动以语文运动为先锋，中国的启蒙运动也是以语文运动为先导。

五 圣约翰大学

我考大学有趣味。我报考了两个大学，都考取了。一个是上海圣约翰大学，一个是南京东南高等师范学校，后来变成东南大学，后来又变成中央大学，今天是南京大学。为什么考两个大学呢？有几个比我高的同学劝我去考圣约翰大学，我到上海去考圣约翰大学，考取了。可是圣约翰大学贵得不得了，一个学期就要两百多块银元，我家里到我读大学是最穷的时候，没有钱。那时候每个大学考试的时间不一样，就再到南京去考，也考取了。南京东南高等师范学校不用学费，那么，我就准备去南京。我的姐姐在上海教书，她的同事朱毓君听说我考进了圣约翰大学不想读，她对我姐姐说："考圣约翰大学比考状元还难，你弟弟考进圣约翰大学又不进，太可惜了。我也没有钱，我去问我妈妈借，让他去上学，上了学以后再想办法。"她的妈妈说："我现在也没有钱，但是有皮箱，里面放了很多嫁妆，拿一个皮箱去当，就可以当两百多块钱。"她们家也在苏州，她妈妈很喜欢我，老太太待我很好，她的箱子放在后房，多少年也没有去开，没有用的。有出戏叫《借当》，借东西来当。这样我就上了圣约翰大学。

考大学很有意思，我们那时候考大学要考六天，八点钟到，真正考试是上午九点到十二点，三个钟头不能停，下午一点到四点，一天六个小时，笔不停挥。考试的范围早已告诉你了，学校招考的小本子写明要考什么书，可以说没有舞弊，为什么呢？题目多得不得了，六天当中只有一天用中文，其他都用英文，题目多得你要笔不停挥。你想打稿子，不行，一打稿子，题目就做不完，舞弊是不大可能的。已经告诉你材料都在这里面，不要叫你猜，不捉迷藏，现在考试是捉迷藏。题目很多，就是叫你秉笔直书，写不快，就不行，怎么考，都公开的。而且很奇怪，招考多少人是没有数目的，七十分及格，及格的都收，哪年没有及格的，一个也不收。所以跟今天的考试方法完全不一样，没有名额，我们那一年，凡是及格的都收，宿舍不够，就把另外一些房子临时改成宿舍，跟今天完全不一样。我觉得考上不难，只要把指定的那些书搞清楚就行了。

还有一个笑话，上圣约翰大学报名要照片，我的同学关照我“你最好拍一张西装照片”。因为我在常州不穿西装，土得很，也不知道西装怎么穿的。到照相馆去拍照，照相馆有西装准备拍照用的，照相馆的人也不知道怎么样打领带、领结。闹了一个笑话：他给我戴了一个领带，再戴一个领结。照片寄到上海，我的同学大笑，赶快寄回来，要求重拍。

一九二三年，我从苏州坐火车到上海。从火车站下来，坐电车到静安寺，静安寺再往西，就是田野了。租了独轮车到圣约翰大学，圣约翰在上海梵王渡，今天就是中山公园那边。独轮车是什么时候有？大概九百年，所以坐独轮车上圣约翰大学在文化上跨过九百年。古老的中国要到教会学校学外国的东西，文化历史跨过九百年。

有趣味的事情是，进大学第一次去报到，给我一个卡片，把我的名字打在卡片上。上面有中文，也有拉丁字母，我一看，是用上海话拼的罗马字，这是学校规定的标准，在学校每一个地方签名，都要按照这个标准。学校的管理就按照罗马字来管。我一进学校就懂得什么是罗马字管理法，这是科学管理，到今天中国人都不懂，圣约翰的总务部是没有几个人的，管理起来好得不得了。这件事情印象很深，这就是外国文化跟中国文化不同的地方。后来第二次世界大战以后，我到美国去工作，可以说，我在工作当中学到更多的东西，每一个环节都是高效率。人家问："为什么美国人比别的国家富？"一天的工作要相当于好几个外国人，财富是这样来的。我到美国才知道，日本有一个调查团，调查美国人的办公效率，调查了几个月，写成一个报告，结论说：一个美国人可以抵十五个日本人。真是不一样，那时候电话当然还没有今天好，我才知道用电话的方法跟中国人不一样，在中国根本不重视效率，中国人办公的方法远不如他们。我训练到这个习惯：做事情一定要讲效率。

圣约翰大学的专业跟今天不一样，现在进大学就要分专业，圣约翰大学是外国规矩，大学一年级不分专业，都是基础课。专业分得粗得不得了，现在是根据苏联的办法，专得不得了。圣约翰大学本部只分文科、理科，医科在另外一个地方，我们不大碰头。一年级不分文理，二年级才分文理。我一年级进圣约翰大学，学基础课，三面墙上都是黑板，黑板可以拉上拉下的，好多学生可以在上面做题目，数学的水平比较高。我的数学很好，一个外国数学老师就劝我："你就学理科吧。"可是，我的同学都跟我讲："你不要学理科，要学文科。"为什么呢？圣约翰大学有名的是文科，不是理科，到了圣约翰大学不读有名的文科，而读理科，吃亏了。我就学了文科。实际上，我当时偏重经济学方面。

我那时候学经济，主要是学经济的技术，中国是一个大国，要做国际贸易，要办银行，要有一套学问，不像现在乱七八糟一下子几千万被人家骗走了，没有这么傻的事情。资本主义如果这么搞，早就垮掉了。国际贸易要有一套技术，我主要是学这方面的东西。

可以说，大学里所有的功课都很有意义，是英美的做法。比如大学里有一本小书，客人来了可以看，这本小书讲：我们这个大学不是培养专家的，是培养完美人格，在这个基础上，可以发展成为专家。一到圣约翰大学，每一课都有课外阅读材料，常常要看百科全书。学会了自学，学会了独立思考。这种教育方法从教师来讲，并不费事，可是可以给我们一个方向。

那时候鼓励学生自学，上课的时间并不多。有的时候，老师的几句话，会给学生一生影响很大。那时候的教育跟解放后苏联教育不一样，苏联教育是强迫性的"填鸭式"教育，效果不好。

在圣约翰大学，我印象很深刻的是看报，主要看英文报。一个英国教师问："你们天天看报，是怎么看的？"我们说：

"看报就看报，没有什么。"他说："看报有看报的方法，每天看报要问自己：'今天消息哪一条最重要？'第二个问题：'为什么这条消息最重要？'第三个问题：'这条消息的背景你知道不知道？'不知道就赶快去查书，查书是首先查百科全书。"我们按照他这个方法来看报，兴趣就大大提高。

圣约翰大学重视基础的教育，我读基础的文学、世界史，这很有用处。我进的中学是中国人办的，可是中学的世界史是英文的，世界地理、化学、物理是英文的。我们能够用英文，基础培养今天办不到，今天的中学生、小学生许多时间浪费到莫名其妙的课程上面，应当学的东西学不到，人又苦得要命。学生累得要死，搞得父母也累，睡觉都没有时间，结果学问学不好。我们的教学没有上轨道。

英文很容易学好，你重视它就会好的。我们的英文教师都是教会学校毕业的，我们中学能用英文演讲比赛，英文不过关不能毕业。实际上是中文、英文、数学三门课放了工夫，旁的都不放工夫，好多课不用考的。那时候比较轻松而学得好，今天把学生的时间都浪费掉。还有一个关键，那时候中学都是住读的，没有走读生的，一走读，走来走去，把精力都走光了。今天的学生到大学再读英文，那大学的课程怎么能读呢？大学是用英文了，不是学英文了。现在的青年苦得要命，这个办法不对，我们的教育要彻底地改变。

圣约翰大学在政治方面特别注重外交，从清朝末年到民国时代，外交界都是我的同学，顾维钧是比我们早的最有名的同学。我毕业以后，人家好多次请我到外交界去做事。张允和是断然反对我参加政治，我想是对的，假如我参加政治，就麻烦了。

圣约翰大学的校园美极了。现在上海的中山公园就是我们的校园，校园里原来都是大树，外国人对园林很重视。今天来看，我们学校是规模小，园林大。园林从前叫兆丰花园，现在叫中山公园，把树都搞光了。资本主义的管理学是值得钦佩的。

六　光华大学

事情出乎意料。我在圣约翰大学只读了两年，遇到“五卅惨案”。一九二五年，上海有一个日本工厂，老板把一个工人打死了，这个工人叫顾正红。首先是上海商业界起来抗议，后来整个上海出现抗议，后来是整个江苏，后来扩大到好多城市，全国抗议，反对帝国主义。“五卅惨案”在全国闹得非常厉害，上海是中心，学生都罢课，要出去游行反对日本帝国主义。我们是教会学校，就跟学生发生矛盾。所有学校都游行，我们学生也要去游行，校长说：“你们在校内开会都可以，不要出去。”学生一定要出去，为这个事情就闹翻了，圣约翰大学的老师中一大半是外国来的，一小半是中国来的。中国老师和学生就离校，“离校事件”闹得不得了，这不仅是中国的大新闻，也是世界的大新闻，当时不仅是我们，好多大学都发生这种事情。

中国学生和中国老师排了队，拿了铺盖离开学校，怎么办呢？出来以后社会各界就支持我们，南洋公学也支持我们，就办一个光华大学。当时许多有名的教授都有爱国心，愿意到光华大学来教书，也请了外国人来，一度办得很好。新造的房子主要是华侨捐的钱，可是后来跟日本人打仗，日本人就把光华大学还有两所反对帝国主义的大学炮轰光了。

我在光华大学读了两年，最后在光华大学毕业，光华大学在“二战”以后不行了，没有钱，没有房子，什么都困难了。后来共产党来解放了，所有私立大学都取消了。历史的变化很大。

光华大学实际上还是按照圣约翰大学的方法来办学，当时教育部没有命令大学要这样搞、那样搞。光华大学请了中国有名的学者来上课，譬如教文学的有徐志摩，徐志摩是北京大学教授，又兼光华大学教授，从北京到上海跑来跑去，结果飞机失事死了。徐志摩的作品、做人的风格影响学生。我到过徐志摩家里，他和原来的夫人离婚，徐志摩的前妻张幼仪也是很有文化的，张幼仪是小脚，他们是家里面订婚的。后来他跟陆小曼结婚，在上海住，一幢房子三层楼，下面一层是英国式的，第二层是日本式的，第三层是印度式的，三层楼三种文化。那时候老师跟学生，校长跟学生关系很好，像朋友一样。很多人很钦佩徐志摩的，他是一代风流。有人说白话诗到徐志摩时成熟了。

我没有听他的课，我那时候快毕业了，可是他的东西我都看过，很钦佩。我想徐志摩的文章今天也值得青年人读，他非常有才华。

大学毕业了，有人劝我：“你在上海待得太久了，不要老待在上海。”当时有一个思想说：人在一个单位工作，不要超过三年，为什么呢？一个人在一个地方久了，就会麻木，没有新的刺激，所以当时的教授跟大学要订合同的，不超过三年，三年以后换一所学校，换一个地方。这跟解放后的思想不一样，解放后是在一个地方，一生就不要动了。那时候要动，才有发展，这个思想影响很大。

本来我大学一毕业就要到外国去读书，因为穷，没有去，我的同学十个有九个到美国去留学了。因为虽然是光华大学毕业，却都是圣约翰大学来的，而且都是有钱人家的孩子。我因为没有钱，所以拖了好几年才到外国去。

那时候大学生出路很好。我们的校长张寿镛对我特别好，我读书的时候，校长室缺少一个秘书，就在本校里面招考，我考上了，业余帮校长当秘书。这样，我跟校长关系就很好，我毕业了，他就劝我："你不要出去了，你就在本校教书吧。"我一边就在光华大学附中教书，同时帮大学校长做一些工作。不久，就在大学里面教书。

张寿镛原来是清朝末年的大官僚，可是很有学问，他来做校长，做官方面是牺牲。为什么请他呢？当时大学校长很重要，能够搞钱，还要有声望，这样的人不容易，上海各界就推他，他能搞钱。宋子文是财政部部长，张寿镛做过财政部副部长。他的学术地位也很高。

可是不久，我的一个老师孟宪承——解放后他是上海华东师范大学校长——说："你在光华大学工作当然很安定，我劝你出去别的地方工作，不要老待在一个地方，老待在一个地方不知不觉当中就没有朝气了。"他是懂外国思想，人不可能在一个地方待长时间，要换工作，增加你的阅历，增加你的经验。他说要到无锡乡下一个新办的江苏民众教育学院，这个学校根据一个新的理论来办。那个学院的院长走开，要请他去当院长，想把我带到那边去。去了不久，浙江也在办一个民众教育学院，他又把我带到杭州，我都跟他走。那时候是新的教育理论培养新的人物。这是一种资本主义国家里新的理论，是面向群众，不是面向贵族，本来的教育都是面向贵族的。

我到了杭州不久，浙江和江苏的军阀打仗，把铁路打断了。张允和在苏州没有办法到上海读书，苏州和杭州的路没有断，就到杭州之江大学去借读，之江大学也是一所教会学校，那个校长我也认得。当时的教会大学校长跟学生像兄弟一样。

七　拉丁化运动

我从大学一年级开始，就对语言感兴趣了。一到圣约翰，就发现语言生活完全改变了，因为圣约翰一天到晚都讲英语，只有中国文学、历史课用中文，其他一概用英文，用了英文，就知道英文的方便、字母的科学管理方法，一系列的事情都不一样。不仅仅是字母的问题，管理学的重要条件，汉字不行。

我毕业后在学校教书，同时参加银行工作。我参加拉丁化运动，起初不是主动参加的，我当时写的文章今天看起来很幼稚，可是他们认为有新意义，这样我才参加拉丁化运动。参加以后，我用科学方法来研究，提出几个要改革的方面，拉丁化运动今天来看明白了，当时也不是很明白。提倡方言拉丁化，是因为瞿秋白在苏联受了影响，苏联是许多民族拉丁化，瞿秋白把中国的方言看成是民族语，他反对国语运动，提倡方言拉丁化，可是方言拉丁化在中国推不动。在上海，有上海话拉丁化，同时有北方话拉丁化——“北拉”。你推广“北拉”，人家来，推广上海话拉丁化，人家不来。上海人不需要上海话拉丁化，这一点可看出上海人已经有民族意识，不是地方意识了。

拉丁化运动中最重要的一个人是倪海曙，倪海曙全力以赴，是主将。我参加以后，就觉得有几个地方不对，要搞方言是可以，可是不能各归各搞，相互毫无关系，要有一个共同的基础。我提出方言拉丁化方案要相互沟通，这一点对拉丁化运动有影响。我们推广北方话拉丁化有人听，上海话拉丁化人家听了就完了，没有人来，说明中国人需要国语。

我提出一些不同的意见，陈望道认为我的意见有新意，后来我对文字改革的兴趣跟陈望道的鼓励很有关系。后来他是复旦大学的校长，我是复旦大学经济学的教授。

拉丁化运动当时影响很大，上海是中心，中国有五十多个城市都有拉丁化会。一直影响到南洋，泰国也有拉丁化会，香港是一个重点。过去罗马字只是在知识分子当中，没有到群众，拉丁化运动到广大群众中，工人都来参加。

拉丁化运动是一九三三年在中国开始的，由世界语协会介绍到中国。拉丁化运动发展，世界语反而很难发展。当时世界语也是一个新思潮，我们都学世界语，现在还有，没多大用处，当时看得很重要，结果没有真正变成是世界的语言。有了联合国以后，世界语就下落，联合国提倡五种工作语言，后来变成六种。世界语就没有作用了，在政治、科技、商业上不用，就没有多大用处。我起初搞世界语，后来就不搞了。

八　妻子张允和

张家四姐妹的名气很大，不光在中国，在外国都有很大的影响，前几年美国耶鲁大学的金安平女士撰写了一本《合肥四姊妹》。张家作为一个大家，开始于我老伴张允和的曾祖父张树声，张树声是跟随李鸿章打仗出身的，“张家”与“李家”相并列。李鸿章因母亲去世，清朝大官允许回家守孝三个月，李鸿章回乡丁忧的时候，职务就是由张树声代理的。张树声的官做得很大，任过直隶总督、两广总督、两江总督。所以下一代人也做了很大的官，到第三代张允和的父亲张武龄，生于清朝末年，受了新思想的影响。他知道家里有钱、有地位，但总这样下去不行，就决定离开安徽，到苏州兴办新式教育。一九二一年他在苏州办乐益女子学校，很成功。他跟蔡元培、蒋梦麟等当时许多有名的教育家结成朋友，帮助他把学校办好。他不接受外界捐款，别人想办法找捐款，他恰恰相反，有捐款也不要。当时有一个笑话，他的本家嘲笑他：“这个人笨得要死，钱不花在自己的儿女身上，花在别人的儿女身上。”

其实，他在当时比较先进、开明，他的财产专门用来办教育，他对下一代主张，自己的钱只给儿女教育。

我的老伴兄弟姐妹一共十个，四个女的——“张家四姐妹”受到了当时比较好的教育。不仅是新的大学教育，传统国学的基础也比较好。叶圣陶在我岳父的学校教过书，他讲过一句话：“九如巷张家的四个才女，谁娶了她们都会幸福一辈子。”

九如巷原来在全城的中心，住房跟学校是通的。解放后，苏州政府把原来的房子拆掉，在这个地方建了高楼，成了政府办公的地方。张家住的房子归了公家，现在张允和还有一个弟弟住在那里，原来的房子还剩下从前所谓的“下房”，现在就修理修理住了。苏州城中心的一个公园，九如巷在那儿旁边，找到公园就找到九如巷。从前，很近就到公园、图书馆。苏州在我们青年时代河流很多，现在都填掉，变成了路，不好。

有趣味的是，我们家家道中落，她们家家道上升，都跟太平天国有关系。我的曾祖父原来在外地做官，后来回到常州，很有钱，办纱厂、布厂、当铺，长毛来了，清朝没有一个抵抗长毛的计划，本地军队结合起来抵抗，城里不能跟外面来往了，城里的经费都是我的曾祖父给的。长毛打不进来，就走了，打下南京成立太平天国，隔了两年又来打常州，就打下来了，我的曾祖父投水而死。太平天国灭亡以后，清朝就封他一个官——世袭云骑尉。世袭云骑尉是死了以后要给子孙世袭很多钱。我的祖父在打太平天国的时候在外面，打完就回来，不用做官，每年可以领到很多钱。一直到民国，才没有了。原来的当铺、工场地皮还在，房子大部分被太平军烧掉了，剩下的几年卖一处，花几年，再卖一处，花几年。当时家的架子还很大，我的父亲是教书的，要维持这么大一个家庭当然不行。我父亲后来自己办一个国学馆，收入不是很多，维持一个小家庭可以，维持一个大家庭当然不行。这样子，就穷下来，所以到了我读大学时是最穷的时候，连读大学的学费都拿不出来。

我们两家在苏州，我的妹妹周俊人在乐益女子中学读书。张允和是我妹妹的同学，常常来看我的妹妹，到我家来玩，这样我们就认识了。放假，我们家的兄弟姐妹，她们家的兄弟姐妹常常在一起玩。苏州最好玩的地方就是从阊门到虎丘，近的到虎丘，远的到东山，有很多路，还有河流，可以坐船，可以骑车，可以骑驴，骑驴到虎丘很好玩的，又没有危险。这样子一步一步，没有冲击式的恋爱过程。

我们年轻朋友放假可以在他们学校里面玩，打球很方便，地方比较适中。他们家的风气非常开通，孩子们有孩子们的朋友，上一代有上一代的朋友，在当时是很自由开通的风气，一点没有拘束的样子。我不是一个人去，是几个人去。

张家四姐妹小时候学昆曲。当时昆曲是最高雅的娱乐，因为过年过节赌钱、喝酒，张武龄不喜欢这一套，觉得还不如让小孩子学昆曲。小孩子开始觉得好玩，后来越来越喜欢昆曲，昆曲的文学引人入胜。昆曲是诗词语言，写得非常好，这对古文进步很有关系。张允和会唱、会演昆曲。后来俞平伯搞《红楼梦》研究被批判，我们一九五六年从上海来北京，俞平伯建议我们成立北京昆曲研习社。爱好者在一起，在旧社会讲起来是比较高尚的娱乐，增加生活的意义。起初俞平伯做社长，后来“文化大革命”不许搞了，“文革”结束后，俞平伯不肯做社长了，就推张允和做社长。昆曲研习社今天还存在，社长是张允和的学生欧阳启名，她是欧阳中石的女儿。欧阳启名很倒霉，中学毕业了，资产阶级家庭的孩子不许进大学，她只好去修表，“文化大革命”一结束，她由朋友介绍到日本去读了好几年书，回来后在首都师范大学教书。我也算昆曲会的会员，我是不积极的，可是每一次开会我都到，张允和是积极参加研究工作、演出、编辑。我去陪她。

张家姐妹兄弟小时候在家里办一份家庭杂志叫作《水》，亲戚朋友自己看着玩的。这个杂志后来停了，隔了许多年，到了我老伴八十多岁的时候想复刊，也是家里面玩的。复刊了，叶稚珊就在报上写了一篇文章讲这个事情，她说这是天下最小的刊物。她一写，大出版家范用就要看，一看觉得不得了，后来就出《浪花集》。《浪花集》是张允和和张兆和编的，还没有出版就去世了。事情也巧，我的老伴是九十三岁去世，张兆和比她小一岁，第二年也是九十三岁去世了。我给书写了后记。

九 “流水式”的恋爱

我与张允和从认识到结婚的八年时间里，可以分三个阶段：第一个阶段，很普通的往来，主要在苏州；第二个阶段，到了上海开始交朋友，但是还不算是恋爱；第三个阶段，我在杭州民众教育学院教书，而她本来在上海读书，正好赶上浙江军阀与江苏军阀打仗，苏州到上海的交通瘫痪了，于是她就到杭州的之江大学借读。在杭州的一段时间，就是恋爱阶段。

我跟她从做朋友到恋爱到结婚，可以说是很自然，也很巧，起初都在苏州，我到上海读书，她后来也到上海读书。后来更巧的是我到杭州，她也到杭州。常在一起，慢慢地、慢慢地自然地发展，不是像现在“冲击式”的恋爱，我们是“流水式”的恋爱，不是大风大浪的恋爱。

她们家跟我们家距离不是太远，因为她们家跟学校是连起来的，一早我们就到她们家去玩了，所以她们家长一早就见过我，不是特意去拜访。她们父母对我很好，她的父亲当时应当说是很开通的，对儿女是主张恋爱自由，许多人用旧的方法到她们家说亲，他的父亲说："婚姻让他们自由决定，父母不管。"她的父亲的思想在当时非常先进，这是受蔡元培他们的影响。他的学校办得也很好，也是受蔡元培他们的影响。他的学校也是自由主义，请来的老师只要教书好，政治背景不管。当时也不知道，共产党在苏州第一个机构就在他们学校成立，他也不管。

我们真正恋爱是在杭州，在苏州、在上海是朋友而已。开头我一个姐姐也在上海教书，那么我写了一封给张允和，我记不清内容了，大概是她们家托我姐姐带什么东西给她，我写信大概是问她收到了没有。很普通的一封信，可是我们在一起应该是好多年的老朋友了，收到第一封信，她很紧张，就跟她一个年纪大的同学商量，她的同学一看，这个信是很普通的，你不复他反而不好，就开始通信。那封信可以说是有意写的，也可以说是无意写的，很自然的。

和张允和认识之后，我们在一起的时间很少，因为我读书跟她读书不在一个学校，我工作时她还在读书。但是从前放假的时间很长，暑假都在苏州，常常在一起玩，特别在杭州，我在工作，她在那边读书。杭州地方比较小，又方便，附近又好，我们周末到西湖玩，西湖是最适合谈恋爱的。杭州后来也是破坏得厉害，原来庙的规模大得很，庙在古代就是旅馆，《西厢记》中，相国夫人和家人住在庙里，庙里招待得特别好。庙是谈恋爱的地方，庙是看戏的地方，庙是社交的地方。佛教能够兴旺，是跟社会结合起来的。

有一个趣味的事情，有一个星期天，我们一同到杭州灵隐寺，从山路步行上去。灵隐寺在当时规模很大，环境幽美，现在只剩下了当中几间房子。当时恋爱跟现在不同，两个人距离至少要有一尺，不能手牵手，那时候是男女自由恋爱的开头，很拘束的。有趣的是，有一个和尚跟在我们后边听我们讲话，我们走累了，就在一棵树旁边坐下来，和尚也跟着坐下来，听我们讲话。听了半天，和尚问我："这个外国人来到中国几年了？"他以为张允和是外国人，可能因为张允和的鼻子比普通人高一些。我就开玩笑说："她来中国三年了。"和尚于是说："怪不得她的中国话讲得那么好！"

张允和的嘴比较快，什么要隐瞒的话，她一下子就讲出来了，人家说她是"快嘴李翠莲"。张允和学历史，她研究历史有条件，因为古文底子好，从小读古书，《孟子》能从头到尾背出来。她小时候古文比我读得多。她常常跟我讲读书的情况，她的读书时代比我晚一点，因此比我更自由。老师是鼓励学生自己读书，她读了许多翻译的外国文学，受外国文学的影响比较大。可是另外一方面，她又受昆曲、中国古代文学影响。音乐方面，她喜欢中国古代音乐，我喜欢西洋音乐。她大学还没有毕业时，我毕业了，大概是一九二七年或一九二八年，我跟她交朋友时，夏天请她到上海听贝多芬的交响乐，在法租界的法国花园，一个人一个躺椅，躺着听，很贵，两个银元一张票，躺了半天她睡着了。这是一个笑话。她对西洋音乐不像我这么有兴趣，我对中国音乐不像她那么有兴趣。结了婚，她听中国音乐我去参加，我听西洋音乐她去参加。

她的时代比我更自由开放，她是中国第一批女子进大学的。张允和从小就学风琴，那时候没有钢琴。我的姐姐喜欢图画，我的大姐姐是日本美术学院毕业的，她的图画很好。可是我没有学图画，我学拉小提琴，我不想做小提琴家，就是学着好玩，学了再听小提琴就懂得什么是好坏。在日本，我跟一个老师学小提琴，老师要求我一天拉四个小时，我说："不行，我是业余玩的，我有我的专业，没有多少时间。"我不想在音乐上花太长时间。

我和张允和谈恋爱时，社会上已经提倡自由恋爱，特别张允和的父亲完全采取自由化。可是当时恋爱不像现在，那时候和女朋友同出去，两个人还要离开一段，不能勾肩搭背，还是比较拘束。一种社会风气要改变，是慢慢地一步一步来的。

十 “举杯齐眉”

结婚前，我写信告诉她，说我很穷，恐怕不能给你幸福。她说幸福要自己求得，女人要独立，女人不依靠男人。她当时的思想也比较开明。

不久我们就在上海结婚。四姐妹里，她最早结婚。我们在上海的婚礼很简单，提倡结婚不要乱花钱，我们有一个亲戚有钱，结婚花了很多钱，我们就反对那一种。当时结婚不得不请客，我们就找了上海青年会，请客简单便宜。我和张允和的婚礼，我母亲去了，我父亲没有去。

除了去日本留学那段时光，我们主要住在上海。她们家住在苏州，可是她的父亲常到上海，她的父亲比较有钱，经常在一个旅馆租下两间房子，家里人经常到上海，上海星期六有好的戏，就经常到上海看戏。婚后，我的工作比人家紧张，我在大学教书，同时又在银行工作，银行界是晚上的宴会多得不得了，我一概不参加宴会，晚上要准备功课。上一个小时的课，要有六个小时准备。

她婚后主要还是教书。她写文章有天然的才气。当年报纸请她编副刊，她有一篇传播得比较广——《女人不是花》，因为那时女的工作还是很少，机关里面有一个女职员就叫作“花瓶”。编副刊是她的副业，她把写文章当成一种兴趣。我认为，任何事无论大事小事，没有兴趣是做不好的。兴趣是一种推动力，一个人不会对任何东西不感兴趣，譬如小孩子要吃奶，就是他的兴趣，玩是他的兴趣，这种推动力很强。兴趣有时候是盲目的，有时候是有目的的，兴趣用上去以后，就会对工作的意义更了解，这样子工作就会做得更好。

抗战前有一段时间，我们在苏州租到一所很好的房子，苏州一个大家造了房子，他们的孩子都在外国，房子没有人住，就租给我们。那个地方叫乌鹊桥弄，大门外面有一片田，农民种玫瑰花，我们大门一开，一大片玫瑰花，又香又好看。玫瑰花干什么的呢？放到茶里面，叫花茶，玫瑰花茶。种花的农民叫花农，花农有钱。

苏州的生活还是比较好。打仗以后，苏州就不行了。近年来才重新建设。比利时的首相从小在书上看到苏州怎么好，他到中国来，周恩来问他：“你要到什么地方去看？”他说：“我要去苏州去看。”他到苏州，说：“不对，不对。”这里看也不对，那里看也不对，都跟书上讲的不一样。

水乡的苏州也没有了，城里原来是一条一条的水。不仅是苏州、杭州，江南城里都是以水路为干线，以陆路为支线。我们家是后门在水上，前门在岸上，因此有许多桥，苏州有两百多座桥，扬州“二十四桥明月夜”，杭州也是很多桥。从辛亥革命以后，慢慢把河填了，水乡没有水了。杭州还有西湖，苏州就搞掉了。不过，现在苏州郊外搞好了，洞庭山一带、闾门一带好玩。江南只有几个小镇还保留了水乡的味道。

别人都说我们结婚七十多年来没有吵架，就因为我们的亲戚经常向我们的保姆询问此事。其实我们也有吵架，不过我们吵架不会高声谩骂，不会让保姆听到的，也没有闹几个小时的，一般是三两句话就吵完了。还有一点，我们吵架通常不是为了两个人的问题，而是因为其他人的问题。的确，我们的婚姻生活是很和谐的。到了北京，一直到我老伴去世，我们每天上午十点钟喝茶，有的时候也喝咖啡，吃一点小点心。喝茶的时候，我们两个"举杯齐眉"，这当然是有一点好玩，更是双方互相敬重的一种表达。下午三四点钟，我们又喝茶，又"举杯齐眉"。有朋友来家里特别是记者，看到我们"举杯齐眉"，都觉得有趣得不得了。这就对家庭和谐起到作用。还有，我们相信外国哲学家的一句话："不要生气！"许多人问我们长寿之道，我们想不出什么道理，可是我们相信不要生气。因为，外国一位哲学家说："生气是用别人的错误来惩罚自己。"这是完全对的。譬如，夫妇两个为了孩子生气，孩子做错了一点事情，就大动干戈，实际上就是惩罚自己。我们相信这个话很有道理。所以，我和老伴从相识到相恋到结婚的过程，好像是很平坦的。

对儿子周小平的教育，我花的工夫最少。他在苏州最好的小学读书，中学在上海又是最好的，大学是北京大学，后来到科学院工作。本来我想让他到美国读书，解放了不能去，科学院派他到苏联去读书，后来中国开放了，他又到美国最好的气象研究所待了一两年。我对他没有多大帮助，他搞科学，我不懂科学。

对孙女周和庆，我很遗憾。我们带了她到小学一年级，后来就“文化大革命”来了，小孩就离开了我们到她妈妈那边去，因为我们是“反动学术权威”，受冲击，小孩在我们那边不方便。从此以后，她就受“文化大革命”的影响，就不受我们的影响，我们没有方法指导她。

十一　四姐妹

与我们相比，大姐张元和与顾传玠的情况就曲折一些。张元和在上海读大学，人漂亮，读书也好，是大学里的“校花”，被捧得不得了，再加上张家地位，对她的婚姻很不利，一般男孩子不敢问津。所以，一直找不到合适的朋友。后来，张元和非常喜欢昆曲，擅唱擅演，而顾传玠是当时最著名的昆曲演员。张元和因为喜欢昆曲和顾传玠相识，顾传玠想追求她，她不敢接近顾传玠，因为当时演员的地位很低。所以拖了很多年，到抗日战争的时候才在上海结婚。举个例子，我们有一个非常有钱的亲戚，是上海一个银行的董事长。这位大银行家也是考古家，自己在上海有一栋七层楼的房子，最高一层是他的古董，其中最重要的就是甲骨文。我和张允和结婚后就去上海拜访老长辈，受到了他的热情接待。我早年搞经济学，在大学教书，因此他很看重我。但是，张元和与顾传玠结婚后一起去看他，他不见，搞得张元和很尴尬。这个例子就说明，张元和结婚晚就是因为封建思想严重的年代看不到艺术家的价值，看不起演员。后来，大姐姐大姐夫在解放之后到台湾去了。

三妹张兆和在胡适做校长的中国公学读书，沈从文在那里教书。沈从文追求张兆和，写了很多情书给张兆和。张兆和一封也不看，还生气了，她拿了信告到胡适那里，说沈从文是我的老师，还写这样的信给我。胡适的思想跟张兆和不一样，他说：沈从文没有结婚，因为倾慕你，给你写信，这不能算是错误。那是一个思想转变的时代，有很古老的思想，也有很新的思想，同时存在。胡适甚至于讲：我是安徽人，你的爸爸也是安徽人，如果让我去跟你的爸爸讲结婚的事，我也愿意。结果，张兆和气得不得了，就走了……时间一长，两个人就慢慢好起来，后来还结了婚。他们结婚以后也相处得很好。我们这一生，遇到抗日战争、“文化大革命”，颠簸是很大的，能够有这样的婚姻已经很不容易。

张兆和和沈从文结婚是在北京，我们没有办法参加，不在一个地方。那时候风气改变得很快，大概到他们结婚的时候，比我们结婚更现代化，更简单了。我们结婚后准备到日本去，嫁妆都不买。

小妹妹张充和是在北京大学跟外国老师傅汉思相爱，傅汉思是德裔美国人。沈从文家也在北京，张充和在北京大学，星期六就到姐姐家里去，她的老师也到沈从文家里，傅汉思研究中国汉代的赋，把汉赋翻译成英文，翻译得好极了。他是研究古代希腊文的，在北京大学教希腊文。张充和与傅汉思二人后来恋爱，他们结婚很简单，结了婚很快到美国去了。

今天顾传玠、张元和、张允和、沈从文、张兆和、傅汉思都离我而去，张充和还生活在美国。张充和受到的传统教育最多，是书法家。张家的叔祖母没有孩子，喜欢张充和，把她过继了。叔祖母请一流的国学家教张充和，所以她的古文造诣比其他姐妹都高。二〇〇四年十月，她回国在北京和苏州举行个人书法绘画展览。

十二　连襟沈从文

沈从文这个人了不起，连小学也没有毕业，我们亲戚的小孩小学毕业了，去告诉他："我小学毕业了。"他说："真好，你小学毕业了，我小学还没有毕业。"我们在上海，他们在北京，所以人家讲笑话，说沈从文是京派，我是海派。倒是解放后，我到北京来，这样就跟沈从文经常在一起了。

一九五五年我到了北京，沈从文也在北京，我们就经常来往。而解放前，因为我在国外，与他没有什么往来。沈从文是一个很"奇怪"的人，他生于湘西凤凰，那儿今天都比较闭塞，更不用说当年。但是他家是书香门第，后来慢慢衰败。他小时候阅读了很多古书，但连小学都没有毕业，为找工作糊口，当了军队里的一个文书员。当时军队很穷，他就把箱子当桌子在上面写字。在"五四"时代，北京、上海出版了很多译著，特别是外国小说，这些东西引起沈从文的很大兴趣，也使得他受到了新思想的影响。后来，他想办法进了北京，"乡下人进城了"。但是他了不起的是，什么都是靠自修成才。他没有进过新式学校，不懂英文、法文，但是他大量阅读了法国译著，自己写的小说很像法国小说的味道。我想起爱因斯坦讲过一句话：一个人活到六七十岁，大概有十三年做工作，有十七年是业余时间，此外是吃饭睡觉的时间。一个人能不能成才，关键在于利用你的十七年，能够利用业余时间的人就能成才，否则就不能成才。这句话非常有道理。

沈从文还有一点了不起，解放以后沈从文被郭沫若定性为“粉红色文人”。因为沈从文与胡适关系好，胡适当年被贬得一无是处，所以沈从文也受到牵连，被安排到故宫博物院当解说员，别人都以为他很不高兴，他一点都不在乎，他说：“我正好有这个机会接触那么多古董！”于是，他就研究古代服饰，后来写成《中国古代服饰研究》。这也证明，沈从文度量大，一点架子没有，这也是他了不起的地方。沈从文如果多活两年，很有可能得诺贝尔文学奖。

十三　留学日本

我在圣约翰大学、光华大学读书，这两个大学的毕业生都到美国留学，我因为穷，去不了美国留学。结婚后，我的岳父给张允和两千块钱，当时也是一个大数目，我和张允和商量：这两千块钱不要用，出去留学。到美国去，不够，美国要花更多钱，我们就到日本。

日语在那个时候很有用，今天还是很有用。对我来讲，我学了法语反而起不到作用。我在美国看到广告，法国出版了一本书，我去书店买这本书，书店的人说，这本书还没有出来，可是英文本已经出来了。我买了英文本，法文本就不看了。法语跟英文无形当中是一种竞争，利用法语的机会很少。许多国际会议，都是英语、法语两种话，实际大家都用英语，不用法语。法语是一种很好的语言，有很丰厚的文化背景，但是我学了很难用上。英语、法语、西班牙语、俄语这四种都是全世界重要的语言，俄语现在不行了，俄罗斯人现在都读英文了；西班牙语文化背景羞法语的文化背景很深厚，可是在竞争当中，法语失败了。

留学有两点好处：日语要学得好，在日本很快就学好，在中国就慢，英语更是这样子。还有，外国整个学术环境跟中国不一样，真正读书要靠自己，留学不留学一样，在中国也可以学得好的。读书实际是自己读的，老师不会来管你，只是指点一下子。

清朝末年就开始有人留学，起初中国没有大学，后来教会学校到中国来办，读大学不一定到外国去了。可是比大学更高的还要到外国，譬如美国有名的大学是以研究生为主，不是以大学本科为主，我们的大学是以本科为主，研究生比较少。真正读书，自己自修，在中国跟外国完全一样。我搞字母学是一种兴趣，我收集了许多字母学的书，想不到后来有用处。自学是主要的，爱因斯坦讲的话一点不错。

一九三三年，我们一结婚，立刻就去日本，不耽误时间，那时候到日本留学的人多得不得了。那时候跟今天不一样，要到日本去，用不着签证，上海坐船，第二天早上就到日本了。那时候，有大量的日本人在上海，日本人喜欢到上海来，中国人喜欢到东京去，东京有大量的中国人，写一封信，在国内三分邮票，到日本也是三分邮票。日本东京的物价和上海比，加十分之一，不像今天完全隔断了。那时候上海虹口一带全是日本人。中日关系很密切，你到东京去，上岸根本不检查你。不仅到日本方便，到美国也很方便，你有护照，到美国最多一个星期就可以走了，现在不行。现在两个制度，你把我当敌人，我把你当敌人，那时候没有这种情况。

在日本留学，原来想去读四年书，后来不到两年就回来了。一个原因是张允和怀孕了，要回来生育。另一个原因是我到日本那时候思想“左”倾，希望去跟河上肇，河上肇当时是社会主义经济学家，非常有名。所以我不考东京帝国大学，要考京都帝国大学，一下子就考上了，到京都，河上肇被捕了，根本没有看到河上肇。那么，我到日本就变成读日文了，读经济学的目的没有达到。当时日本不承认中国的学分，在日本读博士要读三年，而美国只要一年两年就可以。而日本的课程我在国内读过，我不愿意重新再读一遍。上海圣约翰大学跟美国是接轨的，但是与日本不接轨。这样倒有一个好处，专门读日文，所以当时日文进步很快。后来就是到了美国，日文还有用处。

这是年轻时糊涂。人生在年轻时候有许多糊涂的事情，这是盲目的。人家说，恋爱是盲目的，我们的恋爱不是盲目，很自然的，其他的许多事情确实有盲目性：到日本留学是盲目的，从美国回来也是盲目的，以为中国有希望了，我搞经济学，以为对“战后”的国家有用处，回来后经济学一点用处都没有。

张允和在日本是学日本的文学，她对日本文学蛮喜欢。当时日本有名的文学家的文章，很快就翻译成中文了，中国受外国的文化的影响，最早是通过日本，中国从日本学西洋。

日本的大学，学生都住在校外，没有学生宿合的。我们在外面租房子住，最早住在中国青年会，后来我们很快就住到日本人家里面去。日本许多人家有一间房间租出去给人家，特别是喜欢租给大学生，这样子我们住在日本人家里日语就进步得非常快，每天都要讲日语，而且了解日本人生活的情况。

张允和要生孩子就回国，日本到上海方便得不得了，坐一晚轮船就回来了。上海的亲戚朋友照顾她，我们是一九三三年四月三十日结婚的，巧的是，我们的儿子是第二年四月三十日出生的，刚刚一周年。张允和回来生了孩子，我还在日本，第二年就回来。她生孩子的时候我在日本，他们叫我不用回来，上海照顾得很好。

我考的是京都帝国大学，现在叫京都大学，规模很大，校园很好。京都帝国大学的校园是日本格式，而且有点宫廷的味道，跟圣约翰大学完全不一样。京都在当时比东京好玩，那时候日本所有大学生都住在人家，我住在一个老太太家，她很高兴。我起初以为京都讲话跟东京一样的，其实不一样，我跟老太太学京都话，很好玩，很快就学会了。老太太待我非常好，日本的房东都很好。

我失去了专业的对象，主要是读日语，了解日本的文化，日本人的生活。还好，可以说在日本留学并没有落空，口语学好了很有用处，解放后回来想搞经济，这个事情落空了。

人生很难按照你的计划进行，因为历史的浪潮把你的计划几乎都打破了。打破得最厉害的是日本侵略中国，把一切都打得一塌糊涂，把整个家都搞光了。解放后又有那么大的风浪，“文化大革命”把什么东西都破坏掉了，这些都是原来想不到的。

十四 抗日战争

从日本回到上海家里，有一件好玩的事情，我们去跳舞，上海有一个百老汇跳舞场在静安寺。跳舞的朋友有邹韬奋、刘凤生，刘凤生是张允和的姑父，有四五个人，有时还带夫人，邹韬奋的夫人不去跳舞。那个地方有舞女，可以请舞女陪跳，在当时是高级的跳舞地方，门票是两个银元，一个银元可以吃两个月的饭。我们星期六去跳舞，那是高级职员的生活，不是资本家的生活。

抗战之前，国民党做了一些经济改革。举个例子，上海人喜欢吃广柑，四川的广柑到上海，一路要收税，运到上海的价钱，成本比美国运来的贵。一路收税，叫作“厘金”，经过一个地方要收百分之一的税。这种税从太平天国开始，是损害交流，损害经济的。不仅长江有“厘金”，许多交通线都有“厘金”，要改变“厘金”很不容易的，影响当地的财政。蒋介石来了，就把厘金制度去掉，作为改革经济的项目之一。“厘金”去掉以后，上海贸易就发达起来了。国民党跟共产党不同，国民党亲美，共产党亲苏。当时的知识分子几乎是亲美的。苏联要打倒资产阶级，让无产阶级统治世界。美国是最大的资本主义国家。中国来讲，最近有些话改变过来，譬如帝国主义，西欧的帝国主义英国、法国等就主张把中国瓜分，美国主张门户开放，门户开放也可以说是来剥削中国的，但是门户开放中国就不会被瓜分了。

抗战之前的中国一步一步现代化。民主改革，越改革要求越高，要求远远超过改革的速度，所以当时反对政府的声浪还是很高的。特别是知识分子要求很高，国民党当时是做不到的。同时，受到苏联的影响，苏联的宣传是不惜工本的。资本主义国家没有宣传部的。后来知道许多宣传都是假的。最近好多文章开始讲老实话。

日本人为什么在这个时候打中国呢？日本人再不打中国，中国就起来了。日本要在国民党羽翼未丰的时候来打，日本人也没有想到，国民党打下来了，共产党起来了，他们还是下来了。共产党能起来一个重要的原因是时代思潮“左”倾，“五四”以后人们思想越来越“左”倾，日本人打仗，国民党经济就困难了。通货膨胀后，国民党的军队兵无斗志，日本投降了，国民党的军队觉得还打什么仗啊？中国人还打中国人啊？苏联占领了东北，日本侵略中国的军火库在东北。日本的东北部队向苏联投降，军火库交给苏联。东北的重武器苏联拿去了，轻武器他们不要，给了共产党。

日本打中国以后，局面就大大改变，这是一个很大的灾难，日本老百姓对中国人非常好，军阀政府跟人民完全不一样。

在日本，因为我们那时候年纪轻，交际就是跟同学、朋友，那时候日本人跟中国人做朋友，来来往往跟一个国家一样。中国人跟日本人关系非常好的。上海有很多日本人，东北日本人更多。打仗了，就把他们赶走了，几千万人都赶走，这对日本也是很大损失。国民党是亲美，美国人跟中国人也是非常友好的，今天变成敌人一样。政府的政策跟群众的要求不一样。

日本侵华的影响非常大，蒋介石大概有四个现代化的师，一个师大概是两万人，是真正现代化的军队，日本有几十个师，是现代化的，当然敌不过日本了。抗战之初日本打上海，上海是国民党的经济中心，开头日本人打败了，日本在战争局势紧张的时候，接连换了几个司令，后来大量增兵，蒋介石打败了，他只有两个师就不能再打了，于是退兵。这两个师后来保卫重庆，这样子蒋介石从上海退兵就没有新式军队，只有老式军队是杂牌军改编的，那时候当然打不过日本。日本怕中国起来，中国还没有起来，它就先打你。抗战期间，日本也没有想到打中国那么困难，日本以为打三年能将中国攻下来，没想到打了八年也没有打下来，结果自己失败了。两个大事情改变中国，第一个是日本侵略中国，从友好变成敌对；第二个是共产党，共产党把整个中国都改变了。

十五　从上海到四川

我从日本回来，想找个工作，不预备长期在中国，预备到美国去读书。我在中国找工作的时候，光华大学希望我去教书，我就没有另外找工作，去了光华大学教书。当时光华大学有两个附属中学，一个是原来光华大学附属中学，一个是光华大学实验中学。两个都办得很好，一直到解放后都是最好的学校。张允和就到实验中学去教书，因为老的关系，他们就要我们去。我们一面教书一面准备留学的事情，因为当时在美国没有人联络，不像日本，日本熟人多得很，美国费用又高。后来打仗了，打仗之后发生一个问题，我们住在上海，打仗时留在上海还是到重庆，这是很大的决定。我们一想不能留，日本人很坏，在日本留过学的人更糟糕，他见你在上海，就访问你，明天报纸登出来，日本司令访问某某，这样无形当中你就变成汉奸了。我们想这不行，很快就决定去重庆，我一方面在光华大学教书，一方面在江苏银行工作。

我在重庆搞银行，当时国民党政府在重庆要确保后方有东西吃、有衣服穿，于是国民党的经济部成立了一个农本局，在很多银行找人去农本局做事，实际相当于农业银行，用于抗战时期。我就被调去了农本局，担任重庆办事处的副主任，管辖四川。在农本局的事情，我都几乎忘记了。中国社会科学院研究中国现代经济史，他们找我谈农本局的事情，我感觉就像做梦一样。他们找出以前在农本局的杂志和我发表的文章给我看，让我回想起了很多以前的事情。我还是觉得以前农本局的工作做得不错，打仗最怕后方没有饭吃、没有衣服穿，我们借用美国的办法，通过金融，帮助地主、农民维持农业、棉花生产。所以，抗战八年，就我所见的后方，没有粮荒，没有棉花荒。可以说这不是一件简单的事情，应当说还是成功的。后来农本局是被通货膨胀冲垮的，通货膨胀太厉害了，一麻袋的钞票买东西。打仗时很难管，原来是搞得很好的。

我们一家在重庆时苦得不得了，天天轰炸。有一次我到郊区工作，晚上回来得比较晚，到家时，家里都炸光了，家里人哪里去都不知道。还有一次，我下了班，要坐滑竿渡过江到南温泉，为什么住南温泉呢？比较安全啊。滑竿下坡的时候，日本飞机来了，一个炸弹炸在我旁边，当时日本飞机小，可是一个炸弹把我冲出去，我掉在沟里面，也不知道自己是活的还是死的。掉下来就不敢动，等日本飞机走了再起来，我以为自己受伤了，结果摸摸身上没有地方疼，旁边的人都死了。

跑警报是经常的事情。飞机快来时，就挂起三角球，飞机比较近了，就有另外一个信号，飞机到头上了，就“呜呜呜”。晚上就把灯关掉。有时就要逃到乡下，躲在田里，日本人放荧光弹，亮得不得了，把乡下都照亮了，看到有东西再轰炸。

应当说当时抗日精神好得不得了。打仗那么不顺利，可是没有一个人失望，每一个人都觉得将来是有希望的，这个精神了不起。国民党在当时的确是得到群众拥护，蒋介石是重用高级知识分子，经过打仗的苦难，在我看来，“文化大革命”把东西搞光就搞光，无所谓，小事情。所以我一生的经历，也是中国历史上很大的波浪，抗日战争打了八年，前后连起来就是十年，“文化大革命”又是十年，这二十年可以说是浪费了，不能做学问了。“文化大革命”以后我又抓紧时间来补做学问。

打仗的时候，有好多机构是为抗战的文化服务的。张允和不能离开我去工作，可是有一段时间离开了，我在重庆，她在成都，成都成立了光华大学分校，她就到成都教书去了。那一段时间是她在成都，我在重庆，为什么这样呢？重庆太危险，成都安全一点。这一段时间分开，其他时间都在一起，在一起要找一个很近的机构工作。她的工作能力还是比较高，所以她到哪里工作，人家都很欢迎她。

在四川，我们有两个孩子，儿子周小平（周晓平），女儿周小禾，女孩后来真是很悲惨，得盲肠炎，打仗的时候得不到合理的治疗就死了，这是一个打击。打仗时设备不行，没办法就死了，这是最悲惨的事情。我的老伴到成都去教书，成都生活条件比较好，在家里还有小花园，一个流弹打进花园，打在我的儿子肚子上面，穿了五个洞，运气好，我们住的地方附近有一个美国的空军医院，我们一个朋友跟空军医院有联系，很快到空军医院去抢救，开肚子把子弹拿出来。肠子上面一个个洞，救了一条命。小毛病他们不收，大毛病他们可以收，没有他们帮忙，这孩子也活不了。小平好了以后，我们请医护人员吃一餐饭。

有一次，长江有一个地方叫南溪，我有一个朋友在那里管一个小仓库，这仓库属于农本局系统的。他告诉我，他那个地方不会来轰炸的，有他可以照顾我的家，当时我一家还有我姐姐一家，她家有四个孩子，我家有我母亲、两个孩子，长江的船往来方便，到那边已经吃晚饭了。吃完饭，人都累得很，睡觉了。第二天早上醒过来，我们家被强盗抢了，我们都不知道，他们用迷魂药把我们都迷糊住了。我们的一些箱子都在屋顶打开了，强盗弄错了，以为我们是上海来的，一定很有钱，不知我们是逃难的，不可能带有值钱东西，假如带了，连命都没有，一路都有强盗的。第二天，当地的警察在路上、屋顶上都找到我们的箱子。这一来，就麻烦了，不敢再住在南溪了。

在重庆，我主要在农本局工作，常常要出门，东走西走，因为管的区域很大。有一次，我从外面回来，家里被轰炸得一点痕迹都没有了，家里的东西都放在防空洞，炸得没有了，只剩下一双下雨时穿的橡皮靴子，别的东西都烂了。每天都有东西被毁灭的可能性。家里人没有了，要找。那时候像我们这样的家庭在重庆都有两个家，为了躲避轰炸。我们家运气好，碰得很巧，轰炸城里，我们住在歌乐山，轰炸歌乐山，我们住城里。这都是死里逃生。

后来搬家到宜宾，因为宜宾我们有办事处。我们带去的保姆当中一个老保姆生病死了，这给我们一个很大打击。四川的医疗条件比较差，老保姆管我们的家，她一死发生困难了。这是一个意外。

在重庆时，需要看什么书，还是有办法。今天回想起来，重庆在打仗时精神状态非常好。打仗时那么镇定，不容易，现在的报道稍为讲一点真话。

抗战当中真正是死里逃生，经过了抗日战争的困难，“文化大革命”无所谓了。家里的财产无所谓，这样思想对我们大有帮助。

抗战时，沈从文在昆明，跟他通信很困难。他们受到的困难比我们小，因为重庆是一个重点，昆明不是重点，他们比较安定。

十六 “左”倾幼稚病

我的老伴在成都，丁聪也在成都，经常到我们家来，跟我们家很好。丁聪很喜欢我的孩子，所以闹了一个笑话，我们很喜欢丁聪，我在家里说：“丁聪有‘左’倾幼稚病。”我的儿子去告密，说：“我爸爸说你有‘左’倾幼稚病。”后来隔了几十年，我的儿子说：“爸爸当年的‘左’倾幼稚病不比丁聪小。”

吴祖光也是常州人，在重庆时我们两家人曾经一度合住一个大房子。吕恩跟吴祖光结婚，后来离婚。吕恩之前和张允和的弟弟张定和结过婚，那时候年轻，吵架，张定和的脾气也不好，吵架以后离婚，生一个孩子，叫张以达，非常好，是有名的作曲家。张以达有一个女儿，钢琴弹得好得不得了，现在到美国去了。两个人离婚以后，吕恩和我们还是照样往来，跟张允和关系很好。

吕恩结过三次婚，先嫁给张定和，离婚后嫁给吴祖光，第三个丈夫是飞行员胡业祥，是胡蝶的堂弟。胡业祥在美国学的是空军，跟飞虎队在一起打日本，后来日本人打败，国共打仗，国民党打败了，他们是国民党的起义飞行员。解放后不能做飞行员了，就在体育委员会工作，人挺好的，知识水平也很高。以前他住得很近，常来往。吕恩和胡业祥有一个儿子是美籍华人，常在美国，最近到北京。

我在日本没有学到什么东西，就是学日语，本来想学经济学的。现在回想，那时候真是糊涂，盲目地冲动。为什么“左”倾？爱国嘛，反对帝国主义，思想就“左”倾了。这是一个时代思潮，影响很大。这个时代思潮值得研究。

那时候，我们青年一代的确有“左”倾幼稚病。“左”倾幼稚病帮了共产党很大的忙。没有“左”倾幼稚病，我不会从美国回来。而且回来的人不是一个两个，很多人回来，有的人回来后倒霉得不得了，我还算幸运的。我认识一个人最倒霉了，他在美国做联合国的医生，待遇很高，一定要到中国来工作。联合国的秘书长几次请他重新考虑，他一定要回来，回来以后成了“右派”，进监牢，死掉了。

当初有这么一股风，在美国当然生活好一点，钱多一点，可是许多人不在乎这些东西，希望能为中国做一些事情。生活苦一点，无所谓。真正不能想象：改革开放以后，中国人那么喜欢到美国去。现在我的亲戚都说：“你那时候干吗回来？”他们完全不了解历史的变化。因为我们经历过抗日战争，所以对祖国感情特别深。抗日战争促进了中国人的团结，振兴中华变成了大家的希望。

那时候对共产主义不了解，我一进大学图书馆，就借了一本英文的《资本论》，看不懂，不是英文看不懂，是内容看不懂。马克思死的时候在第一次世界大战之前三十一年，那是资本主义初级阶段的前一半，后一半他没有看到。他的《资本论》所讲的都是想象、推理。人类社会有阶级不是他发明的，一早就有人发明了，可是他把阶级绝对化，不是你死，就是我活。现在明白，社会不能没有阶级，今天的阶级比从前更厉害，阶级是以合作为主，以斗争为辅，有阶级必然有斗争，可是合作才能发展，不然饭都没的吃。阶级斗争是存在的，可不是你杀我，我杀你。劳动人民联合起来，要求罢工，这就是阶级斗争，增加工资以后就赶快工作，经济就发展上去了。所有按照马克思主义建设的国家都是穷得一塌糊涂。苏联自己搞垮了，朝鲜、古巴，没有一个搞好。我在美国、日本看到没有工人的工厂，大吃一惊。这一点邓小平是明白的，所以要搞有特色的社会主义，就是脱离了阶级斗争。

十七　美国生活

抗战胜利后我们就到美国。打完仗，银行要恢复原来的样子，联络美国，因为我们在上海办银行，都是学美国的。美国改进，我们也跟着改进，就派人去学，要买设备，要回来训练人。所以，上海的银行是在世界上水平很高的，跟美国只差两年。可是计划经济一来，一切都否定了。

一九四五年抗战胜利了，我是一九四六年年底到美国去的。那时候有军用飞机，没有民用飞机，我们坐了最快的轮船，是军舰，不打仗了，改为民用的船。十四天到美国，在路上有一个有趣味的事情，经过子午线，日期要改变一天，快到子午线时，我生日，过了子午线，要重复一天，我又过生日。

在轮船上，我们遇到李方桂的夫人徐樱，徐樱也是喜欢昆曲的，在轮船上开昆曲会，张允和和徐樱是主要演员。

一个美国银行叫伊尔文信托公司，在华尔街一号，帝国主义中心。我就在这里面办公，对外在美国用伊尔文的名义，在中国用我们银行的名义。我们在中国代理他们，他们在美国代理我们。

我是去美国工作，不是读书的。工作的待遇很好，业余读书，的确非常用功，不肯浪费一点时间，在美国读书的条件好极了，那时候研究经济学。纽约市中心有一个公共图书馆，服务好极了，我每天一下班就到图书馆去看书。图书馆的人员看我每天都去，那么认真，就问我："你研究什么？"我说我研究什么什么。他说："你是研究人员，我们给你优待，给你一个研究室。"研究室很小，两个人用，一个人用上午，一个人用下午和晚上。我要下午和晚上，借书时随便借多少都没有关系，借了放在房间里。那是真正为人民服务。

周末我在大学里听课，出于经济上的原因，我没有办法脱产读书修学位。当时很矛盾，内心考虑要不要辞去工作拿学位。我在信托银行工作，在美国已经做到了中上层水平，这些对于毕业生也是不容易做到的。所以，我没有辞去工作，而是利用业余时间充分读书学习。

我在美国读书，得益很大，做工作也学到许多。在美国工作，就知道怎么样提高效率，一个人可以做几个人的事情，工作效率之高，是中国人不能想象的。日本派了一个专门调查团到美国调查：为什么美国人办公效率比日本人高？他们做了一个很厚的报告，调查结果证明，一个美国人抵到十五个日本人。每一个小环节都跟我们不一样。譬如说，我们不敢给部长、副部长打电话，你如果打，他的秘书就说："部长不在。"电话就挂掉了。他们没有这个事情，每一个电话都要给你一个交代，部长当然不可能天天在办公室里。还有他们怎么利用电报，电报送到你这里，要六个小时，他们要先打电话给你，告诉你电报的内容，你就争取了六个小时了，我们办公室里就有电报局的电话。

我在美国的确学到不少东西。读书，图书馆设备太方便，只要你愿意学，在美国都能学。更重要的是，没有想到我在办公中学到不少东西，从办公的方法看出美国为什么进步，日本远不如美国。美国的办公方法可以说，每一分钟，每一秒钟都争取。这不但是一种思想，而且有具体的方法来实现要求，的确了不起，这一点不是在美国工作，不能了解，我是去工作了才了解。

在美国学了他们的工作方法，我回国，想想我们也要改，没有人听我的话，我到处讲，中国人没有效率的思想。认识很重要，没有这个认识，要改很难。

当时我们银行各种规章制度非常严密，都是学美国的。这两天看到新闻，中国一个大银行被一个大骗子骗了几千万，这种事情不要说在美国，解放前在中国的银行，也是不可能的。资本主义国家是有许多坏事情，但是不会发生像赖昌星这种事情。

张允和同我一起到美国，她在Illinois（伊利诺斯）大学读英国文学，在外国读书，选课很自由。小孩没有同去，我主张中国青年要在中国大学毕业后才到美国去留学，否则中国文化水平不够，单是外国文化就不好。所以把小孩留在中国，我的妈妈也不愿意到美国去。

我们在美国生活很好，也很紧张，特别是星期天，自己买了菜，做中国菜。中国朋友来，当中有名的朋友是老舍，他常常到我家来吃饭，还有罗常培、李方桂。老舍会讲笑话，每个星期天在我们家吃中国菜，开心得不得了。老舍的一本书由一个美国人翻译成英文，销路挺好的，赚了钱给了老舍一万块钱，老舍就用这一万块钱到美国去玩玩。罗常培、李方桂都在大学里教书，教语言学方面，他们都是有名的学者。赵元任不大到我们家来，我们到他们家去。

在美国生活非常愉快，我的工作很好，中国的银行给我钱，外国的银行也给我钱。我是高级职员，每年有旅游费，银行鼓励我们去旅游，可是回来要写调查报告。我在美国非常用功，主要是自修，读书主要靠自修，不能靠老师。在美国，学习的条件太好了，我每天到公共图书馆。我到八十年代再去，一看，怎么图书馆跟原来样子差不多？这个图书馆的建筑作为历史文物，不能改的，另外办了几个分馆，规模很大，不在原来的地方，都是资本家捐钱的。

“二战”结束，美国是大城市时代，好东西都集中在大城市。今天不一样了，很多人到美国看了大城市就回来了，这不行。为什么呢？今天好的东西不在大城市，在中小城市，八十年代，我到美国加州圣芭芭拉，圣芭芭拉大学分校学生少，经费足，图书馆设备好得不得了，就是缺少看书的人，包括这个大学共四个单位联名请我去演讲。安静得不得了，没有声音，没有烟囱，可是工业很发达，工业是没有声音的。晚上最高贵的宴会，点蜡烛，不点灯的，有名的明星都在。美国总统还有别墅在这里，星期六到这里休息。伊朗国王的妹妹很有钱，就住在圣芭芭拉，她的房子外面有花园，你可以开着汽车绕着花园走一圈，很好看，围墙一跨就可以进去了，没有人随便进去。

我住在有花园的宾馆，一个老太太每天来给我收拾房子，他们家讲西班牙话，是墨西哥人。我的朋友开车四处看看，到了一个地方，他说这些房子都是穷人住的，那个老太太也住在那里，穷人住在四楼四底的小花园。

真正了解到美国强盛，不是一个简单的事情，不是糊里糊涂会强盛。美国在两百年间发展起来不是偶然的，人家真正是每个细节都不简单。我们是闭了门，自己吹牛。

十八　和爱因斯坦聊天

我在经济学界交往的人中，名气最大的是何廉。何廉原来是农本局的局长，南开大学经济研究所所长，国际知名。何廉后来在美国去世，去世前用英文写了回忆录，中文翻译了，我的一个朋友好不容易找来拿去复印。这里面有讲到我，很好玩。他说：我们在四川成都成立了一个大办事处，派周耀平（我的原名）任副经理，周耀平是一个很能干的人，大学毕业在上海的银行工作过，富有经验。这个事情我都忘掉了。

打完仗，何廉到美国，我也到美国，他到普林斯顿大学做研究教授，爱因斯坦也在普林斯顿大学做研究教授。他跟我说："爱因斯坦现在空闲得不得了，想找人聊天，你高兴跟他聊天吗？"我说："当然很高兴。"这样就两次去访问爱因斯坦。我们是一般的谈话，当时的国际形势，当时美国发生的情况，随便讲讲。为什么我会把这个事情忘掉呢？因为谈话内容没有特点。这是一个遗憾的事情。也不可能有特点，因为他的研究方向跟我不一样。

爱因斯坦住在普林斯顿，我住在纽约，因为美国的交通方便，纽约火车站有五层，我就问火车站的人要一张火车时间表，他说没有。我是外行，他们的火车像电车那样开的，没有时间表。那个时代，火车办得非常好，我回来带了一本美国铁路地图。美国有一个铁路时代，后来才有公路时代。

我跟爱因斯坦谈过两次，只是随便的聊天，没有学术性的，所以我就不放在心上。爱因斯坦的学术我不懂，我的专业跟他又不一样，就是普通的朋友。小辈就说："你多少年都不讲爱因斯坦的事情。"我说："我忘掉了。"见爱因斯坦可能是一九四七年。

爱因斯坦的物理学我一窍不通。我的印象就是他的人非常好，生活也很随便。我们在银行界，穿衣服都很讲究，他在大学里，大学的风气跟银行不一样，大学教授穿衣服马马虎虎的，他穿的衣服还没有我讲究。他没有一点脾气和架子，给我的印象非常好，我们侃侃而谈，没有任何架子。他不是讲话滔滔不绝的人。

他在物理学上的创造，思想要跳过一个屏障，原来旧的公式不能限制他。许多人被旧的公式限制了，就不能发展了。能量怎么变成物质呢？这个概念不得了，他从数学里提出来的，不是从实践里提出来的。先有理论，后有实践，这就改变方法了，在这个角度来看，可以说爱因斯坦是思想家。

十九　环游世界

我在美国工作，条件太好了，可以到世界各国，眼界开阔了，了解不一样了。欧洲也是“左”倾，我一到意大利，不得了，罗马市中心就是共产党的旗帜，共产党在意大利的国会里占了三分之一的席位。一到法国，法国共产党在议会里占了四分之一的席位。人家都说整个欧洲很快要被共产党接收了，可是后来没有成功，欧洲还是有民主基础。到了英国，我也是“左”倾幼稚病，很快要找共产党的机关报《每日工人》，在伦敦到处买不到，后来人家告诉我要到一个小地方才买到。共产党在英国始终搞不起来，没有群众跟上去。英国对共产党没有印象，大英博物馆是马克思待的地方，结果共产党在英国影响最小。工党在英国有很长的历史背景，可以说是最早的社会主义，马克思主义在旁的地方闹得很厉害，在英国不行。

银行要不断派人到世界各地了解情况，主要是经济情况，可是经济情况跟政治、历史背景有关系。这一点重要性在中国还不能感觉到。特别美国在第一次世界大战以后，已经变成一个世界性的国家，跟中国完全不一样。讲一个小事情，在中国买小菜，就是买本国的小菜，在美国买小菜，全世界的小菜都有。现在我们在中国买苹果，已经有好几种苹果了，到美国去，多少种苹果，不知道选哪一种好。美国一早就是世界性的，这一点跟中国完全不一样。中国不是世界性的国家。这要经过一百年才懂。

游览世界是一个高级知识分子必须有的基础知识，开阔眼界。假如眼界不能开阔，你就什么事情都不行，这在中国是完全不了解的事情。那时候到世界各国去，不是玩，当然也是玩，是了解世界各国的情况。在银行工作，一到外面就感觉到世界性，在中国不大感觉到，我到许多国家，一种是风景旅游，一种是历史旅游。我的旅游是历史旅游，可是着重经济的特点，养成一种习惯，到一个地方，要敏感经济特点在什么地方。“读万卷书，行万里路”，原来在中国很难体会，读书大家都懂，“行万里路”在中国很难理解，到外国去，才体会到“行万里路”的确跟“读万卷书”一样重要。

在中国，我进大学之前根本就不知道利用百科全书，今天中国人还是很少人用百科全书，在中国跟外国差距很大。我们是一九八〇年翻译《不列颠百科全书》，编成十本，到一九八五年又重新翻译，新版变成二十本，中国开始有一部百科全书，我们这种地方都落后于世界。我了解百科全书的重要性是进了教会学校。中国始终是一个大国，不是一个世界性的国家，今天还只是看到中国，实际上没有看到世界。

每一个国家都有自己的特点。譬如讲一个小事情，中国跟美国一样，到火车站，要放行李，给了行李房，就给你一个条子，你下来就凭条子拿行李。我到英国的火车站，交给他行李，他没有条子给我，我说："条子呢？""什么条子啊？"我说："我的行李怎么拿？"他说"你不是告诉我们到什么地方什么旅馆吗？"我到了订好的旅馆，行李已经放在房间里面了，我很不放心：东西丢掉了怎么办呢？这种情况是一个中国人跑到外国去，变成乡下人。

二十　美国归来

现在的年轻人可能不会体会我们当时的感受。中国解放后，在国外的知识分子大批归来。我们都认为中国有希望了，中国的建设等着我们。学经济那么多年，我想中国当时最缺乏的也是经济建设，于是立志回国搞经济。甚至还有很多人都克服国外的千般“劝阻”，回到祖国。至于后来的“文化大革命”，谁也不会想到。

我回国有两个原因，一个是我认为中国解放了，有希望了，大家都希望回来为国家做点事情，这是当时青年的一种思潮。很多人回来，不是一个两个，而且抱一种理想的人才回来，没有理想的人不一定回来。还有一个原因，就是我的母亲在中国，不肯去美国，我不愿意与母亲长期分开。

此外，回国以后我在银行界的待遇很高，是高级职员。在收入上，我在美国和中国相差不是很多。当时中国的薪金制度与现在不同，薪金跟工资不同，薪金是中产阶级的待遇，工资是工人阶级的待遇。薪金是对脑力劳动的，工资是对体力劳动的，之间往往差五倍、十倍、二十倍。我的薪金也比最高工资高很多。但是如果我在美国做生意，也可能发财。当时，“二战”结束后，美国经济突飞猛进，很多地方都蕴含着发财的机会，找工作很容易，做很多生意都可以发财。我的许多同学、朋友都是这样发财的。现在中国人想要去美国的原因很大程度上也是经济原因，他们的待遇比国内往往高很多倍。但是，当时美国并不是比国内高很多。所以，回国的经济问题并不是很大。加上帮助国家建设经济的梦想也能实现，也可以照顾母亲，所以就决定回国了。

一九四九年六月回来，去的时候没有飞机，回来的时候坐飞机。回来就在复旦大学经济研究所任教。仍旧任新华银行秘书长，这是一个公私合营银行，国民党的时候，这是一个私营的银行，群众买股票，有三分之一的股票是国民党中国银行、交通银行的。我回上海以后，可以说是非常顺利。

二十一　上海的变化

回国后，我了解到中国在第二次世界大战中被日本破坏得很厉害。国家的经济、私人的经济要发展，银行是发展经济的关键。回来的目的还不是教书，我的一种幻想是帮助国家、帮助银行搞经济建设。我在复旦大学教书，兼新华银行秘书长，那个时候人民银行在上海有区行，我兼第二业务处处长，第二业务处对私人的，第一业务处是对国营的。我兼三个事情，所以忙得很，的确能够发挥长处。

上海陈毅市长非常开明，他跟人开会善于听意见，改革。可以说，从一九四九年到一九五九年这十年当中，已经搞“反右”运动了，牵涉面不是挺广，打击五十五万知识分子当然是一个大事情，但是从整个国家来讲，影响还不是挺大。但是我已经看到许多不合理的事情，虽然看到了，一点没有失望，以为这种不合理的事情很快会纠正。后来一件事情叫作“教育的速成”，说中国要建设，需要人才，大学四年五年太长了，把大学缩为三年。人家问我速成好不好，我说，需要一批速成的人，不能所有的人速成。有的事情当时以为是好事情，后来才知道是坏事情，我是从国外回来的，我的工资按照共产党解放后的规定给的，对我没有问题。原本银行里面老的职员要进行工资改革，目的是把薪金改为工资。我当时在复旦大学教书，又兼银行工作，当时说上海的工资全国最高，拿银行来讲，工资大量减低，一百块钱去掉八十块，只有二十块。今天宣布工资改革，明天上班，人见人都不点头了，一下子中产阶级的生活降到无产阶级，理论就是建设无产阶级的国家，资产阶级要取消掉。另外的理论认为，这个钱省下来，国家可以搞建设，当时觉得还是有道理。可是当时在上海就开了一个国际性的会议，外国人就提出不同意见，认为这样对社会发展很不好，当时我对这个问题还是顺着政府的政策来讲话，可是我没有深入研究这个问题，后来才知道这个政策很糟糕的。这个政策糟糕恐怕到今天很多人还不了解，今天还是没有中产阶级的薪金，高工资只是少数人例外。

从美国回到上海，我本来想休息一段时间，可是他们很快让我到复旦大学去上课，我在复旦大学经济研究所讲经济学，能把具体的经济问题结合起来，很受欢迎。一些教授没有实践的经验，我有实践的经验。

上海院系调整，把十四个大学的经济系合并到上海财政经济学院，我从复旦大学调去，我当教授，同时兼研究处主任。研究处很大，下面单是翻译部门就有三个，一个英文，一个日文，一个俄文。因为我的学生俄文非常好，就发生一个事情。当时要我们用苏联教科书，这些教授十个有九个都是美国回来的，这件事情比较困难。苏联的经济统计课说，经济统计是有阶级性的。我没有办法帮他们解决这个问题，不能用英美的课本，也不能用中国自己的课本，我说："你们不要着急，我们再进一步研究这个问题。"不久，我拿到苏联新的百科全书。什么是经济统计的阶级性？抽样调查，生产一百个，抽几个来检查，按照苏联和解放初期的规定，不可以查的，抽样调查就是不相信工人，不相信无产阶级，无产阶级是国家的主人，而在无产阶级国家里，工人是有最高的觉悟水平，不会做出坏东西来。我去查苏联的俄文大百科全书当中的"抽样调查"，一看，好极了，新版的统计这一章，开头就说，抽样调查是一种科学方法。我就叫在俄文翻译组的学生连夜翻译出来，油印了多少份，发给同事和其他财经学院的教师，他们都高兴得不得了，因为这一条就否定了经济统计具有阶级性。

我那时候精力充沛，在大学教书，在银行界工作，还跟几个有名的经济学家在上海办一个刊物，叫《经济周报》，我每个星期都要写文章。那时候真正想为国家做点事情。《经济周报》办到一九五五年，我离开上海了，就停办了，后来私人不能办刊物了。《经济周报》中有吴大琨，他后来到北京，是人民大学的教授。《经济周报》在解放前就有了，我在美国的时候已经办了，吴大琨原来也在美国。《经济周报》解放后最重要的人是许涤新。许涤新跟我关系很好，解放前他办一个杂志，他是秘密的共产党员，他争取我，我就给他的杂志写文章，那时候还不知道是共产党的杂志。抗日战争时，毛泽东带着周总理到重庆，我也在重庆，毛泽东待了几天，周总理就留了很长时间，经常召集所谓的民主人士开会讨论问题，我跟周总理很熟，许涤新是周总理的秘书，重庆开会都是他联络的。

在上海生活很好，我又是大学教授，又是新华银行秘书长，又兼职人民银行华东区行，拿三份工资，工作很顺利。张允和在光华实验中学教书，在上海是最好的中学，她教中国历史。我们在苏州还有一个家，我母亲不喜欢住上海，小孩子觉得住上海也没有苏州好。苏州的环境很好。

我是党外专家，后来"反右"以后就变成"狗屁"了。幸亏我到北京来了，否则在上海就是"大右派"。上海的大变化我看到一点点，就是"三反""五反"，"三反""五反"是整大资本家。大银行家从楼上跳下来自杀，天天有好多人自杀。可是整个来讲，还是很好的，至少我碰到的还是很好。

我在美国主要是学经济学。虽然有些东西跟苏联矛盾，但是国际贸易方面还是要用的，国际贸易还是要用国际的习惯。当时有两个市场，一个是资本主义市场，用货币交换；一个是社会主义市场，用实物交换。货币交换那一套当然有用。今天国际贸易当然是一个大事情，还是有用处。可是经济建设方面用不上，我们学的一套跟苏联不一样。银行的技术也不对，苏联的银行技术是非常落后的。解放后没有银行，只有账房。银行有一套很完整的制度，几千万被人家骗走，在正规的银行不可能的，说明今天我们的银行还没有上轨道。

我始终对经济建设没有完全失望。一九五五年，我来开文字改革会议，开完改行留在北京，那是意料之外。不过既然是来了，我就要改变。我认为语言学方面还是要更新，因为整个中国要变成一个现代化的国家，每个方面都要更新，经济方面当然是最主要的，语文方面当然也很重要，但是不如经济这么规模大。

一九五五年我来到北京以后，经济跟语文不能兼顾的，这是偶然的，就把经济放开。我觉得任何一件事，只要搞出成绩来，对国家有贡献，就好。同时，意外的就是“反右”，我这个人有的时候反应不敏感，我就知道“反右”是一个大运动，但是那么残酷，我没有想到。

上海经济研究所所长沈志远自杀了。因为当时上海是经济中心，经济研究所是当时全国研究所中最有地位的。沈志远是莫斯科大学毕业的，解放前出过一本《新经济学》，实际上是马克思主义经济学。他在国共斗争时，可以用密码和毛泽东通电报的。一个重要人物，结果，他自杀了，隔了几年我才知道。

我一个很好的学生叫王世璋，也自杀了，我当时也是不知道。在抗日战争，重庆被轰炸得很厉害，城里不能住家，要住在南岸的一个小平地。下班要坐滑竿到江边，再坐船回家。那时候，日本飞机投下一个炸弹离我不远，我就从滑竿里掉在了泥土里。人都糊涂了，惊恐加震动，我以为自己肯定受了重伤，但是发现自己没有什么大碍，而旁边的一个人却被炸死了。还有一次，我到重庆郊区办事，等到晚上回来以后发现办公室都被炸光了，同事不知道去了何处。回家以后，家里也被炸光，家人也不知道去了何处。抗日战争，天天都有生命的危险。而后来，更是逃过了“反右”运动。上海的朋友就说，他们受罪的时候，我在北京做研究工作。一生中逃过了两次劫难，所以，他们说我“命大”。

共产党当权，对中国的生活完全改变了。不过我认为，一九四九年到一九五九年建设不少，虽然有“反右”，破坏不是挺大，工作还是有成就，比如能搞汉语拼音就是建设。可是一九六〇年开始就是三年灾害了，人民公社化，就死人了，一直到一九八〇年，这二十年就不行，完全是破坏。等到一九八〇年，邓小平上台，搞有中国特色的社会主义，中国改革政策比苏联早，苏联改不过来，因为陷得太深了，结果自己垮台了。历史还是有其客观的规律，人的本事没有历史大。

“反右”，在上海以经济学界作为重点，可是对语文学界压力不是很大。文字改革对国家生活、文化生活影响很大，可是不能夸大。它毕竟是一部分，文字改革不是共产党搞出来的，文字改革是清朝末年就搞了，可是一步一步来。国语运动开头很难推广，有一个北京农民送儿子到城里来读书，进了大学，回去他讲普通话，父亲就骂他：“你读书读了半年，把祖宗的话都忘掉了。”普通话的推广很困难，方言的影响太大，现在很少人反对普通话。汉字简化，清朝末年就提出要简化，蒋介石是非常积极搞简化的，在南京提出简化，是蒋介石同意的，结果不行。到了台湾，蒋介石两次提出简化，也是不成功。现在台湾说简化字是共产党搞的。

二十二　文字改革委员会

我是一九五五年十月离开上海，从此就没有回去了。到北京来开全国文字改革会议，开完会，领导就把我留下来，在新成立的中国文字改革委员会工作。委员会下面有两个研究室，第一研究室是拼音化研究室，我当主任，招牌上只有第一研究室，因为拼音化之外，还有旁的事情要管。第二研究室是汉字简化研究室，主任是曹伯韩。

我在二十年代初进大学，就对文字工作感兴趣。那时在圣约翰大学，都是用英文，用打字机，太方便了，这给我印象太深刻了。我也学了一点语言课程，后来在外国，特别到英国，我买到许多字母学的书。字母学在中国没有人研究的，我看了觉得很有趣味。那时候我们的银行在美国经常跟英国联络，因为业务的关系，我要到英国去，那时候是业余爱好，想不到后来会用上。二十年代，上海语文左翼运动主要的人物是叶籁士，他办了《语文》杂志，我给他们写文章。后来上海变成拉丁化运动的中心，我参加上海的拉丁化新文字运动。所以到了一九五五年十月北京开全国文字改革会议，要我来开会。

“反右”时，我改行了，我从前写的书和文章，假如他们要跟我算账，就麻烦了。

我说：“我搞语言是业余搞着玩的，是外行。”领导说：“这是一件新的工作，大家都是外行。”那时候的确是精力充沛，国家有需要就愿意做。吴玉章是文字改革委员会的主任，当时级别很高，主任就是部长级，副主任是胡愈之，真正做事是他。吴玉章年纪太大了。胡愈之了不起，能写文章，见解真正有世界眼光，他同我很谈得来。那时胡愈之是领导人，待人好得不得了，没有什么官架子。常常在晚上九点钟，我要睡觉了，他们来了，一谈谈到十二点，像朋友一样，所以工作很愉快。周总理经常请我们到中南海讨论问题，到了吃饭时间就留我们吃饭，的确是政府和人民团结很好。

当时研究拼音方案是一件大事情。“文改会”下面成立一个拼音方案委员会，小委员会有十五个人，实际上开会来一来，平时他们各有各的工作。真正工作是我们研究室做的。后来要起草一个草案，推三个人：叶籁士、陆志韦、周有光。许多资料都是我搞的，因为我是主持这个研究室的。这件事情应当说很复杂，搞了三年才成功。人家跟我开玩笑说：“你们几个字母搞了三年。”现在想起来，花了三年工夫很值得，把所有的问题彻底解决，一点不马虎，今天人家提出的任何问题，都是过去研究过的。这个地方就用到字母，没想到我在伦敦买的字母学的书发挥作用了。世界上有那么巧的事情。

拼音方案这个工作不是普通人想象的那么简单，要用到字母学，凑巧我对这一门学问很感兴趣，是业余搞的。当时缺少材料，我在国外有一些研究联络点，请他们想办法买材料寄来。因为语文研究方面的书，我的确也看得不少，不是像读书那种看，是比较轻松的浏览，可是要工作就要认真看。从“文改会”来讲，把我留下来，的确是找到一个合适的人，因为中国搞语文学、文字学的人多得很，可都是搞传统的语文学，现代的东西就搞得很少，几乎没有人搞字母学。

汉语拼音方案花了三年工夫，现在应该说是成功了，全世界都在用这个方案。这个方案问题多得不得了，世界各国也不了解中国要搞一个方案干什么，很快联合国教科文组织就提出要求，特别是航空发展出现一个地名标准化，需要罗马字地名怎么拼，一个拼法不对，这在航空就不得了，会出大事情。拼音方案首先在航空上帮了忙，要求地名标准化，不仅是我们，许多国家都要有，欧洲也是这样了，欧洲一些国家的地名，单在欧洲就有几个讲法。航空要求一个地名只能一个写法，一个讲法，否则就会出问题。

中国的文字改革起初是少数知识分子参与，后来参与的知识分子越来越多，但是还是在知识分子圈里面。拉丁化运动大概是在一九三三年，有群众性的运动是从拉丁化开头的。可是我看到外国的东西，一看，中国的水平太差。所以我们的文改运动要跟语言学、文字学挂钩。我运气也很好，一做这件事情，自己就要努力地学。

在语文学界，吕叔湘、王力都是我的朋友。我在北大开汉字改革的课程就是王力介绍的，他当时是北大中文系的系主任。汉字改革课开了半年，很受欢迎。人民大学又请我去，在北京大学大概讲了三次。后来把讲课内容整理成一本书，就是《汉字改革概论》，这本书在国内多次再版，日本翻译成日文，当时推广普通话，推广了多少年，许多人还是不会讲国语。中国人跟中国人在一起没有办法讲话，特别广东人到北京来，要找人翻译。建立国家的共同语言要有一些理论，普通话的第一本理论书是徐世荣写的，从前我们有好多语言学的书，一本也不管用，文字学都是用来看古书的，跟今天的生活完全没有关系，这是很不正常的。中国的传统是研究古代才有学问，研究现代的东西不是学问，这是错误，今天想办法在改。我这本书可以说是“文改运动”跟文字学、语言学挂钩的第一本书。以前有几本小本子，也是没有理论的，苏联的拉丁化运动也缺少理论。这可以说是我到“文改会”做的第一件事情，要提高文字改革的学术水平。同时中国引进了西洋的语言学，可是还没有把语言学用之于生活。

美国的厉害之处，每一件东西跟当时的生活结合起来，这一点跟中国很不一样，中国的许多东西都是为古代服务，不是为现代服务，这是中国的传统。沈从文到学校里去教白话文，学校里的老师是看不起的，说：“白话是什么学问？”胡适是从美国回来的，有眼光。这一点一直到今天还是不一样，美国是现代重，古代轻，中国是古代重，现代轻。中国讲文字是讲古代的，没有现代的，我要做的第一件事情是文字改革要变成一门学问。

大学里都有文字学，结果研究的都是古代文字，现代文字没有人研究的，这种现象完全不正常的。我要提倡现代汉字学，这件事情成功了。现代汉字学的课本很多，苏培成的两本书在北京大学很受欢迎。现在至少几个重要大学都有现代汉字学的课程，汉字重要，可是只讲古代，目前的问题没有人研究，这是不正常的。

我对比较文字学也很重视，后来发展成两本书：《比较文字学初探》、《世界文字发展史》。我提倡大学里要有这门课程，中国到今天大学里还缺少这门课程。清华大学有一个小组在研究。

二十三　新陋室铭

我来北京以后，一方面工作压力很大，一方面我自己要补充知识。他们搞运动，我就埋头读书，尽量不参加社会活动，除了政协开会。工作很紧张，也可以说是很充实，能有这样的机会，也是很不容易的。

一九五六年我们全家到北京，就住在沙滩，这个地方是老北京大学，在清朝是驸马府，我们一进去，里面的花草好极了，美极了。我在这儿住不到几年，就看到一个很美的房子一步一步地被破坏。不久，毛泽东下命令，不许种花，花匠都回家了，种田。花、树比人还娇气，要人不断收拾的，立刻就一塌糊涂。后来军队住进来了，把一个很好的荷花池填掉了。后来许多人家都搬进来住，也不知道什么人家。

在沙滩有一个好处，到北海、故宫很近，五分钱到故宫，故宫上午没有人的，我花五分钱在里面写文章，环境又好，空气又好。对面就是景山公园，清早在景山公园绕一个圈，回来工作，因为我的工作可以在家里做，不一定在办公室里。

我住的地方是民国元年给一个德国专家特别造的小洋房，我进去时已经破烂了。有趣味的事情是，外国朋友知道我住在有名科学家的房子，写信问我这个科学家叫什么名字，我说不知道。这房子现在恐怕拆掉了，多少年的房子不修理不行。所以我写了《新陋室铭》。

新陋室铭

山不在高，只要有葱郁的树林。
水不在深，只要有洄游的鱼群。
这是陋室，只要我唯物主义地快乐自寻。
房间阴暗，更显得窗子明亮。
书桌不平，要怪我伏案太勤。
门槛破烂，偏多不速之客。
地板跳舞，欢迎老友来临。
卧室就是厨室，饮食方便。
书橱兼作菜橱，菜有书香。
喜听邻居的收音机送来音乐。
爱看素不相识的朋友寄来文章。
使尽吃奶气力，挤上电车，借此锻炼筋骨。
为打公用电话，出门半里，顺便散步观光。
仰望云天，宇宙是我的屋顶。
遨游郊外，田野是我的花房。
笑谈高干的特殊化。
赞成工人的福利化。

同情农民的自由化。

安于老九的贫困化。

鲁迅说：万岁！阿Q精神！

一九八四年我们家搬到后拐棒胡同。这是我们出版社的地方，起初政府给我们一块很大的地方，后来紧缩，就把我们单位跟出版社合并在一起。

二十四　昆曲研习社

张允和到北京人民教育出版社工作也是意外。她在上海教书，全国都用范文澜的《中国通史》，她很认真地写了两万字的意见，《人民日报》就把她的意见要求登出来，她很得意。人民教育出版社是出教科书的，把她请到北京来编辑教科书。人民教育出版社的社长是叶圣陶，他本来是张允和的老师。

那时候我们在上海有保姆，还不止一个，孩子由保姆来管，家里的事情她走开也没有关系。我们家不相互牵制，她到北京来，我还在上海。来了不久就碰上"三反""五反"，跟她毫无关系，群众运动瞎搞了，哪里有那么多的"老虎"呢？因为搞运动是另外有领导小组的，社长叶圣陶没有发言权，张允和的背景，叶圣陶了如指掌，可是又帮不了忙。

"三反""五反"说她是"大老虎"，为什么呢？第一，我家虽然很穷，她的娘家很有钱，是大地主；第二，"三反""五反"要把所有的信都交出去，她乖乖地把私人的信交出去，她跟我通信当中有许多好玩的事情。有一个男的老朋友写信给她，说：我们现在都老了，我从前非常爱你，我爱了你十九年，后来你结婚了，这些事情就不谈了。那么她就写信告诉我，想不到这些事情这么奇怪，你猜猜看，这个人是谁？我就告诉她，这个人可能是C吧，可能是L吧，可能是D吧。那么，搞运动的人看了觉得不得了，认为这一定是反革命的密码，就把她打成“大老虎”。

其实经过这种运动的人觉得无所谓，她没有经过这种事情，当真了，神经一紧张，生病了，叫作“牙周神经炎”，人要发烧。当时我还在上海，她就跟领导讲好到上海治病了，领导知道她没有什么事情，让她到上海，真正有事情就不让走。这牙周炎想不到还很厉害，整个把牙拔掉，重装牙齿要很长时间，就写信给人民教育出版社，说牙还没有好，要几个月才能回来，人民教育出版社给她写了一封信：你不要回来了。搞运动不讲道理的呀，这样子，她很不愉快。

虽然张允和受了挫折，还没有影响我的情绪，我对共产党建设中国还是抱有信心的。我来了北京之后，就把整个家庭搬到北京来了。

那时候的确是很热心，我在上海有三份工资，在北京只有一份工资。当时上海的标准待遇高，北京的标准待遇低。到北京来，经济上损失很多，那时候的确是为国家办事情，从不计较这些。我都不在乎这个。

张允和受了这次刺激，又有好处。我们来了北京，当时的文化部部长、副部长都是我的朋友，他们也知道张允和能力很高，单位就缺少张允和这样的人，叫她去工作，我们研究了半天，不敢让她去。我说：“不要做工作了，政治运动的波浪你受不了，没有送条命已经好了。”因为她只能做工作，不能应付政治的波动，再碰到政治波动，没有命了。只有在党里面搞运动搞惯了的人叫“老运动家”，无所谓的，张允和没有这个本事。后来果然不断搞运动，而且搞到“文化大革命”，如果她去工作，那真是死路一条，因为她这个人比较脆弱，经不起这样子搞。

她一面搞昆曲，一方面读读书，很好。她到北京来，就是自己写写文章，研究昆曲，跟俞平伯他们一起搞昆曲研习社，后来俞平伯不做社长了，让她做，所以很愉快。幸亏不做工作，不然没有命！

每个星期听一次昆曲，周末我们一定去看戏，听昆曲，假如有特别好的戏，就不听昆曲，就去看戏。那时候叫汇演，各地的好戏都到北京来演出，戏曲界我有很多朋友，有很好的戏票早给我准备了，所以星期六晚上去看戏，不仅我和我老伴，我妈妈也喜欢看戏，一块去。有时候看戏看到十二点以后才回来，这也是很愉快的事情。

那时候北京几个重要的昆曲演员常到我们家来，南京、杭州的重要演员也到我们家来，我们都跟他们做朋友。张允和写了好些关于昆曲的文章，人家很喜欢看，台湾对昆曲热心的人很多，也把她的文章拿到台湾发表。

俞平伯跟我们家交情好得很。我们家有很多俞平伯写的东西，老伴去世以后，我现在不挂这些东西了，我孙女带走了，她也很会玩。俞平伯很有学问，家学渊源，三代都很有学问。

俞平伯的风度真是没有话说，这是中国传统的仁人君子，高尚学者的风度，待人好极了。他对《红楼梦》的观点跟共产主义当然是谈不上的。所以批判俞平伯是没有用的，看起来是笑话，古代的文学为共产主义服务，怎么可能呢？

俞平伯在曲会里常常讲他的研究成果，像大学里上课一样，非常深入，那真是有水平！

曲会里有几个家庭妇女，都是高级知识分子家庭的，这都是薪金阶级，维持家庭都没有问题的。后来薪金阶级没有了，变成工人阶级。夫妇两人不得不工作，不然养不起家庭。在我们的时代，高级知识分子妇女不一定做工作，因为那时候家庭经济由丈夫负责，家里的太太都是学问很好的。那时，中、英、美都是这样的。

张允和在曲会里没有收入，不仅没有收入，我们还贴钱。北京市文化局每个月贴给这个曲会二百五十块钱做零用，其他的由各方捐钱。这种民间机构从明清就有了，士大夫在一起雅集。这个昆曲民间机构等于京剧的票房，都是士大夫有钱、有闲、高尚的娱乐。曲会在现在王府井商务印书馆的地方，里面还有小的演出剧场，中央很多有名的人都来看。周总理常常来看戏。康生也来，康生很懂昆曲的。

沈从文也来过，但不是很多，沈从文对昆曲的兴趣没有我们大。他搞另外一套，忙得不得了。张兆和也懂昆曲，来得不多。

我对昆曲的爱好从中学开始，我们校长童伯章对昆曲很有研究。童伯章在中学就教我们昆曲的文学，昆曲的音乐，我已经有印象。我始终对昆曲不是那么喜欢，我喜欢西洋音乐，我年轻时也学小提琴。听西洋音乐是张允和跟了我走，听昆曲是我跟了她走。我觉得中国音乐、西洋音乐都有好的地方。

二十五　宁夏五七干校

“文化大革命”来了。忽然报上登出来，要反对教授，反对工程师，反响很大，国际反响也很大。几天后，口气改了，不讲反对教授和工程师，叫反对“反动学术权威”，“反动”的当然可以反了。毛泽东发动“文化大革命”，头一个星期的口号跟第二个星期很不一样，头一个星期的口号出来，反响太坏，第二个星期口号就改了，内容没有改。

“文改会”是一个小机构，比部小，直属国务院的，开头轰轰烈烈的运动，我们等于是处于保护的状态。

“文化大革命”的目的是什么？开头大家都不了解。开头没有江青，后来江青变成“文化大革命”一个重要的人物。开头没有“四人帮”，后来才有“四人帮”。

“文化大革命”的破坏力之大，恐怕毛泽东自己也没有估计到。人变得没有理智，没有法律，许多机构都停下来了。全国破坏的价值无法计算，“文化大革命”死了多少人？一直到最后看了内部材料，我大吃一惊。

在“文革”中，张家当中影响最大的是大弟弟。大弟弟在贵州大学，贵州比较边远，更野蛮一点，所以大弟弟劳动过度，在“文化大革命”没有结束就死了。

“文化大革命”把我们越来越贬低，开始说我们是“反动学术权威”，后来坏的帽子越来越多，到后来是“现行反革命”，到最后整个机构下放宁夏平罗五七干校。一九六九年冬天去，一九七二年春天回来。

岳飞说“踏破贺兰山阙”，就在平罗。因为中国的山多是东西向的，那地方的山是南北向，平罗是一个缺口。风吹过来，八级是很普通的，很苦的地方。我们去了才知道，有二十几个站，一个站有五千个劳改犯。我们去的五七干校是由两个站改造给我们的。实际上我们是优待的劳改犯，是周总理特别关照，可以拉电线，有电灯，给我们打一口井，我们运气好，打的水可以洗澡。在干校，可以通信，可是慢得不得了，一封信要大半个月才能收到。五七干校实际是劳改营，我们这种人是社会不需的人，是“社会的渣滓”。一到那里，大家要宣誓：永远不回去了！后来林彪死了，就把我们都送回来了。这是按照苏联的办法，苏联也把老的知识分子、资产阶级、地主赶到北极圈以外。

我们去劳动改造，不许带书。在那里种稻子，缺少水，怎么种稻子呢？本地人劳苦得不得了，愚昧得不得了，什么都不知道，真可怜！一望二十里路，没有人烟，可是条件很好，有铁路，有运河，交通方便。天然条件很好，没有利用。

在宁夏时，我和林汉达——他原来是教育部副部长——两个人年纪比较大，第一年要下田，第二年叫我们去看高粱地，看看有没有人来偷，我们在山冈上望去，至少可以看一二十里路，没有人的。每天早上去看高粱，太阳下山前回来，比较轻松，我们就聊天。林汉达是研究语文用语，他主张词汇要口语化，把人家不容易懂的，改为容易懂的。我们谈到寡妇和遗孀的分别：穷人死了，老婆叫寡妇；有钱人、名人死了，老婆叫遗孀。林汉达后来生病死了。

我去看白菜，要服从造反派的领导，宁夏没有白菜，都是卡车运来的。白菜非常好，容易烂，要赶快交给厨房吃。好的都不吃，吃的都是坏的。我发现一个白菜原理：坏的才吃，好的不吃；不坏不吃，坏完吃完。从头到尾吃的都是坏白菜。

我们见到大雁下大便，这是一个有趣味的事情。古书上说，鸿雁传书。北京、南京的天空原来都有大雁飞来飞去，后来大烟囱冒烟，大雁害怕，就不飞了。现在大雁在中国西部宁夏一带，从西伯利亚飞到印度洋。大雁飞来的时候，天空中几天几夜，数也数不清。林彪死了，通知我们明天清早五点钟要开会，每人带一个小凳子，坐在空地上面，开会没有大会堂的。我一看天气好，到中午一定很热，开会都是大半天，我就戴了一个大草帽。九十点钟的时候，大雁来了，不得了，铺天盖地，到了头上，大雁纪律性好得不得了，领头大雁一声怪叫，大雁们下大便。我戴了大帽子，身上只有一点点大便，许多人身上都是大便，洗都不好洗。那天戴帽子的人不多，因为清早有一点点云，所以很多人都没有戴帽子。他们说，这种情况大概一万年才遇到一次。这是一生当中非常有趣的遭遇。

到五七干校有一个好处，我原来有失眠症，到了干校体力劳动，不用脑子，失眠症好了。回来以后，失眠症没有了，坏事情变成好事情。

“文化大革命”时，张允和是家庭妇女，不是重要对象，所以受的冲击不是挺大。我也是很受优待，我们几个同事回来以后被打得一塌糊涂，我没有被打。造反派告诉我，我查你是不是里通外国，结果你没有里通外国，所以没有打你。张允和带小孙女住在北京的亲戚朋友家里，家里不能住。东西都搞光了，她受不了，这种地方都表现出她比较娇嫩。

周小平和儿媳妇都是中国科学院的，下放湖北潜江，这些都是苦地方，是关劳改犯的地方。张允和和孙女在北京，儿子在潜江，我在宁夏，一家人在三个地方。连养孩子的钱都没有，我的老伴在亲戚那儿借钱过日子。

抄家是一家家都要抄的。到我们家来抄家，还算文明，拿去了几本书，没有什么损失。可是后来我们都不住在家里，造反派就把我们家的门打开，东西都搞光了，其他的东西都不稀奇，大量的照片搞光了，我们小时候的照片原来都有，现在全没有了。等到我们回来，我们的房里都住着不认识的人，回来再安排给我们住的地方。

我从干校回来，很有趣味，把高级知识分子都集合到国务院训话，说：你们这些人都是“社会的渣滓”，没有用处的。我们是人道主义，所以给你们吃一口饭，都回去吧，不要乱说乱动。没有工作，都回家了。

我们在“文化大革命”当中的工资扣掉了大部分，我最少的时候只有三十五块钱一个月，付房租都不够，就借钱来过日子。回来以后，很优待，扣的钱还给我们，用这个钱把债还掉。

沈从文一家是文学系统，他自杀是觉得恐慌。“文化大革命”时好多文学家自杀了，像老舍。后来沈从文到了故宫当解说员，不算文学家。

二十六　“专家专家，专门在家”

一九七二年从宁夏回来，有几年什么事情也没有，我就安安静静做研究工作，那几年研究的成果最多。我在“文化大革命”以后出的书为什么多呢？因为这段时间把以前没有弄好的研究，都弄好了。文字改革在世界上已经变成一门科学，中国人又不知道，我可以接触到一些外国的东西，稍为知道。

我们一九六六年“文化大革命”，新加坡是一九六五年成立。新加坡也是有意思，不是自己要求独立，想参加马来西亚，马来西亚不要它，把它赶出来的。李光耀大哭，说：“我们又小又穷，要成立一个国家，怎么办？”这个事情在中国完全新闻封锁，我们都不知道。我是八十年代在美国张充和家里，看到一点旧杂志才知道的。为什么要把新加坡赶出来，道理很简单：一、新加坡大部分都是华人，如果参加马来西亚，马来西亚的华人就可能超过百分之五十，马来人就不愿意；二、新加坡的华人共产主义思想弥漫，李光耀原来就是老共产党。马来西亚讨厌中国人，把他们赶出来，新加坡只好独立。

这跟台湾刚刚相反，台湾要独立。天下的事情都是古里古怪。

新加坡独立以后，要研究怎么建国，向美国专家、英国专家、日本专家请教。派一个调查团到中国来调查了三个月，新加坡能不能跟中国大陆走共产主义道路。调查的结果是新加坡不能走这条道路。

可是新加坡研究政策要跟哪个国家走，语文政策基本上跟中国走。新加坡的语文政策搞得很好，全国通用的语言是英语，华人要用华语，马来人要用马来语，印度人要用印度语，三大民族有自己的语言。华人的语言讲方言还是讲国语呢？可是不能用“国语”两个字，因为新加坡的国语是马来语，也不能用“普通话”，这三个字在新加坡不好理解，就用“华语”，这在华人里面都能接受的。华语的标准完全按照大陆，这是他们聪明的地方，文字也用简化字，拼音也跟着大陆用拼音。新加坡什么都跟台湾，就是拼音、普通话、简化字跟大陆。台湾很不高兴。我在参加国际会议时，台湾人质问新加坡人：“你们是‘事大主义’。”就是跟着大国走，新加坡人说：“我们不是‘事大主义’，我们是为了研究、教学方便。”

新加坡第一个用简化字、拼音方案，之后影响马来西亚、泰国。新加坡开头是穷得不得了，什么都没有，可是走国际道路，什么东西都采纳国际专家的意见，结果十年工夫就变成一个好的榜样。我去了两次，第一次是新加坡华语协会邀请的，第二次是新加坡国立大学邀请的。第一次主要让我讲中国的拼音方案、简化字、文改政策；第二次是讲东亚国际语文问题，主要是英文地位。新加坡现在变成东南亚的明星，东南亚的语文中心、医疗中心、金融中心、航空中心在新加坡。原来大家讨厌的地方，不要它了，结果后来大家都喜欢它。马来西亚要吞掉它，可是它现在不要再参加马来西亚。到今天，新加坡的国际机场比我们北京的国际机场要好多了。

香港跟新加坡相反，跟着台湾走，到今天还是不大用拼音。台湾在我们没有提出简化方案时，蒋介石就提倡简化字，两次公开提倡。蒋介石在南京时就提倡简化字，南京是最早公布简化字方案的，可是公布出来，人家反对很厉害，第二年就取消了。蒋介石到了台湾又提倡，孙科也提倡，后来共产党搞了，他们就反对了，是这么一个变化。我认为简化问题不是党派的事情，文字改革问题不要跟政治搞在一起。现在台湾搞一个通用拼音，我看通用拼音很难搞下去。我是希望说服台湾，语言文字用科学方法来解决，跟政治脱钩。我对台湾人讲，“文改”不是共产党搞的，“文改”在清朝末年就搞了，国民党对“文改”很热心的，北洋政府也很热心的。

一九七六年，实际上我还没有恢复工作。毛泽东死了，邓小平上台，政策是改了，可是许多坏事还存在，一时改不了。一九七七年开始改，一直改到一九八四年稍为像一点样子，比较上轨道要到一九八七年。开头也没有恢复办公，把社会搞得一塌糊涂要转过来不是一个简单的事情。差不多十年工夫，拨乱反正，大概到一九八七年以后，才上轨道，这些是很慢的。我名义上是恢复了，但是没有上班，在家里面做研究工作。我的生活很简单，研究的内容不简单，表面上安安静静。所以，造反派批评我们：“专家专家，专门在家。”

我在家看书，写文章，把研究工作一点点地做完。张允和在那个房间，她也看书，写文章。她搞她的，我搞我的。外面的活动，在打倒“四人帮”以后恢复了昆曲研习社，她负责昆曲研习社的工作。他们自己唱，主要在现在商务印书馆的地方演出，里面有小的演戏设备。我的妈妈也喜欢昆曲，也常常去看。那时候我的工作很忙，交际很少，“文化大革命”以后大家不敢交际，交际以后人家就说你们搞小团体。这样很好，可以在家里安安静静做学问。所以“文化大革命”结束以后，可以出很多书，一本一本地出来，其实很多在那时候已经弄好，后来重新审读一遍。

我的《汉字改革概论》这本书再版了好几次，日本花了三年工夫，把它翻译成日文，在日本出版。日本一个专家翻译好以后，成立一个审定小组，五个教授审定，有好些问题不明白，特别到中国来问我。在香港，《汉字改革概论》有香港版，这本书里好多篇章翻译成德文、英文。这本书影响很大，因为文字改革在当时中国是作为一件大事情，全世界很注意中国这个工作。

我提倡现代汉字学。这件事成功了，现在许多大学都开现代汉字学的课程，都写了很好的教科书。汉字改革到现在还有许多问题没有解决，像信息处理、语文处理，信息处理跟文字有很多关系，到今天还有许多问题没有解决。现代汉字学是一门大学问，一个泱泱大国应该有这一门学问。

我提倡人类文字学、人类文字史，这俩我花的工夫最多，从五十年代一直到现在都在搞。我出版《世界文字发展史》。文字史、文字学是一门功课的两个方面，文字史注重材料，文字学注重规律。这门学问非常重要，我提倡大学要开这门功课。中国古代就重视文字学，中国可以说是创造文字学的国家，不过我们只研究汉语的文字，不研究旁的，看不起人家的东西。后来欧洲的一些文字研究很成功，本来我们是世界领先，这样我们反而落后了。

人家问我："文化大革命"结束后为什么出了那么多书？其实我是把从前没有搞起来的重新整理出版，不是一下子研究那么多。《世界文字发展史》已经进入"世纪文库"，与沈从文的《中国古代服饰研究》同时列入"世纪文库"；《语文闲谈》与《沈从文小说选》《沈从文散文选》同时列入"中国文库"。

二十七　重游欧美

我们好长时间没有出国。一九七八年，张充和的丈夫傅汉思在美国大学里很有地位，他和另外几个大学有名的教授组成一个访问团，他代表耶鲁大学，来中国访问。他们来之前，我们不知道，来了以后通过关系找到我们。我和张允和就去看傅汉思。访问团团长是余英时，副团长是傅汉思。余英时的学问很好。他们知道中国没有录音机，就带了好多录音机，今天这个录音机已经过时了。

他们来了之后，文化生活开始恢复。大概到一九八四年以后，才恢复正常，这一年我受邀请出国。有一次，联合国教科文组织请我去开会，领导突然来找我，说："你赶快准备一下，下星期到巴黎去开会。"我说："我不想去，我这里的工作还没有搞完，我的衣服也破光了。"领导说："没有问题，你赶快去做最好的，开完会回来一概交给公家。"这样子就匆匆忙忙到巴黎，当时国家是不给钱的，因为有人帮我们出，我上飞机，一分钱都没有，上飞机前，他们说："你的皮夹子要取出来。”因为国家规定不能带人民币出去的。我的皮夹子就交出去，口袋里没有一分美元，也没有一分人民币。后来人家问："一分钱都没有，你怎么敢上飞机呢？”我说："已经到了飞机旁边了，不上也得上。”我倒一点也不惊慌，因为有困难，我在国外还是有些关系嘛。这是一个奇怪的事情。

从此，人家就知道我没有死掉，常常有人邀请我出国，有时一年出去几次。

有一年美国邀请我去访问，我和张允和一起去。到了美国，她就到大姐家去住几天，到四妹家去住几天，还到我们一个表弟家住几天，访问我们的亲戚。

大姐一个人住在旧金山，她是入了美国国籍，有养老金。美国养老待遇好，她有一套公寓房子，比我这个房子好多了。她平时不大去，住在公寓里太孤单，于是住在她的一个朋友家里，有孩子需要她帮着照顾。我要到七个大学讲课，讲完了我就到耶鲁大学旁边四妹张充和家里。张允和也从旧金山到四妹家里，讲了这些年经历的事情。胡适之到美国去讲学，也住在四妹家里。胡适之跟傅汉思是老朋友。在傅汉思家里，我看到许多重要的书，知道许多我不了解的情况。

那时候，我没有吃过麦当劳，傅汉思要请我吃饭："你想到哪儿吃？”我说："我想到麦当劳吃。”他说："麦当劳不能请客的。”我说："我没有吃过，去体会一下子。”他说："好吧。”因为请客是不能到麦当劳的，麦当劳是普通吃饭的地方。我是去体会一下，看看这个麦当劳是怎么一回事。

这一次出国是不列颠百科全书出版社安排的，我跟联合国中文翻译处一个朋友联络，由于他们的介绍，联合国工作人员语言学会请我到他们学会里演讲，因为他们要了解中国文字改革的情况，我带了录像带给他们看。这个会长是一位法国女士，很有水平，她请吃茶点，我就问她："联合国六种工作语言，哪种用得多，哪种用得少，有没有统计？" 她说："英文百分之八十，法文百分之十五，西班牙文百分之四，还剩百分之一是俄文、阿拉伯文、中文。" 那么，我回来就把这个消息告诉别人，不过最近情况怎么变化，不了解。

二十八　家庭文化

晚年，我们和沈从文、张兆和往来比较多。

沈从文生活中大部分的时间在写，他的笔头快得很，一看什么重要的材料，立即记录下来，否则会忘掉。他写《中国古代服饰研究》的时候已经积累了大量的材料，要人家画画，领导就帮忙，由社会科学院安排一个画画的、一个考古的帮他忙。

张兆和的工作是做《中国文学》杂志的编辑，她做修改文字这个工作很好。她离开《中国文学》时，主编说："张兆和离开我们就很不方便。"张兆和的好处就是自己不写东西，为人家服务，这个精神很好。文学的东西需要加工，加工是很高的技术，加工得天衣无缝也不容易。沈从文去世以后，她就整理他的东西，他的儿子也帮忙，家里变成一个编辑部。

顾传玠跟我们家交流不太多。抗日战争时我们在四川，他们在上海，解放以后他们在台湾，我们在大陆。有时候我们在美国，他们在中国，往来不多。在顾传玠演出的那个时代，昆曲很受知识分子重视，顾传玠演小生风度很好，跟梅兰芳配过戏，梅兰芳觉得他很好。

顾传玠在台湾大概是受了凉，急性肺炎去世。在台湾初期生活还是比较艰苦。蒋介石死了之后，蒋经国领导下的台湾经济发展得比较快，人均收入增加十一倍。今天，台湾的生活水平远远高于大陆。为什么闹独立呢？这也是原因。可是台湾早期很苦，打仗影响了台湾。可以这样说，蒋介石时代渡过了难关，蒋经国时代发展了。蒋经国在台湾名声很好，国际上也说他好，因为他把一党专政改为多党民主。这是一个世界的总趋势，这个改变弄得不好就会发生动乱，他能够做这个大的改变而没有发生动乱，这是不容易的。

顾传玠去世不久，张元和就到美国去了。他们结婚得很晚，在抗日战争后期，他们结婚时，我们在四川，不在场，打完仗以后，人家把旧的报纸给我们看，上海的新闻界起哄得很厉害，大标题“张元和下嫁顾传玠”。因为那时代跟现在不一样，现在是很看重演员的，那时候演员不被看重。时代变化太快。

张充和在北京大学读书，傅汉思在北京大学教书，傅汉思非常钦佩沈从文，经常到沈从文家来。沈从文也在北京大学教书，所以大家熟悉起来。傅汉思和张充和是在解放前夜去了美国。那时候大的政治改变，美国大学希望傅汉思到美国去教书，他们走时，张元和已经在台湾。我们不在一个地方。

张充和二〇〇四年回来一次，在北京举行书法展览会。我本来想让她在国内住半年，休息一下，结果另外有人要陪她到美国去，怕她路上没有人陪，那个人急于要到美国，所以她很快就到美国。展览会结束以后，她没有留很长时间。

张家的父亲受“五四”文化影响很深，跟蔡元培、蒋梦麟这样的大教育家交朋友。我都弄不清楚他跟这些大教育家是怎么交朋友的，反正他交的这些朋友在当时都是很先进的，所以影响了他的家庭。我想，像这样的家庭在中国还是有一些的。

文化需要有优越的生活来培养。太穷了，文化就困难。一直到改革开放之前，讨厌文化人的，现在，这种看法改变过来了。一般来讲，在外国，文化人都属于中产阶级。生活要有一定的条件，我最近看到资料，发展中产阶级，日本搞得最好，日本大部分人都是中产阶级，比例比美国高。

二十九 “周百科”

张家四姐妹的夫婿中，沈从文最有名气。

“周百科”是沈从文给我开玩笑的话。到了后来就更有趣，改革开放时期，中美两国要搞文化合作工作，当中有一项就是要翻译美国的《不列颠百科全书》。《不列颠百科全书》本来是英国的，是因为“二战”期间英国的很多企业都卖给了美国，《不列颠百科全书》也是如此。我们翻译《不列颠百科全书》，当时国内购买力很差，二三十本都买不起，压缩成为《简明不列颠百科全书》，到了一九八五年以后，又扩大翻译。中国方面三个人是刘尊棋、钱伟长和我，美国方面有三个人，六个人成立了联合编审委员会，这样子，人家更给我开玩笑，叫我“周百科”。这个外号就是这样起来的。

邓小平到美国访问，中美文化要合作，就要做好几种工作，一种工作就是要翻译《不列颠百科全书》，这是中美合作项目之一。成立了一个中美联合编审委员会，中国方面领头是刘尊棋，他的学问很好，我在美国就认得他了，还有钱伟长和我，下面有一个编辑部。这件事情的翻译工作量很大，应当说条件太好了，因为我们在一九八〇年开始的，许多大学的教授都是下放五七干校刚刚回来，没有工作做，可以请他们帮忙翻译。我们主要从北京、天津、上海各大学请教授来，还有其他的专家。我们联络了五百个教授级的专家，他们都很高兴来翻译，觉得做这个工作有意义，不过稿费少得不得了，因为那时候经费很紧张。如果今天搞，就不这么简单了，这东西吃力不讨好，人家不愿意来工作。

三十本百科全书我们压缩成二十本，这件工作搞了好几年。大百科全书是一个国家应当做的，我们在“文化大革命”当中闹了一个大笑话：有一个欧洲小国到中国送一部百科全书，我们送他们一本小的《新华字典》。小国送大书，大国送小书。百科全书在国民党时开了多少会，没有办成功。“文化大革命”结束后，中国要办百科全书，当中一个刺激就是美国希望中国翻译百科全书。我们是先有《不列颠百科全书》，后有自己的百科全书。这件事情的倡导者姜椿芳在“文化大革命”之前是马克思主义编译局局长，“文化大革命”当中他被关在东北的监牢里面，眼睛弄坏了。放出来以后遇到美国要我们翻译《不列颠百科全书》，他一早就有搞百科全书的想法，回来以后就跟倪海曙和我等少数人商量，他一直希望倪海曙和我跟他一起搞大百科全书。倪海曙在拉丁化运动中是头头。我们“文改会”的工作推不了，没有去。

姜椿芳出来以后，我就问他：“你是不是恢复马克思主义编译局局长？”他说：“我不回去了。”不再搞翻译工作，后来这个事情得到胡乔木的支持，胡乔木就跟邓小平讲，邓小平同意了两件事情，一件事情是翻译百科全书，一件事情是自己编一部百科全书。姜椿芳就全力以赴编百科全书。当中的一个小问题，百科全书的条目怎么排，我和倪海曙积极支持姜椿芳改用拼音来排，因为当时大家都不熟悉拼音，反对的人很多，现在反对的人少了，假如不用拼音，就不好查了。这部书出来，不会赚钱，因为中国人买不起。这部书的每一个分卷都有水平，出来以后学术界评价很高，现在正在重新编。这部书是一个大国家必须有的。

三十　晚年所思

“文化大革命”前后，我是全国政协委员，全国政协也停了十年，后来恢复了，我是政协教育组副主任。后来恢复“文改会”的工作，后来改名为“国家语言文字工作委员会”。我离休的时间是一九八八年十二月三十一日。

一九八八年对我是一个分水岭。这一年我有了电子打字机，这是一个改变。张允和对拼音不感兴趣，她会，但是不熟悉。后来有了电子打字机，她才知道自己不熟悉，就要自己查，因为拼音太容易，她在电子打字机上用拼音编《水》。《水》这本杂志是原来她们在家庭里玩的。改革开放了，家庭里的人在国内国外都可以往来了，原来是二十年亲戚朋友不能往来，连地址都不知道。她就想起恢复亲戚朋友的联络，于是恢复《水》，有了电子打字机，就比较方便。

一九八八年以后可以分两个阶段，第一个阶段就是把我的研究工作一点一点搞一个段落；第二个阶段就是随便看东西，写杂文。我是做学术工作的，不搞文学，为什么不搞文学？不是我不喜欢，而是我的精力有限。在学术上，对语言文字学方面可以说是一个空白，我就占领这个空白，可以做许多事情。为什么说是空白呢？语言文字在中国是一个古老的学问，一向传统很深，要把旧的书看一遍，也要看好多年，大学里一向把音韵学、训诂学作为重点的课程。清华大学解放前有名的大学问家都叫国学大师，王国维等人都是研究从前的东西，成果很大。可是有一个传统很糟糕，就是研究中国，研究古代，不研究中国以外的东西，不研究现代。没有外国，那范围就很小了，世界那么大，一个国家再大也只是一个国家。研究古代而不研究现代，现代许多问题需要解决，而且有实用的，研究古代当然很有价值，但是跟实用相差很多。王国维的创造了不起，可是有哪几条实用的？

我到了“文改会”，工作需要，我就在空白区里做了许多工作，很容易见效。当中最重要的就是把“文改运动”从感性认识发展到理性认识，我在北京大学开汉字改革概论课，就是把原来人家没有系统的知识变得系统化，言之有据，把有系统的知识变成一门学问。第二件事情，我提倡现代汉字学，现代汉字许多问题很少有人研究，大学生到中文系都是研究古代，可是现在有用处的东西不研究不行。

胡适之了不起的，他到中国公学当校长，找沈从文去教白话文学，为什么呢？胡适之说：“我们提倡白话文很久，大学里面连课程都没有。笑话！”大学里谈到的文学都是古代的，没有现代的。中国提倡白话文以后，许多人认为小说上成就最大的是沈从文，诗上成就最大的是徐志摩。不能从政治角度来批评他们，从马克思主义的角度当然可以否定他们。可是文学史不是那么看的。

同样地，在语言学、文字学方面，赵元任搞了现代，是了不起的，可是他搞的现代主要是方言，跟现代有实用的问题真正挂钩的很少。我就在这方面下功夫，一做这工作就立刻遇到许多问题，当中最重要的就是制定汉语拼音方案，把这件工作提高到一个新水平。第二是现代汉字学，这是成功的。第三是比较文字学，还没有成功，清华大学有一个研究小组，可是要成为一个课程，现在还没有条件。讲起来道理很简单，历史系只有中国历史，没有外国历史，行不行呢？只有古代史，没有现代史，行不行呢？为什么语言学、文字学老是古代的，老是中国的，没有现代的，没有外国的？这样来讲，很容易了解，可是到今天要改还是不容易，现在多少大学有现代汉字学我还不知道。他们说，至少有十几个大学，当中跟我有密切联系的是华东师范大学、上海师范大学、北京大学、北京师范大学。

文字改革的意义很重要。中国的传统与外国传统相似，有文字之“神”，“神”是高傲的。古代人认为，文字是上帝给的，是不能改变的。这个观念当然是错误的，事实上，外国与中国一样，文字、语言都是随着时代在变的。譬如今天在语言方面，有了电脑，很多新的名词也随之而来。中国最早的一次大的文字改变就是秦始皇统一中国后“书同文”，当时七国使用不同的文字，统一以后文字不同带来很多不便，办公、行政、教育都不方便，因此秦始皇要统一文字。可见，早在秦始皇时代，中国的文字改革就开始了。后来，历代都在改变，汉朝改变也很大，秦始皇用小篆作为主要的文字，到了汉朝就开始用隶书，再后来又变成楷书。虽然古代传说文字是由上帝给的，不能改变的，但实际上文字是不断在改变的。

到了清朝末年，受到西洋的影响，感到中国的文字太困难，对文化的普及提高不方便。后来随着与外国往来的频繁，就发现中国的文字与国外的往来不方便。所以，从清朝末年，就产生了“文字改革运动”，写的方面就是“语文现代化运动”。语文现代化，就是中国的语言和文字要跟随着时代的变化而发展。这些工作中，我觉得近年来做得很好。解放后，在五十年代制定了“汉语拼音方案”，现代年轻人都学了。这个拼音方案，用字母表示“音”，用处很大。首先，使得中国的小孩子、文盲能够利用这个工具认字，走进中国的文化宝库；其次，方便外国人学习中国的文化。所以，汉语拼音一方面是从没有文化到有文化之间的“桥梁”，另一方面是中外文化交流的“桥梁”。这个桥梁看似是个小事情，但是缺少了就不方便。比如，我们中国人的名片上印着拼音，这样不懂“方块字”的外国人也可以认得，可以叫出。我们中国从清朝末年到今天，都处于现代化改革的过程之中，现代化改革，一方面是语言文字的改变。

九十年代以来，教育部领导的普及普通话工作做得很好。设想，一个大的国家，广东人讲粤语，上海人讲上海话，香港人到北京旅游还要找翻译，国人在本国找翻译岂不是笑料？其实外国原来也如此，我三十年代到日本东京读书，原来以为我学的东京日语，可以走遍日本，但是发现连不远的京都的语言就完全不一样。可是日本能够推广日语，日本人称之为“国语”，以东京话为基准，到了现在日本人之间讲话没有一点障碍了。西洋国家的共同语言普及大概三百年之前就实现了，日本大概一百多年之间实现了，我们中国还正在实现之中。前两年，有人在北京做抽样调查，北京人能讲普通话的大概占百分之八十,百分之二十的不一定能讲，所以我们是在逐步改进。一个国家要做到现代化，需要达到很多指标，其中一个指标就是讲话大家都懂，如果讲话都不懂，怎么能算现代化国家？我们这一指标虽然还没有达到，但是逐步在接近之中。我个人的感觉，九十年代我们的语言现代化工作发展得较快，是一个很好的现象。文字改革或者说语文现代化，是中国现代化的一个方面，不能没有，人不能不讲话，人不能不认字啊！要达到这个目标，还要做很多的工作，比如普通话要制定一个标准，要做教育工作，我们的文字特别困难，我们要使它变得方便一点，太困难的地方要改掉一点。当然，基本上要依照原来的，不能改动太多，逐步的改动是可能的。文字改革、语文现代化是中国现代化的一个方面，重要性也就体现在这个地方。

八十五岁以后，我看一些专业以外的书，主要两个方面，一方面是文化学，另外一方面是历史学。为什么看文化学呢？这是偶然的,《光明日报》开一个栏目，要振兴中华文化，要找一百个人写文章，差不多每个星期一次，我开头不感兴趣，后来人家说请你写，就给他们写吧。我说："他们有些人的写法我不同意的。"他说："没有关系的，他讲他的，你讲你的。"好，我就给他们写，写了一篇，他们觉得感兴趣，这样就把研究文化学作为一个玩意儿，不作规规矩矩的研究，就看了很多中国和外国的文化学的书，都是零零星星，后来上海编了一本《周有光文化论稿》。对文化学我是外行，他们觉得我的看法还是跟人家不一样，有参考价值，这是业余的。我现在写的文章，平均每个月发表一篇，有的在内地，有的在香港。因为年纪大了，没有事情，别人来看我，说怕耽误我的时间，我说我的时间不值钱，我现在是“无业游民”。

《百岁新稿》是我九十岁到一百岁之间写的，其中，有的文章是我看了很多书后写的，有的文章是杂志邀请我写的。老来读书，我首先想了解三个国家：中国、苏联和美国。了解自己的祖国最难，因为历代帝王歪曲历史，掩盖真相。考古不易，考今更难。苏联是新中国的原型，中国改革开放，略作修正，未脱窠臼。

人家一看《苏联历史札记》，说：“这篇文章我们不敢登。”我说：“为什么不敢登呢？这都是公开的苏联的材料嘛。”他们说：“你把它结合起来就变成集束炸弹。”苏联垮台是世界历史大事，我也很关注这个事情，就经常看一些相关的中外文书籍。看了至少有十六七种，一半中文、一半英文的。一次跟朋友聊苏联的事情，有朋友邀请我写一篇关于苏联的文章，介绍苏联的情况。苏联一共几十年的历史，所以介绍苏联的书籍都是长篇大论，他希望我这篇文章不超过一万字。我就把几十年的历史压缩，把最基本的东西写出来，没有添加评论。《苏联历史札记》里完全讲的是事实，比如，我把苏联的几个领导人“排排队”，讲讲他们执政和下台的情况。苏联领导人不是死了下台就是政变下台，这就说明苏联有问题了。国家的领导人终身制是不行的。老了，没有精力，并且任职时间一长就有种种问题。因为政变下台，这个制度也是封建社会皇帝的做法。当然，我没有评论，我是写出来让别人去评论。在书中，我就写了几句叙述性的话，看的人自然明白。我用诸如此类的写法，在很短的文章里，实际上提出了很多重要的问题。

《美国社会的发展背景》也是别人邀请我用很短的文章进行探讨。为什么美国只有两百年的发展历史，但是却超过了两千年历史的国家？为什么美国是英国的殖民地，却超过了英国？许多人问，拉丁美洲的开放比美国早一百年，那为什么拉丁美洲到今天还远远不及美国？这些都是非常重大的问题，需要研究。我不是简单地提出答案，我是提供一个大的历史背景，从历史背景我们就可以看到为什么美国发展得“快而好”。有一个美国教授，看到了我这篇文章发出感慨：“我一辈子在美国都没有了解美国，我看了你的文章才了解美国。”

《后资本主义的曙光》中“后资本主义”不是我提出来的，是外国人早就已经提出来了。因为资本主义的特点是要有资本家、工人阶级。那么现在发生了新的现象，工厂没有工人，农场没有农民。这是我自己在日本和美国看到的，自己也难以置信，但是亲眼看到了。很大一个车间，只有两个工程师跑来跑去看看机器有没有故障，没有一个工人，但是生产快得不得了。那么，资本主义没有工人，还算资本主义么？这是第一个问题。第二个问题：像比尔·盖茨，他的钱比很多非洲国家加起来都多。原本一个书生，何以有如此多的财富呢？他不是用资本去赚钱，而是用知识去赚钱的。所以，现代人都说知识时代。有人把资本主义以后的时代称为信息化时代，美国的未来学家就是这样讲，很多人就称之为“后资本主义”。很多人还不知道国外的这种变化，中国改革开放以后引进外资发展了经济。但是本来按照马克思主义，外国来中国开工厂是不能接受的，是资本侵略。由资本侵略到发展外资，这也发生了变化，也是"后资本主义"。所以，思想要"与时俱进"。

我们需要了解，整个时代在前进，有的国家跑在前边，有的跑得很慢，有的不愿意跑。一跑就分了前后，但落后的可能往前赶，尽管最后不可能都一起达到终点，但是不能不跟着跑。现在有一些国家的人，他们就不肯跟着走，抵制现代化。前几年有一个有趣的新闻，一个伊斯兰国家的国王去世，儿子继位，但是儿子在国外读书接受了新思想，想要改革。首先的改革就要让国民看电视，他召集大臣开会，兴办电视台。但是大臣都不赞成，认为电视里都是魔鬼。谈不妥，大臣就离开皇宫，出门却找不到自己的汽车。回来问新国王，新国王告诉他们："汽车也是魔鬼。"这些大臣就哑口无言，后来，电视台就办成功了。所以，中国的改革难，但是外国的改革更加难。历史的规律是必然的，改革的路是必然的，只是条件有好坏，改革的阻力也有大小。我觉得"与时俱进"很重要，但是真正"与时俱进"不是很容易。

张允和对政治不是不感兴趣，可是不赞成我参加政治工作，主张我搞学术工作。我搞政治工作有几条路，第一是搞外交，外交界一直到国民党为止，差不多都是我们的同学，从前搞外交，英文和法文都要好。我到意大利米兰玩，到中国领事馆签证，里面跑出一个人来，就是我的同学，重要城市的领事都是我的同学。国民党时期，蒋介石的手下，好多都是我的同学，譬如沈昌焕是国民党秘书长、台湾的"外交部部长"。沈昌焕跟我很要好，他的夫人李佩兰是张允和的好朋友，大学时住在一个房间里。我要到国民党政府做官，很容易的。我觉得张允和的主张是对的，就不参加政治。这个主张一直到解放后还是这样子。

胡适在“五四”时的影响非常大。胡适和我的岳父是朋友，我够不上是他的朋友，他当教授时我还是学生呢。鲁迅是支持共产党的。毛泽东的办法跟斯大林完全一样的，捧一个人捧到天上，其他就不管。曹禺到解放以后，说：“我一个字都写不出来。”他受了框框，当然写不出来了。

专制主义是列宁创造的，我到东欧国家，就觉得奇怪，东欧不谈马列主义，没有这个名称，谈马克思主义，他们暗中反对列宁。我到东欧开学术会议，起初不了解，我不懂政治，就随便谈谈，他们不谈马列主义。赫鲁晓夫的回忆录上有一段，他说他坐了火车到什么地方，火车上面很空的，一路看见死人，军队就把死人拉上来，放在火车上面运走，他还没有到达目的地，一列火车都装满了死人。

毛泽东基本上是一个政治人物，一个军事人物。在军事上能统一共产党内部，成为一个大的军事力量来打倒国民党，这个他成功。可是他得了政权以后，跟斯大林走错了。毛泽东假如学多一点新知识，可以做许多好事情。他不仅没有到外国读书，看看他的书房里，都是平放的书，没有竖放的书，他没有新书，都是看老的书。他讲的许多话都是秘书代他写的，很对，结果他做的完全相反。他是言行不一致的。很可惜，他有一个很好的机会，结果自己破坏了。毛泽东死了，党中央说毛泽东一生做了两件大事情，第一件建设了新中国，第二件破坏了新中国。这话很有道理。

改革开放在共产党的历史来讲，是邓小平做了一件大事情。改革开放很难，要有邓小平这样子掌握到权力，否则改革不成功。邓小平搞改革开放是不容易的，下这个决心很冒险的。邓小平这一点是了不起的。

我对中国未来是乐观主义，我认为中国的未来跟世界的未来是一致的。社会的发展是有一个规律的，规律可以暂时离开，不能长期离开，迟早要按照规律前进。现在的规律是世界都向民主制度前进，美国这一点做对了，美国能够看到世界前进的趋势，就跟着这个趋势推广民主制度，这是美国聪明。民主制度是逐步前进，第一次世界大战以后，民主大大发展；苏联瓦解以后，民主又大大发展。根据外国人的研究，大概需要三十年，三十年以后中国可以走上民主道路。方向都是一样的，方向一定是走向世界共同的民主道路。

三十一　长寿之道

二〇〇二年八月十四日，张允和去世，享年九十三岁。

张允和在世时，我们上午下午都喝茶，有时喝清茶，有时喝英国红茶，有时喝咖啡。我喜欢喝咖啡，她喜欢喝好的清茶，“举杯齐眉”。我们的理论是，夫妇生活不仅要有爱，还要有敬。古代夫妇“举案齐眉”，我们今天没有案了，就“举杯齐眉”。喝咖啡时大家举杯，这个小动作多少年，是一个小事情，很有用处，增加家庭生活的趣味，增加家庭生活的稳定。这是古代传下来的，很有道理，朋友来了，我们也宣传这个道理。

我们在外国当然喝咖啡，喝茶少一点，我们在国内也喝咖啡，不过喝咖啡比较少。解放前，中国的咖啡店多得不得了，朋友聊天常常在咖啡店里面，也有男女朋友在咖啡店里谈恋爱。解放后，资产阶级的东西都取消了。中国在咖啡店之前有茶馆，这是一个好制度。家里面地方小，或者不方便，茶馆里就很好。

我们很少吃补品，人家送来的补品，我也不吃。从前在银行里，很多人请客，不能拼命吃，山珍海味会吃坏人，瞎吃不好。我想健康最重要就是生活有规律，同时胸襟开朗是重要的。健康有物质的一方面，有精神的一方面。物质方面我们要求不高。不要生气，都是小事情，吃亏就吃亏，讲个笑话，刘少奇讲：“吃小亏，占大便宜。”我说：“我吃小亏，不占大便宜。”

我现在有“三不主义”：一不立遗嘱，二不过生日，三不过年节。日常生活越来越简单，生活需要也越来越少。饮食上，很多荤菜不能吃，不吃油煎肉类，主要吃鸡蛋、青菜、牛奶、豆腐四样。但是牛奶和鸡蛋都不能多吃，鸡蛋一天一个。上下午各喝一杯红茶。穿衣服也简单，别人送的漂亮衣服没有机会穿，因为不出门，穿出来也觉得不自由。喜欢小房间，有利于听觉。旅游也发生困难，不能走长路。

我现在的生活简单：睡觉、吃饭、看书、写文章。我每个月发表一篇文章在报刊上，是杂文。我写作不用手写，而是用一台夏普打字机。夏普打字机的研发，曾从语言学的角度征求我的意见。一九八八年生产后送给我一台，当时一台五千五百元，许多中国人买不起，今天三千元一台，中国人还是不喜欢用。因为中国人都有了大电脑，而这种小电脑功能单一，不能游戏，这个投资就失败了。用了这台打字机以后，写作效率提高很多，我也提倡别人用电脑或者打字机写作。

我现在虽然不做专业的研究，但是语言学、文字学有新的东西，还是感兴趣。我看的东西很多，后来写成文章。我虽然是写着好玩，但是这里面有一些新的见解。

我每天看《参考消息》,《参考消息》还是有一些消息，你要会看，消息在字里行间，不在标题上面。美国和香港朋友每周都寄给我英文杂志。现在专业书看得少了，看历史、文化方面的书比较多，文艺书本来就很少看。

我年轻时生过肺结核，患过忧郁症。我们结婚的时候，家里的老妈妈偷偷找了算命先生给我们算命，说这对夫妇只能活三十五岁，我们就笑笑。我觉得算命先生没有算错，是医学改变了我的寿命。

我们认为，我们不可能长寿，因为青年时身体都不是挺好。我们的生活比较有规律，不乱吃东西，不抽烟，不喝酒，喝酒喝点啤酒。从前客人来，我们要敬烟，买了很好的烟，都请客人抽，自己不抽。我想生活有规律，胸襟要宽大，碰到许多困难胸襟宽大就无所谓。在世界上许多事情不可能样样都顺利的，吃亏就吃亏一点，没有什么了不起，家里那么多东西都搞光了。日本人打仗，把我们老家的底子都搞光了，我们苏州虽然穷了，但是按今天标准来看，应当说还是很有钱。家里还有些古董，古董也是很值钱的，结果日本人来了，什么都没有了，那么多东西都搞光了，后来的东西更不稀奇。做人胸襟要宽，不生气，家庭里的许多事情都是一点点小事情。我的妹妹有一句名言："我们家庭主妇遇到的都是小事情。"

我们的照片从我很小的时候就有，但是"文化大革命"都抄光了。我当时是"反动学术权威"，在农村改造，家里没有人，造反派占了我们的房子，东西都随便扔。现在有的照片是亲戚多余或者复印给我们的。我们对财产都看得很淡，觉得是身外之物。许多人都问，你们度量为什么那么大？有人说，你们所以那么大气，因为你们娘家、祖先都有钱，钱看惯了就不新鲜了，我想也有道理。佛教里有一句话，你对身外之物看得太重，你的精神就痛苦了。

有一次，我去医院做检查，填一个表，我写了九十七岁，医生给我改成了七十九岁。又有一次，一个医生问我长寿之道，我说你是医生怎么问我啊？很多人都问过我这个问题。以前我没有考虑过，但是后来思考了一些有道理的方面：我的生活有规律，不乱吃东西。以前我在上海有一个顾问医生，他告诉我：大多数人不是饿死而是吃死的，乱吃东西不利于健康，宴会上很多东西吃了就应该吐掉。还有一个有趣味的事情，我有很多年的失眠症，不容易睡着。“文革”时期我被下放到农村，我的失眠症却治好了，一直到现在我都不再失眠。所以，我跟老伴都相信一句话：“塞翁失马，焉知祸福？”遇到不顺利的事情，不要失望。有两句话我在“文革”的时候经常讲：“卒然临之而不惊，无故加之而不怒。”这是古人的至理名言，很有道理。季羡林写过《牛棚杂忆》，各种罪名，都不要生气，都不要惊慌。这就考验我们的涵养和功夫。我想，首先，生活要有规律，规律要科学化第二，要有涵养，不要让别人的错误惩罚自己，要能够“卒然临之而不惊，无故加之而不怒”。

（《周有光百岁口述》，周有光著，李怀宇采写，广西师范大学出版社二〇〇八年五月第一版）

第二编

记忆的碎片

少年家学

我的世界曾经很大。年轻时候出洋留学，日本、美国都待过，四海为家。现在我一百零五岁，走路不灵了，不能再出门，一个人在家中，我的世界就变得很小很小。我只有一间小屋子，半张破桌子，这就是我的世界。

一九〇六年我生在常州，后来全家就搬到苏州来住，苏州是我慢慢长大的地方。小时候我家的条件应该算很好的，有很多书，亲戚朋友很多是文学家，后来沈从文也成了我的连襟，那是后话。

小时候在苏州，学校里面读书、写文章都是古文，虽然当时已经在提倡白话文，可是学生写白话文是不算数的。我的读书氛围很好，学习文言文，平时看的是白话文，两方面功底都打下了。可是中学时候的老师常常给我们讲，说中国并不缺少文学家。中国为什么从一个文明古国变成一个弱国，受人家欺负呢？因为我们缺少科学，老师鼓励我们尽量去做科学工作。我的同学们听了老师的话，很少搞文学的，这也是时代的影响。“五四”运动讲的是德先生、赛先生，讲民主与科学，可是不谈文学。不是文学没有用，而是文学不能建设新中国。

中学时代，除了规定应当看的书之外，多半时间是自己随便看书。我们那时候的教育跟现在不一样，现在的教育内容太多，压力很大，主要是因为学了苏联模式，搞专业教育。从前的学校都是学英美模式，提倡通识教育，不鼓励你做专家，而是鼓励你拥有广泛的知识，教育的目的是培养一个良好的公民。

“通识教育”本来的英文是general education，有人翻译成“博雅教育”，我认为不好，层次拔高了。但是“通识教育”的翻译也不完善，general education还有“自由”的思想在里面，没有翻译出来。我想象中的general education主要包括两个部分，第一部分是基础知识，也可以说是“工具知识”。我们中学时代的说法叫“国英算”，就是学校里只有国文、英文和数学是要考试的，小学和中学要把这些工具知识学好。现在许多人有个错误的认识，以为中文或者英文学好了的人就是有学问，其实这些都是工具而已，不是“纯知识”——也就是第二个部分，在大学里要利用“工具知识”来学习“纯知识”。现在的学生苦，主要是中学时候基础知识没学好，进了大学还要补英文，苦不堪言。我中学毕业，英语已经讲得很流利了。老师怎么训练我们呢？出好多个题目，你去抽一个，给你五分钟时间准备，然后你就上台讲这个题目，训练思考和演讲的能力。

（《半张破桌，百年风流》，周有光口述，武云溥记录整理。《文史参考》二〇一〇年第二十四期）

坐独轮车上大学

一八七九年，圣约翰书院在上海成立，这是中国最早的新式大学。它象征着一座横跨太平洋的中美文化桥梁。在这座桥梁上，曾经往来过许多推进中美文化交流的历史人物。

一九二三年，我考上圣约翰大学。开学时候，从上海的静安寺坐独轮车到梵皇渡上学。当时的静安寺是上海租界西边的尽头，再往西去就是田野了。独轮车中间是高起的车轮，左右两边，一边坐人，一边放铺盖，吱嘎吱嘎地在崎岖不平的田埂上缓缓前进。回头一看，后面还有四五辆独轮车同样向梵皇渡前进。

独轮车跟历史博物馆里的指南车在工艺水平上相似。《宋史·舆服志》:“仁宗天圣五年（一〇二七年）工部郎中燕肃始造指南车。”这离我坐独轮车上学有九百年的时间。独轮车代表古代文化，圣约翰大学代表现代文化。坐独轮车上学就是跨越九百年的文化时间奔向现代。

（《今日花开又一年》，周有光、张允和著，中国文史出版社二〇一一年九月第一版）

圣约翰大学的依稀杂忆

圣约翰大学的校友对我说，“五卅惨案”（一九二五）以前的校友可能只剩你一个了，请你写点回忆吧！我的记忆急剧衰退，只留下依稀的杂忆，害怕记忆错乱，闹出笑话。勉强写下，只是姑妄言之。

一九二三年，我考入圣约翰大学。我是从静安寺坐独轮车到学校的。在路上回头看一看，后面还有四五辆独轮车向梵皇渡方向行进。土包子走进洋学堂，处处都新奇。

入学第一件事是付费注册。注册第一个手续是领取一张姓名卡片，上面用打字机打上我的姓名罗马字拼写法。校方叮嘱，一切作业和文件，都得按照这样拼写打上我的姓名。一看，这是上海话的罗马字拼音。校方不用北京话的“威妥玛”拼写法，自行规定一种上海话罗马字，全校必须遵守。学校档案都用这种字母顺序来处理。我开始看到了字母顺序的科学管理。

校园很美，建筑区之外有花园区，是从兆丰花园划过来的，也叫兆丰花园。人要衣装，佛要金装，校园要草坪和树木来装饰。校园之内，人行道以外全是绿色草坪，花园中有许多参天大树。当时这个校园，跟世界上任何幽美校园相比，绝无逊色。

在两座楼房之间，学生抄近路不顾规定，践踏草坪来去。校方因势利导，在这踏坏的一条草坪上铺上石板，使不合法的过道变成合法的过道，而且显得更加幽美。

把偌大的校园整理得如此整齐，要感谢总务长李瀚绶，他是前辈校友，管理能力使人佩服。当时大家不知道他的中文名字，只叫他 O. Z. Li。他的办公室只有很少几个人，干活都招临时工来做。

校园语言用英语。一进学校，犹如到了外国，布告都用英文。课程如自然科学和社会科学等，是外国学问，用外国的英文课本，教师大都是美国人，讲授用英语。只有中国课程如中国古文和中国历史，由中国教师讲授；中国教师自成团体，有一位领导。“五卅惨案”之前的领导是有名的教育家孟宪承先生，孟先生也是前辈校友。

古文教师是经学家钱基博先生。学生用钢笔写作业，他大骂：中国人不会用中国笔！用钢笔写的作业一概退还重写，用毛笔！学生私下嘀咕：笔还能分国籍呢！

校长卜舫济，美国人，能说一口浦东腔上海话。有一次，他用上海浦东话对学生说：你们离开房间的时候，要把电灯关掉，否则浪费电力，电厂就要发财，学校就要发穷！学生大乐！卜舫济校长亲自授课，教哲学史。枯燥乏味的课程，他教得生动活泼。我至今还记得他在课堂上的传授：尼采说，不要生气，生气是把别人的错误来责罚自己。

教师指定的课外读物，常有《大英百科全书》的条目。我原来只听说《大英百科全书》，现在第一次使用它，觉得进入了一个新的境界。

一位英国教师教我如何看报。他说，第一，问自己，今天哪一条新闻最重要？第二，再问自己，为什么这一条最重要？第三，还要问自己，这条新闻的背景我知道吗？不知道就去图书馆查书，首先查看《大英百科全书》。我照他的方法看报，觉得知识有所长进，同时锻炼了独立思考。我看到同学有自来水笔，那是从国外带回来的，很感羡慕。不久，上海也有出售了。我去买了一支，爱不释手。文房四宝变成文房一宝，不是异想天开吗？

我看到同学有打字机，更加稀奇，一再借来学习打字。既打英文，又打国语罗马字。由此我体会到国语罗马字的好处。我觉得书写的机械化是一件大事。汉字也能用打字机打吗？不久日本做的汉字打字机输来上海，但是使用不便。

英语之外要读一种第二外国语，我选读法语。老师是一位法国老太太，她养一头小狮子狗，上课带到课堂上，先向小狗讲许多话，叫它安定下来，不要吵闹，然后开始教学生。她教课只说法语，不说英语，开头我们听不懂，后来渐渐就听懂了。

进入二年级，学校通知学生讨论“荣誉制度”（honour system），这是考试无人监考的信任制度。目的是培养人格，培养道德，培养青年自己站起来做人。“荣誉制度”以课程为单位，如果同班、同课程的同学大家同意，就可以申请实行。

我们经过多次讨论之后，提出了申请。同学自己去取考题，老师不来监考，的确无人作弊。

圣约翰是教会学校，但是不仅信教自由，而且思想自由。我从图书馆借来马克思的《资本论》英译本，埋头看完，没有看懂。又借来托洛茨基的《斯大林伪造历史》，英文写得很好，当时我不相信他的说法，认为他在造谣。我有两位同班同学到苏联中山大学去读书，被打成特务，长期坐水牢。一位终于回国，一位不知去向。

学校实行学分制，班级可以略有伸缩。大学一年级不分专业，二年级开始分专业，专业可以更换。每人选两个专业，一个主专业和一个副专业。专业主要分文科理科，分得极粗。学校手册上说，大学培养完备的人格、宽广的知识，在这个基础上自己去选择专业。这跟苏联方式一进大学就细分专业完全不同。

我的数学成绩比较好，教师希望我选择数学为专业，我的同学一致反对。他们说，圣约翰的长处在文科，来圣约翰而不读文科，等于放弃了极好的机会，我于是选择文科。

当时中国的大学教育不发达。圣约翰算是最大的大学，只有大学生五百人，连附属中学的中学生五百人，号称一千人，这是规模最大的学府了。据说，当时北大只有大学生二百人，杭州之江大学只有大学生八十人。规模跟今天相比，几乎小得难以相信。

圣约翰的毕业生受社会欢迎。校友很多在外交界工作，还有很多在当时英国管理的海关、邮局、银行、盐务等事业中就业。这些都是高薪工作，被骂为买办阶级。当时，薪金（薪水）和工资，含义不同，薪金是中产阶级的酬劳，工资是劳动阶级的酬劳，高低悬殊，俨然有别。现在中国青年们不懂得薪金和工资的分别了。八十年前的生活和思想跟今天大不相同，历史在曲折前进。

圣约翰出了许多名人。赫赫有名的外交家颜惠卿出身于圣约翰。有一座宿舍楼纪念他的父亲颜永京，名为“思颜堂”。顾维钧半夜私出校门被开除，后来成为大名鼎鼎的外交家，来校演讲，受到盛大欢迎。我去意大利的米兰旅游，到领事馆登记，出来的领事是我的同班同学。外交是圣约翰校友的拿手好戏。

宋子安比我高一班。星期六下午宋庆龄和宋美龄有时来校接宋子安回家，顺便到兆丰花园溜达。宋子安的一位同班同学跟宋美龄谈恋爱。他相貌堂堂，一表人才，只是一个牙齿有点歪斜，他去修正了牙齿，显得更加倜傥，真是城北徐公。不久宋美龄跟大人物结婚了。同学们见到他就说，你的牙齿修得真好呀！

名作家林语堂是校友，他长住在美国，设计一部新型的汉字机械打字机。我到他家去，他的女儿表演打字给我看。后来发明汉字的电子打字机——他的发明没有得到推广。

圣约翰的校友中有许多实业家。抗战时期，我在汉口拥挤得无法插足的民生轮船公司售票处遇到同学童少生。他问我来干吗，我说来买票去重庆。他说你跟我来，给我一张大菜间的票，还说你一家在这个小房间里挤一挤吧。这在逃难的当时，是天大的奇遇。

我的妻子张允和，她的姑夫刘凤生，跟邹韬奋同班，都是圣约翰的前辈同学。邹家穷，刘把家里给的钱分一半给邹，助邹上学。抗战前夜，他们二位、我和我妻子，多次约好在礼拜六晚上去百乐门舞厅跳舞。这是当时的高尚娱乐。我们都是埋头苦干的工作者，也要轻松一下。

圣约翰大学和中学同在一个校园，都是男校。当时还没有男女同学。另有圣玛丽亚女中，校址离开不远。每逢圣诞节，圣玛丽亚的女生来到大学校园一同做礼拜，热闹非凡。这叫作大团圆。

（《圣约翰大学〈一八七九—一九五二〉》，上海人民出版社二〇〇九年版）

抗战八年

一九二三年，我进了上海的教会学校圣约翰大学，读书的方式跟中学完全不一样了。我们这个学校是以英语为校园语言，学校里面什么都是英文，连门房都讲英文。教师方面只有中国文学和中国历史是中国教授，其他都是外国教授。快下课的时候，老师会告诉我们一些课外读物，常常要我们看百科全书。因为百科全书很简单，又全面、客观，作为读书的课外辅助是很好的。这个教育很有用处，可是我们国家没有这个习惯，现在学生们最多拿个字典翻一下，字典并不能告诉你其中的知识。

我的学问可以说是得益于百科全书，所以后来跟百科全书有关的工作我都愿意做。沈从文给我起外号叫“周百科”，因为我从美国回来，带了一部百科全书。在“文化大革命”当中，我一个月只有三十五块钱，没有钱了，就把这个百科全书卖掉了——卖了五百块给旧书店。我那时候穷得不得了。我还有《二十四史》，很好的版本，卖不出去。结果后来造反派要来，这些书没有地方放，《二十四史》只卖了二十四块钱。大家都穷嘛，要吃饭。

我大学毕业之后在上海工作，日本人来了。兵荒马乱的年代，读书不重要，吃饭也不重要，生命才重要。我家就逃到西南后方去避战火。这次去四川，原本以为最长也就三年回来，结果一去就是八年。

进了四川，我们住在重庆的南温泉，当时那里是防空设施最好的地方，蒋介石也住在南温泉。有一回我下班后坐滑竿过江，一个炸弹下来，炸在旁边，力量很大，把我整个人吹出滑竿，我就掉在阴沟里面了。日本飞机过去以后，我才爬出来。我想我一定受伤了，摸摸身上，没什么地方疼，一看旁边的人都死了。后来人家说，幸亏是风把我吹到阴沟里面去了，我躺在阴沟里不敢动，弹片没有打到我。我一生最痛苦的时候，就是日本人侵略中国，我只是碰巧没有死掉，四川人说我是命大。

八年以后回来，家里看家的人都找不到了，家里住的都是我不认得的人。我的家完全变化了，什么都没有了，连家里的老房子，人家都不承认是我们的。抗日战争八年，完全割断了我家的历史。

我在重庆的时候，国民党成立了一个政协委员会，每个月要开一次座谈会，每次都请我去，讨论世界大事。周恩来一直在重庆，周恩来的秘书是我的朋友，他是研究经济学的，所以我同周恩来很早就比较熟悉了。那个时候，我们为什么倾向共产党，反对国民党呢？周恩来一再讲，我们共产党是讲究民主的——就是这一条。解放后，我们认为，共产党要建设新中国，新中国当然应该是民主的嘛。开头几年的确很好，比如“文字改革”问题，周恩来就找我们到国务院去讨论，讨论到中午还没完，周恩来就说，在国务院吃饭吧。我们吃饭，就是两荤两素。周恩来说，大家平等。

（《半张破桌，百年风流》，周有光口述，武云溥记录整理。《文史参考》二〇一〇年第二十四期）

故人风流

当年卞之琳很有意思，卞之琳追求四妹充和，四妹不喜欢他——恋爱的事情本来就很难讲道理，譬如我不喜欢你，要讲出道理来是很难的。卞之琳天天追她，可是他怎么样也不行。

卞之琳追四妹失败了，沈从文追三妹（张兆和）倒是成功了。沈从文也有趣味，三妹那个时候在上海吴淞公学念书，胡适做校长。胡适提倡白话文，就请了沈从文来教学生写白话文。因为当时认为，沈从文写白话文写得最好。沈从文就喜欢上了他的学生三妹，他就写情书给三妹。三妹很生气，拿着情书去找胡适告状，说你看，沈从文是我的老师呢，还乱七八糟写这种信给我。没想到，胡适的思想太新了——胡适说，沈从文他没有结婚，他向你表示爱慕，这没有错呀。

三妹一听这句话，已经不高兴了，胡适下面一句话更糟糕——胡适说，我跟你爸爸是朋友，要不要我跟你爸爸去讲？三妹气得不得了，把信一摔就走了。可是沈从文有毅力——我写给你的信，你看也好，不看也好，反正我不断写给你。后来他们慢慢就好起来了。

沈从文喜欢聊古代的东西，我年轻时候也是读的古书，所以古代的东西我们都能聊。可是我搞文字改革，搞汉语拼音方案，他不感兴趣。他说，用拼音在打字机上打文章，文章是不会好的，因为他自己不会用打字机。

沈从文这个人，脾气很好。三妹有时候发脾气，他就笑笑，也不发脾气，我从来没有看过他发脾气。还有就是他的自修能力很好，什么东西都是自修的，他确实小学都没有毕业。我们一个亲戚的小孩小学毕业了，去看他，他说："不得了，你都小学毕业了，我还没有小学毕业呢。"

我跟我老伴（张允和）的情况，跟他们不一样，我根本没有追求。因为我的老伴是我妹妹的同学，常到我家来玩，我就认得她了。在苏州时，我们经常一起出去玩。后来我到上海，她也到上海，就接触比较多一点。又碰巧，我到杭州，她也到杭州——那时候军阀打仗，苏州到上海的铁路炸了，她去不了上海，可是到杭州的路是通的，所以她就到杭州去借读。我恰好在杭州教书，接触更多了，就开始恋爱。我们这个恋爱，跟今天完全不一样。我们两个人出去，一定要离开一段，不能手拉手的。手拉手在马路上走，有伤风化。古代人讲究举案齐眉，现代没有案了，我跟我老伴就用杯子，每天喝咖啡的时候，举杯齐眉。虽然只是好玩的事情，但这个小动作表示，我们彼此有敬重。男人要敬重女人，大男子主义其实每个男人都有的，所以更要提倡"敬"，这样家庭就可以和睦了。

（《半张破桌，百年风流》，周有光口述，武云溥记录整理。《文史参考》二〇一〇年第二十四期）

“文革”劫难

抗战结束，从重庆回到上海以后，我进入银行工作，银行就派我去美国。从美国回来以后，新中国已经成立，我本来是学经济学的，这时候改行去研究语言文字学。我不认为改行很困难，比如语音学的知识，我在学经济的时候就已经去旁听过课，这些知识都有。“通识教育”在国外是共识，所以外国人改行都很容易，中国学生要改一个专业却几乎不可能，这样下去是要吃亏的。解放以后我们变成向苏联学习，更糟糕，大学都变成专业学校了。这造成很多麻烦，比如清华大学本来有名气是因为社会科学，不是自然科学，新中国成立后清华变成一个理工科的院校，直到改革开放，才又改回来。

一九四九年以后，沈从文的情况也有意思，他对于国际政治不了解，对于中国的政治问题也不了解。所以共产党来了他就害怕，为什么害怕呢？郭沫若公开骂他。沈从文一度精神很不好，后来上面把他派到故宫里做解释员，就是拿一根棍子跟人家讲故宫里的东西，这是当时故宫最低级的工作，但是他很高兴。他不是假高兴，是真高兴。他说他本来要研究古物，可是接触古物很困难，现在到故宫里来，就很方便，利用这个条件能写出书来。他能把不利条件变成有利条件。

后来的“反右”，谁都想不到。一九五六年开了一次大会，认为我们建设新中国最重要的就是知识。许多人回国不知道情况，美得不得了，讲话都是讲民主的，结果就不对了，“反右”开始，他们都被打倒了。我很侥幸，离开上海来到北京，改行搞语言文字。上海是经济最发达的地方，经济学家在上海是“反右”的重点。我有个好朋友沈志远，是上海经济研究所所长，他从莫斯科大学回来，后来自杀了，我都不知道，因为那时候不能通信。我逃过了“反右”的这一劫，他们不跟我翻旧账了。所以有人说我是命大，运气的确好。不是我有远见，是碰巧。我要是留在上海搞经济，肯定要坐牢的。

到了“文革”时期，就不能读书了，我的家也再次迁徙。我被下放到宁夏的“五七干校”，现在很多人不知道什么叫作“五七干校”——这也是学习苏联的做法，认为我们这些旧的知识分子都没有用了，就给你下放下去，不许回来了。

我到宁夏去，规定说可以带字典，其他书不可以带。我带了一本《新华字典》，后来根据字典写了一本小书还发表了，这是字典的用处。另外我还带了《毛主席语录》，因为语录有二十几种外文版，我全都买来，装了满满一大包。人家一看我带的是《毛主席语录》，也不好说什么，我就用这些外文版的语录来做比较文字学研究。除此之外，连唐诗都不让带，那个年代知识越多越反动，看书变成坏事情。我在宁夏待了两年四个月，林彪死了，我们又都被送回北京。

宁夏那个地方，有一百万到三百万政治犯，修了很多碉堡，一个碉堡五千人，是劳改犯待的地方。我们去的那里，有二十四个碉堡，叫作一个站。条件最好的两个站让我们去，是周总理特别关照，说我们这些人是国务院派去的，这两个站要有电灯，还要打一口井。所以我们可以洗澡，还有电灯，别的站都没有，这是优待我们。

许多人去了很不高兴，我是既来之则安之，住得很好。我本来容易失眠，到了宁夏，体力劳动多了，用脑少了，我就不失眠了，这不是很好吗？

我不觉得难过，我说宁夏这个地方，假如不是搞大运动，我不会来看的。现在看到了，中国还有那么落后的地方。落后到什么程度？我们种的洋白菜，吃不完，送给老乡。老乡问："这是什么东西，能吃吗？"他们没有知识，也没见过洋白菜。

（《半张破桌，百年风流》，周有光口述，武云溥记录整理。《文史参考》二〇一〇年第二十四期）

大雁粪雨

一九六九年冬天，我随我的单位“中国文字改革委员会”全体人员到宁夏平罗西大滩“五七干校”，劳动改造。这里原来有二十来个劳动改造站。国务院有十几个直属单位连同家属，共一万多人，占用其中两个站（“一站”和“二站”），我们单位分配在“二站”。我在那里劳动两年四个月，这对我的健康有好处，我的百治不愈的失眠症自然痊愈了。

在那里两年四个月中，最有趣的记忆是遇到“大雁集体下大便”。

林彪死了，“五七干校”领导下令，明天早上五点集合，听报告。早上我一看天气晴朗，开会到中午，一定很热。我就戴了一顶很大的宽边草帽，防备中午的太阳。

快到十点钟时候，天上飞来一群大雁，不是几千，而是几万，黑压压如同一片乌云。飞到我们的头上时候，只听到一位大雁领导同志一声怪叫，大家集体大便，有如骤雨，倾盆而下，准确地落在集会的“五七战士”头上。

我有大草帽顶着，身上沾到大便不多。我的同志们个个如粪窖里爬出来的落汤鸡，满头满身都是大雁的粪便，狼狈不堪。当地老乡说，他们知道大雁是集体大便的，可是如此准确地落到人群头上要一万年才遇到一次。我们运气太好了，这是幸福的及时雨。我们原来个个宣誓，永远不再回老家。林彪死了，不久我们全体都奉命回老家了。

（《拾贝集》，周有光著，世界图书出版公司二〇一一年三月第一版）

暮年生活

我的家绕着世界跑了一圈，又绕着中国跑了一圈，最后落定在北京的这间小屋子里。我一直在自己的专业里面做事，直到八十五岁才离开办公室。这样的问题就是，在一个领域越钻越深，钻到井底里面去，看不到外面的世界啦。所以到八十五岁我离开办公室回到家里，就不搞专业研究了，随便看书，随便写点杂文，没有计划。

我最近还开了微博，因为这是新技术。前阵子伊朗搞选举，闹得很厉害，就因为他们用手机发微博，把消息都传到外面去了，搞得伊朗政府很被动。将来技术越来越进步，在全球化时代，国家变成真正透明的，要保密就很困难了。所有的国家都应当透明，这样整个人类就会更幸福。

我也关注新闻，比如好多人学历造假，我很奇怪，我在许多大学教过书，没有一个大学来查我的学历。我有中国的文凭和外国的文凭，全都没有用处。现在人们为什么造假？因为不讲你有多少学问了，就讲你有什么文凭，这是根本的错误。出来一个方舟子打假，结果他让人给打了。方舟子这个人我觉得了不起，他就是受了美国人的影响，在美国读书，我可以批评你，你也可以批评我，到了中国来谁都不可以批评。我们现在学术没有自由，造假的就横行。我认为今天的自由已经比从前多得多，将来还会有更多的自由。

还有“神医”张悟本、道长李一，这些人出来行骗，他们代表的不是中国的传统文化，而是坏的道德，却没有法律来限制。医学是一门科学，以前苏联人讲科学有阶级性，无产阶级的科学是真的，资产阶级的科学是假的，结果他自己都是假的。我写过一篇文章讲科学的“一元性”，世界上只有一种科学，在外国这是用不着讲的道理，在中国却很混乱。

我是一个乐观主义者，人家问我：你看中国有没有希望？我说中国当然有希望啦，因为中国是世界的一部分。比如明年是辛亥革命一百年，辛亥革命是中国的大事情，人家说辛亥革命之后来了一堆军阀，搞得一塌糊涂。可是，辛亥革命把“家天下”的思想改变，变成了“民国”，虽然是个名义上的改变，也是巨大的历史进步。辛亥革命就是民主革命，废除专制。我相信中国的发展前景，将来会更好。

（《半张破桌，百年风流》，周有光口述，武云溥记录整理。《文史参考》二〇一〇年第二十四期）

“傻瓜电脑”的趣事

一九八八年春天，日本夏普公司送我一台电脑，名叫“夏普中西文电子打字机”。我于是开始每天用电脑写作。用了七年之后，这台电脑有些老化了。我的儿子给我买一台新的电脑，名叫“光明夏普文字处理机”，这时“夏普”加上了繁体字。

我们给这种电脑起个爱称，叫作“傻瓜电脑”，因为它有如下的“傻相”：

一、只要输入拼音，自动变成汉字，完全不用学习任何编码。

二、功能键的用法写明在键盘上，一目了然，不用记忆。

三、它是便携式电脑，不占桌子，机内有打印器，写好文章立刻可以打印出来。

这样简便，不就是给我们这些傻瓜用的“傻瓜电脑”吗?

只要注意一点：以“语词、词组、成语、语段、常见人名地名”等作为单位，尽量避免单个汉字输入。它有“高频先见”功能，同音选择极少。它有“用过提前”功能，选择一次，下次自动显示出来。

八十六岁的老太学电脑

我今年（一九九五年）九十岁。我的老伴张允和八十六岁，她热爱昆曲和古典文学，对拼音和电脑原来不感兴趣。以前只有一台电脑，我每天打个不停，她也无法插手。一九九五年春天，她利用多余的一台电脑，把她二十年来的昆曲笔记加以整理。

她是合肥人，说普通话带点合肥口音。人家说她的普通话是“半精半肥”，一半北京（精）、一半合肥（肥）。她一向觉得只要别人能听懂，说普通话何必太认真？可是，电脑非常认真，听不懂她的“半精半肥”，拼音差一点就无法变成正确的汉字。为了拼音正确，她常常要查字典。她说，活到八十六岁才明白认真学好普通话是有用处的。

八十六岁的老太学电脑！在亲戚朋友中传为笑谈！

按钮娃娃

一天，我们的重外孙，名叫小安迪，来到我家。他两岁零三个月。给他各种玩具，他都不稀罕，最喜欢到电脑上去乱打字。我们说：你呀，“清风不识字，何故乱打字”！（古人有“清风不识字，何故乱翻书”的名句）。

他说他要打一封信给妈妈。

我的老伴说："好，我来代你写信。"于是，八十六岁的外曾祖母，代替两岁三个月的重外孙，用电脑写了一封信，加上一个题目："安安的一天"。同事方世增先生看了觉得有趣，说：我把这封信用"自动注音软件"给注上拼音，一行汉字、一行拼音，更加有意思。"自动注音软件"真灵，只要两分钟，一封信稿注上了拼音，分词连写！

安迪的阿公说：小安迪不到两岁就喜欢揌键、揌钮，是一个信息化时代的 Button Baby（按钮娃娃）。Button Baby？新鲜名词！时代真的变了，孩子从小就跟电脑结缘了。

十二岁的女孩看了一天就能打字

暑假来了。苏州的亲戚带了他的十二岁孙女儿，名叫蒋小倩，来北京度假。这个刚刚小学毕业的女孩，看到姑奶奶打电脑觉得稀奇。"这是什么？""这是打字机。""怎么跟我家的打字机不一样？""你家的是机械打字机，这是电子打字机。""噢！"小倩眼也不眨地看姑奶奶打字。

看了一天，第二天小倩对姑奶奶说："让我来打，我要打一封信给我的奶奶。"姑奶奶说："好，我看着你打。"小倩坐下就打。她打的第一句话是："亲爱的奶奶：你知道我是用什么东西写这封信的吗？铅笔、钢笔、圆珠笔……？你猜不到吧！我是用电脑写的。"

客人来了，姑奶奶去陪客人，由小倩一个人自己摸索。说也奇怪，客人走后，姑奶奶回来一看，她已经打好半封信了。姑奶奶说："你自己打下去，打完我再来给你改。"午饭后她又聚精会神地打下去，一封信打好了。姑奶奶给她作了一些小小的修改，竟然成了她的第一封电脑书信。

姑奶奶对她说："你再在电脑上写一篇笔记，我给你出个题目，'我用电脑打的第一封信'，把你怎样用一天时间就学会电脑的经验写出来。"小倩高兴极了。她写好了这篇笔记，说："我带回去请我奶奶改。"

小倩离开我家回苏州的时候，姑奶奶问她："这几天你来北京，什么最好玩？"她脱口而出："电脑！"这个回答出人意料！姑奶奶问的是什么名胜古迹最好玩，她却回答"电脑"！

十三岁的女孩要提出中文打字倡议书

住在北京的小玲玲，我们的干外孙女，放假无事，来我家玩，跟小倩一见如故，成了好朋友。她看见小倩在打字，一声不响地看着。小倩走后，小玲玲说："我也要打字。"小玲玲比小倩大一岁，已经进了初一。

小玲玲一个人打字，干外婆忙着自己的事，没有去帮助她。遇到一个"额"字，打不出来。这怎么办？小玲玲只好走出房间来问干外公。干外公说："a、o、e开头的音节，要先打一个'o'，再打韵母。"小玲玲立刻打出了"额"字。

小玲玲把她的文章打好了。干外婆看了大笑！干外公不知道她们笑的是什么，走去一看，原来这篇文章的题目是："新潮老头：我的干外公"！干外公说："小玲玲胆子真大，敢于太岁头上动土！"小玲玲说："我还要跟同学们一起写一个倡议书，提倡中小学生用电脑打字，输入拼音，自动变成汉字。”她的倡议书还没有拿来，不知道讲些什么。

八十六岁的老太能使用这种电脑；十二岁、十三岁的孩子，看了一天也能使用这电脑。“傻瓜电脑”不傻。

一九九五年八月二十二日

（《今日花开又一年》，周有光、张允和著，中国文史出版社二〇一一年九月第一版）

有书无斋记

《开卷》主编董宁文先生要我写一篇小文章，参加纪念《开卷》三周年的“我的书斋”专栏。我勉强算个书生，可是没有书斋，只能写一篇《有书无斋记》充数。

一九五六年我从上海调来北京，住沙滩原北京大学内民国初年为德国专家造的一所小洋房里，占其中两间半房间，一间我母亲和姐姐住，一间我和老伴带小孙女住，半间做我的书房、客室、吃饭间，书橱留一半放菜碗。半间室内还放一张小双人床，给儿子和儿媳妇星期六回来住。

国外朋友听说我住在名胜古迹中，来信问我德国专家是哪位名人。小洋房年久失修，透风漏雨，已经破烂不堪。我在《新陋室铭》中写实：“卧室就是厨室，饮食方便；书橱兼作菜橱，菜有书香。”“门槛破烂，偏多不速之客；地板跳舞，欢迎老友来临。”

改革开放之后，我们单位建造“新简易楼”，这是北京建造住宅的开始。我分得两大两小四居室。我和老伴住一大间（十五平方米）；已经大学毕业的孙女住一大间（十四平方米）；保姆住一小间（八平方米），附带放厨房用品；还有一小间（九平方米）做我的书房兼客室。我的书桌很小，只有九十厘米长，五十五厘米宽，一半放稿纸，一半放电子打字机。拿开电子打字机，可以写字。

我的书桌既小又破。一次，我玩扑克牌，忽然一张不见了，找了半天，原来从桌面裂缝漏到下面抽屉里去了。我请木匠来整修桌面，同时把一个邮票大的破洞也补好了，焕然一新。一位副部长来访，他奇怪我的书桌为什么这样小。我说，大了就无法放小沙发和大书橱。书桌虽然小，足够我写文章了。

上海老同事来北京，告诉我“反右”运动中自杀和劳改二十年的多位老同事的凄惨故事。大家羡慕我“命大”，躲开了“反右”运动，“在劫不在数”，有自由做研究工作。他们说：宁可无斋而有自由，不要有斋而无自由。我说，心宽室自大，室小心乃宽。

人事多变。孙女儿出国了。我的老伴去世了。我家的空间忽然扩大了。可是，我的心境空荡荡地无处安置了。

二〇〇三年三月九日　时年九十八岁

在纪念国务院发布《汉字简化方案》和《关于推广普通话的指示》五十周年活动上的讲话

（本文是周有光先生二〇〇六年三月二十二日上午，在教育部八层大会议室“纪念国务院发布《汉字简化方案》和《关于推广普通话的指示》五十周年活动”上所做的讲话）

各位领导、女士们、先生们：今天我们庆祝国务院公布《汉字简化方案》和《关于推广普通话的指示》五十周年。一九五六年国务院公布《汉字简化方案》和《关于推广普通话的指示》，到现在已五十年了。这五十年，是我国“语文生活现代化”发展最快的时期，汉字的规范化和普通话的推广取得了前所未有的进展。二〇〇〇年公布《国家通用语言文字法》，总结过去，开展未来，使我国语文生活迈向信息化时代。

规范汉字，包括简化字和传承字，在我国大陆已经通行，小学教师说，简化字好教，小学生容易认，容易写。在电脑屏幕上简化字阅读清晰，联合国的中文文件准备一律用大陆的规范简化汉字。许多种古代书籍已经翻译成白话文，改印规范汉字。简化不妨碍书法艺术，书圣王羲之经常写简体字，书画艺术分实用书法和纯观赏书法，实用书法例如招牌要求大众能看懂，宜于用规范汉字。银行记录的电脑化，发生姓名生僻字不便输入电脑和转账，今后姓名用字应当以通用汉字为限。一个十三亿人口的大国，过去多数人民都是文盲，今天大多数人民正在接受基础教育，这是我国文化历史的巨大变化。

普通话是汉民族的共同语和中国的国家共同语，推广国家共同语是工业化和信息化的需要，长期以来，推广工作迟迟不前。现在，传声技术突飞猛进，广播、电视、移动电话等，帮助推普工作快速发展。全国学校越来越多以普通话为校园语言。公众活动越来越多以普通话为共同媒介。人大、政协以普通话作为会议语言，给全国树立榜样。许多大城市人口猛增，五方杂处，正在发生“大都会话”的演变，大都会需要以普通话为日常用语。

“言语异声、文字异形”的时代即将过去，“书同文、语同音”的时代出现在我们的面前，在全球化的二十一世纪，中国将以一个现代文明的大国屹立于世界。谢谢。

（二〇〇六年三月）

窗外的大树风光

我在八十五岁那年，离开办公室，回到家中一间小书室，看报、看书，写杂文。

小书室只有九平方米，放了一顶上接天花板的大书架，一张小书桌，两把椅子和一个茶几，所余空间就很少了。

两椅一几，我同老伴每天并坐，红茶咖啡，举杯齐眉，如此度过了我们的恬静晚年。小辈戏说我们是两老无猜。老伴去世后，两椅一几换成一个沙发，我每晚在沙发上曲腿过夜，不再回到卧室去。

人家都说我的书室太小。我说，够了，心宽室自大，室小心乃宽。

有人要我写“我的书斋”。我有书而无斋，写了一篇《有书无斋记》。

我的座椅旁边有一个放文件的小红木柜，是旧家偶然保存下来的遗产。

我的小书桌面已经风化，有时刺痛了我的手心；我用透明胶贴补，光滑无刺，修补成功。古人顽石补天，我用透明胶贴补书桌，这是顽石补天的现代版。

一位女客来临，见到这个情景就说，精致的红木小柜，陪衬着破烂的小书桌，古今相映，记录了你家的百年沧桑。

顽石补天是我的得意之作。我下放宁夏平罗“五七干校”，劳动改造。裤子破了无法补，急中生智，用橡皮胶布贴补，非常实用。

林彪死后，我们“五七战士”全都回北京了。我把橡皮胶布贴补的裤子给我老伴看，引得一家老小哈哈大笑！

聂绀弩在一次开会时候见到我的裤子作诗曰：“人讥后补无完裤，此示先生少俗情！”

我的小室窗户只有一米多见方。窗户向北，“亮光”能进来，“太阳”进不来。

窗外有一棵泡桐树，二十多年前只是普通大小，由于不作截枝整修，听其自然生长，年年横向蔓延，长成荫蔽对面楼房十几间宽广的蓬松大树。

我向窗外抬头观望，它不像是一棵大树，倒像是一处平广的林木村落。一棵大树竟然自成天地，独创一个大树世界。

它年年落叶发芽，春花秋实，反映季节变化；摇头晃脑，报告阴晴风信，它是天然气象台。

我室内天地小，室外天地大，仰望窗外，大树世界开辟了我的广阔视野。

许多鸟群聚居在这个林木村落上。

每天清晨，一群群鸟儿出巢，集结远飞，分头四向觅食。

鸟儿们分为两个阶级。贵族大鸟，喜鹊为主，骄据大树上层。群氓小鸟，麻雀为主，屈居大树下层。它们白天飞到哪里去觅食，我无法知道。一到傍晚，一群群鸟儿先后归来了。

它们先在树梢休息，漫天站着鸟儿，好像广寒宫在开群英大会。大树世界展示了天堂之美。

天天看鸟，我渐渐知道，人类还不如鸟类。鸟能飞，天地宽广无垠。人不能飞，两腿笨拙得可笑，只能局促于斗室之中。

奇特的是，时有客鸟来访。每群一二十只，不知叫什么鸟名，转了两三个圈，就匆匆飞走了。你去我来，好像轮番来此观光旅游。

有时鸽子飞来，在上空盘旋，还带着响铃。

春天的燕子是常客，一队一队，在我窗外低空飞舞，几乎触及窗子，丝毫不怕窗内的人。

我真幸福，天天神游于窗外的大树宇宙、鸟群世界。其乐无穷！

不幸，天道好变，物极必反。大树的枝叶，扩张无度，挡蔽了对面大楼的窗户；根枝伸展，威胁着他们大楼的安全，终于招来了大祸。一个大动干戈的砍伐行动开始了。大树被分尸断骨，浩浩荡荡，搬离远走。

天空更加大了，可是无树无鸟，声息全无！

我的窗外天地，大树宇宙、鸟群世界，乃至春花秋实、阴晴风信，从此消失！

二〇〇九年三月十一日　时年一〇四岁

（《拾贝集》，周有光著，世界图书出版公司二〇一一年三月第一版）

失落了的欢欣

我九十九岁一次生病卧床，忽然想起六十年前抗日战争时期在重庆写的一首白话诗，《失落了的欢欣》。那时候，生活困顿万状，可是战争已到尽头，胜利的曙光在望。我写这首诗，表达当时无可奈何的怀旧心情。胜利在望，但是看不到幸福的边缘。抄录如下：

当我游乐在吴淞江滨，
——那时我正青春
跳跃的海波戏弄着
飞舞的鸥群。
低徊的白云拥抱住
娇艳的夕曛。
青草抚摸我的脚，
海风狂吻我的头。
我高唱——

“生命是欢欣，欢欣是生命”。
海风卷起歌声，
一片片吹落在海滨。
今天，我踯躅在重庆的街心，
——八年了，我追踪着战争——
崎岖的山坡颠簸着
倔强的车轮。
昏沉的烟雾笼罩住
失神的早晨。
泥浆拖住我的脚，
雨丝乱打我的头。
哪里去了——
“生命的欢欣，欢欣的生命”。
唉！我叹息一声，
轻轻地不愿叫人听闻。
我要回到吴淞江滨，
去寻那失落了的欢欣，
那失落了的欢欣。
可是我怕——
海波已经枯冷，
海鸥已经飘零，
白云暗淡，
夕阳黄昏。
啊！明年——
春风苏醒，

青草再生。

能否寻——

当年的脚印，

难忘的温情。

一九四五年，抗战胜利在望，重庆

（《今日花开又一年》，周有光、张允和著，中国文史出版社二〇一一年九月第一版）

地球缩小了，胸襟要开阔

一九八三年我到檀香山参加东西方中心和夏威夷大学召开的“华语现代化会议”（全称：华语社区语文现代化和语言计划国际学术研讨会，九月六日至十一日）。东西方中心顺便邀请我参加另一个“太平洋国家语言和文化学术研讨会”（九月一日至三日）。这个会议使我了解到太平洋上新独立国家的语言和文化的特点，以及他们的奇风异俗，特别是第二次世界大战以后的变化。在我心中，他们跟中国离得很远，参加会议以后距离顿时缩短了。

太平洋很大，占地球面积的三分之一，有一万个岛屿，包括澳大利亚、新西兰、新几内亚岛和三大岛群：波利尼西亚（多岛群岛）、密克罗尼西亚（小岛群岛）和美拉尼西亚（黑人群岛），各有独特的语言和文化。这里也是多种语言正在消亡的地区。在航空时代，一些太平洋岛屿成了旅游胜地。英语是太平洋的共同语。

地球是个水球，海洋中有陆地，不是陆地中有海洋。谁能了解和利用海洋，谁就是地球的主人。西方国家争夺太平洋已经几百年了。中国只顾“四海之内”，不顾“四海之外”。在中国人的眼光中，太平洋是“外洋”。

美国在夏威夷办了两所学院，专门培养太平洋上新独立国家的青年。一些原始岛屿已经现代化，短期内跨越了一万年的文化时差。太平洋上新独立国家都是我们的近邻，不是远不可及的远方。可是，不仅我们认为他们离我们很远，他们也认为我们离他们很远。

太平洋过于辽阔，岛屿多而小，相隔距离远，即使有了轮船仍旧是交通不方便的。非洲原始，由于历史原因。太平洋原始，由于地理原因。英国早期把澳大利亚作为流放罪犯的“自由”监狱，由大地看守罪犯。航空时代，持别是“二战”之后，“大洋洲”内部往来才变得方便起来。

一九四六年我从上海到旧金山是坐轮船去的。当时中美之间只有军用飞行，还没有民用航空。我在太平洋上航行十四天，算是速度很快的了。有趣的是，过子午线后要重复一天，前一天是我的生日，后一天又是我的生日，我接连过了两个生日。我觉得太平洋很可爱。我忽然明白，太平洋不是“外洋”，而是“公海”。在“公海”上，中国应当开展自己的活动。

在太平洋上坐轮船航行，看海阔天空、波涛汹涌，这样的壮观景象有助于开拓我们的胸襟。民用航空开通以后，飞行速度一年年加快，中美之间可以朝发而夕至。人们飞越北极，几乎忘记了下面还有一个浩瀚的太平洋。地球缩小了，我们的胸襟不应当跟着缩小。不能用航海的景观来开拓胸襟，可以用航空的知识来开拓胸襟。

（《今日花开又一年》，周有光、张允和著，中国文史出版社二〇一一年九月第一版）

张允和的乐观人生

——《曲终人不散——张允和自述文录》前言

由著名出版家张昌华先生介绍，湖北人民出版社吴超先生把张允和遗著中的散乱资料，整编成一本便于阅读的传记，题曰《曲终人不散——张允和自述文录》。对张先生和吴先生，我们全家敬表衷心的感谢!

关于张允和的生平和写作，亲戚们、朋友们经常有许多谈论。

一位亲戚说：张允和的笔墨，别具风格。浅显而活泼，家常而睿智，读来顺溜而愉快。你不停地阅读下去，有如对面闲聊，不知不觉忘掉自己是读者，好像作者是在代替读者诉说心曲，读者和作者融合一体、不分你我了。一位亲戚说：张允和不是人们所说的“最后的闺秀”。她是典型的现代新女性。她的思想朝气蓬勃，充满现代意识。她学生时代的作文，把凄凉的“落花时节”，写成欢悦的“丰收佳节”；秋高气爽应当精神焕发，为何“秋风秋雨愁煞人”？她参加大学生国语比赛，自定题目“现在”；劝说青年们“抓住现在”，不要迷恋过去。她编辑报纸副刊，提出“女人不是花”，反对当时把女职员说成“花瓶”。

一位朋友说：张允和既是五四前的闺秀，又是五四后的新女性。她服膺五四，致力启蒙，继承传统，追求现代。不幸生不逢辰，遭遇乖张暴戾。一代知识精英惨被摧残。无可奈何，以退为进，岂止是她一人？

政治运动像海啸一样滚滚卷来。张允和在二十世纪五十年代就不得不避乱家居，自称家庭妇女。她研究昆曲，帮助俞平伯先生创办北京昆曲研习社。她八十六岁学电脑，利用电脑编辑一份家庭小刊物，名叫《水》，后来出版集刊《浪花集》。她九十三岁去世那天的前夜，还同来客谈笑风生。来客给她拍了最后一张照片。她的骨灰埋在北京门头沟观涧台一棵花树根下，化作春泥更护花。

张允和受到人们爱护，不是因为她的特异，而是因为她的平凡，她是一代新女性中的一个平凡典型。

曲终人不散，秋去春又来。

张允和呈献俞平伯先生伉俪的贺寿诗：“人得多情人不老，多情到老情更好。”这就是张允和的乐观人生。

二〇〇八年八月二十二日　时年一〇三岁

（《曲终人不散——张允和自述文录》，湖北人民出版社二〇〇九年第一版）

终身教育，百岁自学

——《见闻随笔》前言

一位记者问我：你一生百岁，有点什么经验可以留给后人？我说：如果说有，那就是坚持终身自我教育，百岁自学。

记者一走，我懊悔了！百岁的人有的是，自学的人有的是，终身自我教育的人有的是，这怎么能说是我的经验呢？可是，“一言既出，驷马难追”！

新世界出版社张世林先生说：“我们准备为你出版一本书，纪念你的百岁。”百岁不值得纪念，可是张先生的诚意应当认真报答。我手头没有现成的书稿，只有一包杂乱无章的资料，叫作《见闻随笔》。我从中选择整理一部分，请张先生指教。

《见闻随笔》的内容是所见、所闻、所思、所悟，无所不有，主要是文化演变的踪迹，中外学者的箴言，我记录下来给自己查看和思考，原来没有发表的打算；现在发表出去，喜欢浏览和思考的读者们或许也可以从中得到乐趣和启发。

这里有零星的信息，这里有片段的常识，这里也有人们开的玩笑，这里没有系统的学问。随笔写成超短篇，提示要点，不求详备。

关于零星的信息，书中有一个有趣的例子：“韩国不怕骂！”

池原卫，寄居韩国二十六年的日本人，写了一本大骂韩国的书，书名叫作《做好被人打死准备而写的对韩国和韩国人的批判》，提出大量十分辛辣的批判。想不到，这本书成了畅销书，一下子卖出几十万本。书中大骂韩国人：不懂礼貌，不知廉耻，不讲信义，不遵守交通规则，不重视子女教育，执着于伪善和名分，这样下去韩国将是一个没有明天的社会。韩国人感谢他在二十一世纪即将来临的时候，给韩国人提出别人不肯说的忠告。韩国人举行了许多次骂韩国人的聚会。最后请他出席再骂。他说，韩国人已经觉悟，不必再骂了。评论家说：一个有新闻自由而不怕骂的民族才是有希望的民族（《解放日报》）。

再举一个常识条目的例子：“什么是世界观？”

“世界观”一词曾经大为流行。常听到人们谈“世界观”，常看到书籍报刊中捧出“世界观”的大题目。可是，什么是“世界观”，我苦于无法明白。

我查《现代汉语词典》，其中说：“世界观，也叫宇宙观，人们对世界的总的根本的看法；由于人们的社会地位不同，观察问题的角度不同，形成不同的世界观。”我看不懂！

再去看《辞海》，其中说：“世界观，又称宇宙观，人们对整个世界的总的根本看法：自然观、历史观、人生观、科学观等是它的具体表现；在阶级社会里，世界观具有鲜明的阶级性；各种世界观的斗争，主要是唯物主义和唯心主义、辩证法和形而上学的斗争；世界观和方法论是统一的；辩证唯物主义和历史唯物主义是无产阶级及其政党的科学世界观；系统化、理论化的世界观就是哲学。”天呀！我坠入了五里雾中！据说，这个深奥的定义来自苏联，苏联用“世界观”衡量苏共党员的党性；苏联瓦解之后，不知道俄罗斯如何解释“世界观”。

后来，不经意中，在一本借来的书中看到，一位哲学教授说（摘录）：“世界观包含两种含义：（一）自然世界观，就是宇宙观，人对天体构造的理解；古代认为天体是神，神有人性，主宰人类，作威作福；现代科学证明了天体的存在和宇宙的物理学运行规律。（二）社会世界观，人对人类社会的理解；古代认为君主和贵族统治人民是永恒的制度；现代社会学证明了人类社会的发展步骤是从原始社会、奴隶社会、封建社会到民主社会，逐步前进，虽有曲折，没有例外。”

啊！如此简单！使我茅塞顿开！“世界观”原来不神秘。

《见闻随笔》中有一些关于看报和读书的经验谈。例如有一条：“看报有门道”。

八十年前，我初进大学。老师教我如何看报。老师说，看完报，要问自己：今天哪一条新闻最重要？再问自己：为什么这一条新闻最重要？还要问自己：这条新闻的背景是什么？如果不知道，就去图书馆查书，首先查百科全书，得其大要。我按照老师的教诲，看报兴趣顿时提高，感觉自己进入了历史的洪流。

还有一条：“读书按比例。”既要读文艺欣赏的书，更要读知识理性的书，一方面培养形象思维，一方面培养逻辑思维。偏食病不利于保护健康，偏读病不利于发展思维。

这些可能是微不足道的学习方法，对我来说，终身遵行，自觉有益。这里介绍出来，不知道读者们会不会笑我幼稚而迂拙。

《见闻随笔》中有一条："差异在业余。"爱因斯坦计算，人的一生，除去吃饭睡觉，实际工作时间平均大约有十三年，而业余时间倒有十七年。一个人是否能有成就，决定于他如何利用业余时间。人人都能自学。自学永不太晚。

"终身教育，百岁自学"，是我对自己的鞭策。

二〇〇五年六月二十四日　时年一百岁

（《见闻随笔》，周有光著，新世界出版社二〇〇六年第一版）

聊天的记录

——《学思集》后记

上海教育出版社徐川山先生，收集我的文化文稿，编成这本集子，建议称为“沉思集”。我把“沉”字改为“学”字，定名“学思集”，取意“学而不思则罔，思而不学则殆”。“罔殆”两字难懂。我改为“学而不思则盲，思而不学则聋”。虽然亵渎圣训，也是通俗化的尝试。

我在八十五岁那年，离开办公室，回家读书、写杂文。所谓杂文就是我专业以外的阅读笔记和朋友谈话。作为一个专业工作者，我专而不博，缺少基础知识，离休后要赶快补充。我主要补充历史和文化。我有许多朋友，八九十岁的、四五十岁的、二三十岁的，经常来跟我聊天。从他们的聊天中，我吸取营养和乐趣。这里的文稿，多半是聊天的记录。

我在学习中了解到，人类文化从古到今，不断由分散趋向聚合。五千五百年前，欧亚大陆上兴起多个文化摇篮，后来渐渐合并成为四大地区传统文化：东亚文化、南亚文化、西亚文化和西欧文化。十九世纪以来，全球化运动加速发展，地区传统文化的精华部分相互融合，形成高出于地区的“共创、共有、共享”的国际现代文化。今天世界各国都生活在各自的传统文化和共同的国际现代文化的“双文化”之中。

人类文化不是一成不变的，而是不断进步和提高的。在经济方面，从农业化到工业化到信息化，从依赖自然到改进自然。在政治方面，从神权到君权到民权，从专制制度到民主制度。在思维方面，从神学思维到玄学思维到科学思维，从迷信盲从到独立思考。这是人类文化发展的一般规律。各国有各自的特色，特色不否定规律。历史有曲折，规律永远向前。任何国家都不可能长期偏离规律，迟早要向共同规律归队。这就是“与时俱进”运动。了解过去，开创未来，历史进退，匹夫有责。

我对文化是初学，我的文稿是学习笔记，一定错误百出，敬请读者批评指正。

我糊里糊涂活到一百岁。许多人问我长寿之道。我说不出来。我想，我老来读书、写杂文，实行终身自我教育，这或许就是我的长寿之道吧。

二〇〇五年十二月十八日　时年一百岁

（《学思集》，上海教育出版社二〇〇六年版）

回首百年

——《百岁新稿》自序

这本《百岁新稿》里收集我在一百岁之前十年间所写的部分杂文。

八十五岁那一年，我离开办公室，不再参加社会活动，回到家里，以看书、写杂文为消遣。

我生于清朝光绪三十二年（一九〇六年），后经北洋政府时期、国民党政府时期、一九四九年后的新中国时期，友人喜称我四朝元老。这一百年间，遇到许多大风大浪，最长的风浪是“八年抗日战争”和“十年文化大革命”，颠沛流离二十年。

抗日战争时期，我在重庆，一个日本炸弹在我身边爆炸，旁边的人死了，我竟没有受伤。“文化大革命”时期，我被下放到宁夏平罗“五七干校”劳动改造，跟着大家宣誓“永不回家”，可是林彪死后大家都回家了。

我一生中最大的幸运是无意中逃过了“反右”运动。一九五五年十月，我到北京参加全国文字改革会议，会后被留在文字改革委员会工作，放弃上海的经济学教学职业。过了几年之后，我才知道，“反右”运动在上海以经济学界为重点。上海经济学研究所所长，一位著名的马克思主义经济学家，自杀了。我的最优秀的一位研究生自杀了。经济学教授不进监牢的是例外。二十年后平反，一半死去了，一半衰老了。我由于改了行，不再算我过去的经济学旧账，逃过了一大劫难。“在劫不在数”！

常听老年人说：“我老了，活一天少一天了。”我的想法不同。我说：“老不老我不管，我是活一天多一天。”我从八十一岁开始，作为一岁，从头算起。我九十二岁的时候，一个小朋友送我贺年片，写着“祝贺十二岁的老爷爷新春快乐！”

年轻时候，我健康不佳。生过肺结核，患过忧郁症。结婚时候，算命先生说我只能活到三十五岁。现在早已超过两个三十五岁了。算命先生算错了吗？算命先生没有算错。是医学进步改变了我的寿命。

二〇〇三年冬天到二〇〇四年春天，我重病住院。我的九十九岁生日是在医院里过的。医院送我一个蛋糕，还有很大一盆花。人们听说这里有一个百岁老人，就到窗子外面来偷偷地看我这个老龄品种，我变成医院里的观赏动物。佛家说，和尚活到九十九岁死去，叫作“圆寂”，功德圆满了。我可功德圆满不了。病愈回家，再过斗室读书生活，消磨未尽的尘世余年。

老年读书，我主要读专业以外的有关文化和历史的古籍，想知道一点文化和历史的发展背景。首先想了解三个国家：中国、苏联和美国。了解自己的祖国最难，因为历代帝王歪曲历史，掩盖真相。考古不易，考今更难。苏联是新中国的原型，中国改革开放，略作修正。苏联瓦解以后，公开档案，俄罗斯人初步认识了过去，中国还所知极少。美国是当今唯一的超级大国，由于戴高乐主义反美，共产主义反美，伊斯兰教反美，美国的面貌变得模糊不清。了解真实的历史背景困难重重。可是旧纸堆里有时发现遗篇真本，字里行间往往使人恍然大悟。我把部分读书笔记改写成为短篇文章，自己备忘，并与同好们切磋。

先知是自封的，预言是骗人的。如果事后不知道反思，那就是真正的愚蠢了。聪明是从反思中得来的。近来有些老年人说，他们年轻时候天真盲从，年老时候开始探索真理，这叫作两头真。两头真是过去一代知识分子的宝贵经历。

我家发生过一个笑话。著名的漫画家丁聪，抗日战争时期常来我家。我们一家都很喜欢他，叫他小丁。我的六岁的儿子十分崇拜他。一天，我在家中闲谈，说小丁有点“‘左’倾幼稚病”。我的儿子向他告密：“爸爸说你‘左’倾幼稚病！”弄得小丁和我都很不好意思。多年以后，我的儿子到了七十岁时候，对我说：“其实那时爸爸的‘左’倾幼稚病不亚于小丁。”

老来回想过去，才明白什么叫作“今是而昨非”。老来读书，才体会到什么叫作“温故而知新”。学然后知不足，老然后觉无知。这就是老来读书的快乐。

学而不思则盲，思而不学则聋。我白内障换了晶体，重放光明。我耳聋装上助听器，恢复了部分听觉。转暗、为明，发聋振聩，只有科技能为老年人造福。

“朝闻道，夕死可矣”，这是最好的长生不老滋补品。

希望《百岁新稿》不是我的最后一本书。

二〇〇四年九月一日　时年九十九岁

（《百岁新稿》，三联书店二〇〇五年第一版）

《〈伊索〉的舞台艺术》序

我上小学以前，就听过《伊索寓言》。上小学以后，我看过中文的《伊索寓言》。一九五九年，北京人民艺术剧院的话剧《伊索》在北京演出，我看了。一九八〇年，这个剧院再度上演《伊索》，我又看了。

两次看《伊索》，感受不同。五十年前，看了以后，我惊叹！第二次看了以后，我悲叹！

惊叹什么？惊叹剧本作者的才华！《伊索寓言》在我的印象里原来像是许多珍宝散乱在桌子上，彼此之间是没有联系的。那年去首都剧场看《伊索》之前，我想，把《伊索寓言》写成话剧是可能的吗？看完以后，我像是在无边无际的大海上，眼前出现了海市蜃楼！剧本作者把散乱的珍宝编织成一幅生动的图画了。图画中每一个人都在紧张地活动，每一只鸟儿都在歌唱，每一头野兽都在奔跑。古老的传说变成有温度、有脉搏的现实生活。这是多么令人惊叹的才华！

悲叹什么？悲叹奴隶社会的不幸！

文明古国的希腊原来是必须在两种不幸之中选择一种的充满着“两难”（dilemma）的奴隶社会！奴隶伊索的选择是，追求自由就得死，保留生命就得做奴隶。女奴隶主的选择是，要想生活舒适就不能得到真正的爱情，追求真正的爱情就只有跟着奴隶去受苦。漫长的奴隶时代呵，这是多么令人悲叹的社会！

可怜的伊索！见到你背上累累的鞭痕，我禁不住泪如雨下！我知道，你心灵上的鞭痕比你背上的还要多，还要深！正因为你有知识，所以你受到鞭挞。如果你也一无所知，你不是可以像阿比西尼亚一样去鞭挞别人吗？但你怎肯去鞭挞别人而换取愚蠢呢？

伊索的话，句句是血，是泪！的确，舌头是最好的东西，又是最坏的东西。怎样分辨舌头的好坏呢？第一次看完了戏时，我问自己，我没有回答，就把问题丢开了。当我在一九八〇年再次看《伊索》时，我又问自己。我不能再丢开这个问题。我要回答：实践是检验好坏的唯一标准。由于历史服从实践的检验，所以希腊终于走出了奴隶时代。

《伊索》这个话剧是真正的说话艺术。舞台上只有六个人，一种布景，几张桌椅。但北京人艺的演员们，使观众忘记了他们是中国人扮演外国人，是现代人扮演古代人。他们把观众带进了两千五百年前，使观众的心弦跟伊索一同紧张地跳跃。

很高兴听到说，北京人艺要编辑出版《〈伊索〉的舞台艺术》，我对这个剧院很有感情，曾经看过它演出的许多戏。同这个剧院的许多人都是多年的老朋友，像曹禺、焦菊隐、舒绣文、吕恩、于是之、方涫德、杨薇……时光易逝，时光也很残酷，不少的老朋友已经故去，但是能让我欣慰的是，他们在中国话剧舞台上所留下的一个个艺术形象，正如伊索追求自由的精神那样，永不磨灭。

二〇〇八年七月　时年一〇三岁

（《〈伊索〉的舞台艺术》二〇〇九年新版）

世纪的来客

——《二十一世纪的华语和华文：周有光耄耋文存》前言

我在九十六岁进入二十一世纪。

河北人民出版社在一九八一年出版一本《中国现代语言学家》（第一分册）。编写说明中说："本书所收的范围，自一八九八年《马氏文通》出版始，第一分册收录三十人。"我被列名其中。到二十世纪末，书中二十九人都作古了，只有我一人走出二十世纪进入二十一世纪。作为一个二十世纪的来客，我要访问二十一世纪的青年们，同他们作"世纪接轨"的谈话。我要了解他们将如何建设二十一世纪，我要告诉他们一些我所知道的二十世纪的故事。

二十世纪是一个光明的世纪，但是又很黑暗。二十世纪是一个智慧的世纪，但是又很愚昧。遗憾的是，黑暗不比光明小，愚昧不比智慧少。二十世纪发生两次旷古未有的世界大战，使千万、千万的群众像蚂蚁那样死去。二十世纪一些军阀以美好的言词残害千万、千万善良的老百姓。这就是"万物之灵"的行径吗？大规模破坏森林，使无数动物无处藏身，迅速灭种。大规模破坏江河和湖泊，使一年洪水泛滥，一年赤地千里，灾难频仍。这就是“现代文明”的表演吗？教育家们喜欢隐恶扬善，青年们容易听到历史的英雄故事，不容易知道历史的悲惨场面。

“二十世纪人”在世纪接轨的时刻，有责任告诉“二十一世纪人”：不要轻信神话，要牢记“前车之覆、后车之戒”。

二〇〇〇年我出版一本《现代文化的冲击波》，选载我八十岁之后的部分文章。今年我又选辑我九十岁以后的部分文章成为这本《耄耋文存》。这是我所能讲的故事的一部分，内容是文化问题、语文问题、其他问题：我希望二十一世纪的青年们看了之后会心一笑，说一句。这就是“二十一世纪人”的愚昧！

“二十一世纪人”的座右铭是：了解过去、开创未来，历史进退、匹夫有责。

（二〇〇一年四月八日）

学而不思则盲，思而不学则聋

——《现代文化的冲击波》前言

“学而不思则盲，思而不学则聋”。（孔子不及格弟子周有光习作）

我的朋友说：孔夫子明明说的是“学而不思则罔，思而不学则殆”，你怎么改了两个字？

我说：就是由于改了两个字，我成了“不及格”弟子。

言归正传。

我的朋友看了一本清人笔记，告诉我其中一个故事：

袁世凯在山东练洋枪兵，义和拳的气功大师们嘲笑说，我们一发功，子弹打不进，洋枪兵就白练了！袁世凯听了，觉得事关大局，就把带头的十位气功大师请来。袁世凯问：“发了功，子弹打不进，是真是假？”大师们说：“当然是真！”袁世凯说：“好，请到操场去试试看。”十位大师一字排开，作势发功。一个小兵拿出洋枪，向第一位开枪。砰！第一位倒下了！其余九位一齐跪下：“大人饶命！”袁世凯说：“你们回去吧！”就这样，九位大师悄悄地把练功队伍从山东搬到直隶，在那里买通大官，闹成“扶清灭洋”的大乱。

朋友说：清朝末年，两种人最活跃。一种人像袁世凯，利用洋枪，保护皇帝，这叫作“皇帝为体、洋枪为用”，后来自己做皇帝。另一种人像气功大师，依靠迷信，愚弄百姓，勾结昏官，从中渔利。近来伪科学猖獗。义和拳是过去的伪科学。伪科学是今天的义和拳。帝国主义是一种科技文化冲击波。现在我们面对另一种性质完全不同的冲击波：现代文化冲击波。

他的话，使我闭目深思。清末老一代不了解帝国主义的性质。今天我们一代了解现代文化的性质吗？

我在八十二岁以后陆续对当前的文化问题写了一些探索性的文章，不知道探索对了，还是探索错了。我自己警惕自己：“学而不思则盲，思而不学则聋。”这里选录拙作二十多篇，请读者指教，引我走出盲聋。

一九九九年九月一日　时年九十四岁

残酷的自然规律

——《浪花集》后记

张允和有十位姊妹兄弟，前面四位是姊妹，后面六位是兄弟。四位姊妹在初中读书的时候，课余办一个家庭刊物，自己写稿，自己油印，题名为《水》。这是家族和亲友间的联络和娱乐的小玩意儿，“不足为外人道也”。

七十年之后，张允和已经八十六岁，怀念姊妹兄弟和至亲好友，异地异邦，四散飘萍。她重新编印这个久已停刊的《水》，借以凝聚亲情、互通声气。起初她一人自写、自编、自印、自寄，每期只有二十五份。后来亲友中感兴趣的人渐多，增加到一百多份。

想不到这个微不足道的小玩意儿，被有名的记者叶稚珊女士看到，她在报刊上发表文章说，这是天下最小的刊物。更想不到被大名鼎鼎的出版家范用同志知道了，他发表文章说，这是二十世纪的一大奇事。于是《水》的潜流，渗出了地面。

新世界出版社总编辑张世林先生，建议把《水》中文章选择一部分，编成一本书，公开出版，以便对这个别出心裁的家庭刊物有兴趣的广大读者，一睹为快。张允和欣然从命，会同三妹张兆和，编成这本《浪花集》。

《浪花集》正在编辑排印的时候，张允和在二〇〇二年八月十四日忽然去世了，享年九十三岁。半年以后，在二〇〇三年二月十六日，三妹张兆和，沈从文先生的夫人，也忽然去世了，享年九十三岁。姊妹两人，先后去世，都是享年九十三岁。九十三岁，是人生的一个难关吗？

我的夫人张允和的去世，对我是晴天霹雳。我们结婚七十年，从没想过会有一天二人之中少了一人。突如其来的打击，使我一时透不过气来。后来我忽然想起有一位哲学家说过："个体的死亡是群体发展的必要条件"；"人如果都不死，人类就不能进化"。多么残酷的进化论！但是，我只有服从自然规律！原来，人生就是一朵浪花。

二〇〇二年四月二日，夜半　时年九十八岁

第三编

回顾语言学界往事

跟林汉达先生一同看守高粱地的时候

宁夏平罗的“五七干校”

在宁夏平罗的远郊区，“五七干校”种了一大片高粱，快到收割的时候了。教育家林汉达先生（当时七十一岁）和我（当时六十五岁）两人一同躺在土岗子上，看守高粱。躺着，这是“犯法”的。我们奉命：要不断走着看守，眼观四方，不让人来偷；不得站立不动，不得坐下，更不得躺下；要一人在北，一人在南，分头巡视，不得二人聚在一起。我们一连看守了三天，一眼望到十几里路以外，没有人家，没有人的影儿。没有人来偷，也没有人来看守我们这两个看守的老头儿。我们在第四天就放胆躺下了。

语文大众化

林先生仰望长空，思考语文大众化的问题。他喃喃自语：“揠苗助长”要改“拔苗助长”，“揠”（yà）字大众不认得。

“惩前毖后”不好办，如果改说“以前错了，以后小心”，就不是四言成语了。

停了一会儿，他问我：“未亡人”“遗孀”“寡妇”，哪一种说法好？

“大人物的寡妇叫遗孀，小人物的遗孀叫寡妇。”我开玩笑地回答。

他忽然大笑起来！为什么大笑？他想起了一个故事。有一次他问一位扫盲学员：什么叫“遗孀”？学员说：是一种雪花膏，白玉霜、蝶霜、遗孀。林先生问：这个“孀”字为什么有“女”字旁？学员说：女人用的东西嘛！

林先生补充说：普通词典里没有“遗孀”这个词儿，可是报纸上偏要用它。

“你查过词典了吗？”我问。

“查过，好几种词典都没有。”他肯定地告诉我。他提倡语文大众化的认真态度，叫人钦佩！

乐观主义

我问他，你的乐观主义是从哪里来的？

他说，我信教，也就是信自然规律。自然规律告诉我，历史总是前进的，后退只是暂时的曲折。

他问我：你不也是乐观的吗？

我照抄他的说法：我信自然规律，等于信教。

那一天，天上没有云，地面没有风，宇宙之间似乎只有他和我。他断断续续地谈了许多有哲理的笑话。什么“宗教，有多神教，有一神教，有无神教……”。

“先生之成为右派也无疑矣！”我说。

“向后转，右就变成左了。”他笑了！

三化和三性

谈得起劲，我们坐了起来。我们二人同意，语文大众化要“三化”：通俗化、口语化、规范化。通俗化是叫人容易看懂。从前有一部外国电影，译名“风流寡妇”。如果改译“风流遗孀”，观众可能要减少一半。口语化就是要能“上口”，朗读出来是活的语言。人们常写，“他来时我已去了”。很通俗，但是不“上口”。高声念一遍，就会发现，应当改为“他来的时候，我已经去了”。规范化是要合乎语法、修辞和用词习惯。“你先走”不说“你行先”（广东话）。“感谢他的关照”不说“感谢他够哥儿们的”（北京土话，流气）。“祝你万寿无疆”，不说“祝你永垂不朽”！

林先生进一步说：“三化”是外表，还要在内容上有三性：知识性、进步性、启发性。

我们谈话声音越来越响，好像对着一万株高粱在讲演。

太阳落到树梢了。我们站起来，走回去，有十来里路远。林先生边走边说：教育，不只是把现在的知识传授给青年一代，更重要的是启发青年，独立思考，立志把社会推向更进步的时代！

（《群言》，一九九〇年五月号；《之江校友》，一九八七年六月《特刊》）

怀念敬爱的张寿镛校长

光华大学张寿镛校长的公子张芝联教授来访，嘱张允和和我写文章纪念我们敬爱的张校长。张允和和我都是在张校长的教育下成长起来的，我们当然立刻答应。我们商量，两人各写一篇，因为我们夫妇两人是先后同学，得到张校长教诲的时间不同。可是两人都迟迟没有动笔，因为越是想把文章认真写好，越是难于动笔。不幸，在二〇〇二年八月十四日张允和去世了！这个晴天霹雳把我打击得呆若木鸡！她临终前没有来得及把她想要写什么告诉我，十分遗憾！日前张芝联教授来催我的文章，希望我代替张允和写些回忆，并且给我看俞信芳先生的《张寿镛先生传》的书稿。使我感到既惭愧又紧张！

张允和是光华大学招收的第一批女生中的一个。那时候是上海各大学实行男女同学的开始时期。光华大学建造了女生宿舍，女同学组织女同学会，在选举第一届干事和会长中，张允和被选为会长。当时的学生会要参与学校的校务工作，张允和于是跟张校长就有许多接触的机会。

有一件事，张允和念念不忘。光华大学每年举行学生演讲比赛。在某次比赛中，张允和得到的评分跟另一位男同学相等，两人并列第一。在这种情况下，担任评判委员会主席的张校长将投最后一票决定谁是冠军。张校长经过退席考虑之后投了张允和一票，于是张允和成为冠军。一个女同学成为大学演讲比赛的冠军，不仅轰动了光华大学，也轰动了当时上海的大学界。这是张校长提倡女权的一次模范行动。一枚金质冠军奖章，成为张允和的传代之宝。

有一年，女生宿舍忽然起火，幸亏发生在白天，没有人受伤。但是，楼房烧毁，行李和书籍付之一炬，造成生活和学习的许多困难。张校长亲自前来指导救火，并为每一个女生解决具体的困难。张校长借此机会，教育学生要临危不惊，镇定应付，理智处事，先重后轻，使学生受到一次为人处世的教育。女同学感受深刻，都说张校长爱生如子。

在一九二五年上海“五卅惨案”之后，要为圣约翰大学离校师生创办一所私立大学，这是一件非常重大而又万分艰难的事业。启动这件重大事业，首先要推举一位德高望重的人物来担任校长，这位校长既要能得到学术界的尊重，又要能为创办大学筹划经费。上海各界一致推举张寿镛先生，他是清代学者，曾任江苏省财政厅长、国民政府财政部次长，当时担任淞沪道尹，张寿镛先生临危受命，知难而进，应承了这个时代的呼唤。

创办私立光华大学有三大问题：生源问题、师资问题和经费问题。生源问题不大，因为有离校学生作为基础，再添招一些新生就可以了。师资问题比较难。著名学者不一定肯来新办的大学。张校长首先聘请到当时威望最高的两位教育家——朱经农先生和廖茂如先生，通过他们聘请国内外知名学者，壮大离校教师的队伍。不少著名学者出于爱国心，欣然前来光华任教。光华的教授阵容光辉夺目，胜过圣约翰大学，成为当时全国大学界的翘楚。最难的问题是筹划经费。张校长是理财能手，在全国爱国气氛中，捐款终于源源而来。张校长动员离校同学，劝自己的家长踊跃捐输，得到离校同学家长王省三先生捐助上海近郊地皮一百亩，又得到菲律宾等地华侨留学生家长捐建三座堂皇的教学主楼。这样就立刻兴工建筑新的校园。光华大学建校比较顺利，反映了当时中华民族的觉醒和勇气。可是如果没有张校长的运筹帷幄，指挥若定，是不会得到如此成功的。

当时有一个紧急的大问题：不能等待新的校园建设完再开学，必须立即开学，继续学业，不使弦歌中断，否则离校师生就会离散。这时候，张校长有两位得力的助手，一位是陈训恕，一位是史乃康，他们都是离校同学。在离校时候已经毕业，没有来得及拿文凭。他们是筹备光华大学紧急开学的两位重要助手。于是，在上海霞飞路租用民房作为临时宿舍，租用空地建设几个芦席篷临时大课堂，使教学工作立即开始。我就是在芦席篷临时大课堂里聆听当时多位著名学者的教诲的。张校长也时来芦席篷临时大课堂对学生讲话。这一幕筚路蓝缕的悲壮场面，希望不要被历史遗忘了。

史乃康是我中学的先辈同学，他听到我经济困难，付不出学费，就告诉我：校长室需要一个文书员，将在同学中招考，半工半读，你可以去报考。考试结果，我被录取，免除学费，每月还有三十元津贴，这就解决了我上学的经济困难。我的工作是按照规定书写往来中英文的书信。在工作中，我学到许多张校长的办事方法。

我们青年同学常常议论张校长。大家认为，张校长以清代科举出身的儒家学者，能自学成为理财能手的现代人才，这种自学精神非常值得学习。在一九二五年的时候，国民党北伐节节胜利，江南人民大都寄希望于国民革命。国民政府任用高官，首选英美留学生，张校长能在这个环境中得到重用，因为他有别人难于企及的才能。他弃官办学，不是官员下台，寄生于学校，而是认定教育事业比政治工作更有远大的建国作用，然后决心改变任务的。

张校长的办学原则是，按照当时公认为先进的英美教育方法，实行学术自由，教授治校。学校中行政人员很少。校长、教授和学生打成一片，亲如一家。直到一九四九年，光华大学的附属中学还是上海各中学中的优秀典型。

在抗日战争中，张校长请会计界元老谢霖先生为代表，到成都去开办一所成都光华大学分校（成华大学）。这件事说明张校长的远见。他不主张战时暂时到后方躲避一下，战后立即撤回原地，在后方不留痕迹，而是要把大学教育扩大到教育落后的中国西部，作为开发西部的长远打算。这在今天高呼开发西部的时候，值得怀念。

光华大学由于日本帝国主义激起的“五卅运动”而创办，又在日本帝国主义侵略上海的战争中被炮火毁灭。一九四九年后，所有私立大学一概收归国办，光华大学的光辉历史未能再呈现于中国。历史不会忘掉张寿镛校长创办光华大学的这段可歌可泣的故事。

张寿镛先生一生做了三件大事：一、从清代学者自学理财，成为现代理财专家，树立自学成才的典范。二、收集、编辑、影印《四明丛书》，成为考据文献专家，为弘扬传统文化做出具体贡献。三、在艰难危急中创办光华大学，伸张民族正气，培植建国人才，为建设现代化中国树立根基。张校长说："莫为一身谋，而有天下志；莫为终身计，而有后世虑。"张校长的言行，我们应当好好学习。

俞信芳先生的《张寿镛先生传》，是一部多年心血、广收博引、实事求是、慎重下笔的精心著作，有历史和文献价值，对今天想要了解不久以前真实历史的读者，是极有价值的读物。

二〇〇三年五月三十一日　时年九十八岁

切音字运动百年祭

一目了然初阶

卢戆章（一八五四—一九二八）的“中国切音新字”厦腔读本《一目了然初阶》在一八九二年出版，到今年整整一百周年。这是中国人民自觉地提倡“拼音化”的开始，弥补了中国传统文化中没有“拼音化”的重大缺陷。在《汉语拼音方案》已经公布、汉语拼音教育一天天扩大的今天，我们深深体会到一百年前筚路蓝缕、披荆斩棘的首创功劳具有何等重大的意义。

从“中国切音新字”的发表到“注音字母”的公布，这一阶段的拼音化运动，被称为“切音字”运动。“切音字”运动的特点是：创造民族形式字母、声韵双拼。“注音字母”最后从声韵双拼发展为“声介韵”三拼，仍旧没有全部音素化。民族形式字母不便在国外流通，于是又公布国际通用字母的“国语罗马字”。《汉语拼音方案》是“国语罗马字”的改进，并使国内国外统一用一套字母。这就是“拼音化”运动一百年来已经走过的历程。

“思入风云变态中”

一八九二年是甲午战争的前夜。这时候国事动荡、人心震撼。《初阶》里面有一幅插图，画着一个人，一手按书、一手执笔，正在苦苦思索。旁边写道：“思入风云变态中。”“思变”是当时的时代思潮。

值得注意的是：一百年前的卢戆章，已经认识到汉字是“发展”的，不是一成不变的。汉字的发展是“字体代变、趋易避难”。他说：“字体代变：古时用云书鸟迹，降而用蝌蚪象形，又降而用篆隶八分，至汉改为八法，宋改为宋体字，皆趋易避难也。”这里有三个“用”字和两个“改”字。“用”就是“利用”；“改”就是“改革”。既然历史上一再“利用”过、“改革”过，今天为什么不可再“利用”、再“改革”呢？

有人对他说：“子真撼树之蚍蜉也！汉字神圣，一点一画无非地义天经，岂后儒所能增减？”卢戆章“一笑置之”。他何以能“一笑置之”呢？因为在他的思想里，文字“神圣”观念已经被文字“发展”观念所代替了。

两个发展层次

“拼音化”有两个发展层次。第一层次是，各国采用各自的民族形式字母，不求相互流通。第二层次是，各国采用国际通用字母，也就是“拉丁字母”，便利相互流通。“二战”以后，世界各国进一步实行“拉丁化”。战前有六十多个国家用拉丁字母，战后用拉丁字母的国家增加到一百二十多个。战后新独立的国家无例外地都实行了“拉丁化”。采用民族形式字母的国家越来越少了。

汉字在历史上传播到越南、朝鲜和日本，以及古代和近代的中国国内许多少数民族，在东亚形成一个“汉字文化圈”。“二战”后，越南废除汉字，正式改用拉丁字母。朝鲜北方废除汉字，完全用本民族的谚文字母。朝鲜南方用汉字和谚文字母的混合体，但是“教育汉字”减少到一千八百个，而小说一般全用谚文字母。日本用汉字和假名字母的混合体，但是规定常用汉字一九四五个，法律和公文用字以此为限，其余都用假名字母。完全用汉字的国家只有一个中国了。“汉字文化圈”不断缩小。汉字不是在扩大流通范围，而是在缩小流通范围。汉字所让出的地盘都由拼音文字占领了。

但是，“拼音化”是一个十分缓慢而艰巨的发展过程。这一点卢戆章低估了。卢戆章以后的许许多多拼音化运动者也低估了。在历史上曾有千年封闭背景的中国，必然更加缓慢而艰巨。

五百年一次飞跃

日本的假名字母，在成熟以后五百年，才进入正式文字，成为汉字和假名字母的混合体。朝鲜的谚文字母，在正式公布以后五百年，才进入正式文字，成为汉字和谚文字母的混合体。中国要想实现汉字和拼音字母的混合体，或者同时用汉字和拼音文字，所谓“双轨制”，也必须等待很长的时期。如果现代的速度加快到只需要古代五分之一的时间，中国要等一百年。在历史长达五千年的中国，一百年只是一瞬而已。

急于求成是无济于事的。只有锲而不舍、实事求是、脚踏实地、埋头苦干，一步一步走向最后的目标。“拼音”在今天虽然只是一种文字的辅助工具，可是它的用处不断扩大。扩大实际应用，是“拼音化”运动向前推进的唯一方法。

日本的假名和朝鲜的谚文，在长时间都曾经被看作是低级的“妇女文字”，可是今天成了文字的主体。“英雄不怕出身低”。新生事物，只要本身的确是有用的，并得到切实地不断利用，就一定会慢慢成长起来，最后，“附庸蔚为大国”。从世界文字史的发展过程来看，没有例外。中国也决不会是例外。

卢戆章：切音字运动的开创者

现在中国大陆的所有小学里，孩子们都先学拼音字母，利用拼音字母给汉字注音，方便学认汉字，方便统一读音。语文教科书和字典一律采用拼音字母注音，几乎没有例外。这种注音识字的方法，从大城市到穷乡僻壤，已经普遍推广，不足为奇了。

可是，如果深入思考一下，这件不足为奇的事情又是十分新奇。字母起源于西亚的地中海东岸，时间跟甲骨文差不多。上下三千年，东西十万里，字母跟汉字向不往来，真所谓“风马牛不相及也”，怎么会走到一块儿来，相互依傍在一起的呢？是谁开创了这件新奇的工作？是卢戆章。

或许有人会说：是明末意大利人利玛窦，不是清末的卢戆章。

利玛窦的确最早用罗马字给汉字注音。但是，他不是为了方便中国人学习汉字，而是为了方便外国人学习中文。他完全没有改革汉字的思想。他的罗马字注音没有被当时的中国知识分子所接受。

在利玛窦的罗马字注音被淡忘了三百年之后，卢戆章在清末国家危亡之秋掀起切音字运动，得到越来越多的觉醒的知识分子的响应，这才开始了中国语文的现代化运动，这才终于创造出中国的字母，用字母给汉字注音，代替反切。利玛窦的罗马字注音，是到了切音字运动走向高潮之后，才重新被人们记忆起来的。

字母的形式是次要问题。改革的本质是认识到中国需要有一套字母。字母形式在中国经过了一再变化。民国初年创造民族形式的“注音字母”。后来兼用国际形式的“国语罗马字”。最后中国大陆对内对外统一使用“拼音字母”，台湾仍旧使用“注音字母”，改称“注音符号”。不论字母形式如何变化，使中国人认识到必须有一套字母以补汉字之不足，首先的创议者是卢戆章。

卢戆章所以能提出这个划时代的创意，是受了历史和地缘两个条件的刺激。他创意切音新字的时候，是在鸦片战争之后，中日战争一触即发的年代。这时候，国事动荡，人心震撼，使他“思入风云变态中”。这是历史条件给了他刺激。他的家乡厦门是当时中外往来的一个重要门户、中西文化交流的前沿地区。他接触到了厦门白话字，但是不满意外国传教士的越俎代庖。他学习过英文和日文，先后到过新加坡和我国台湾地区。他有条件比较中文和外文的异同和优劣。比较是革新的催化剂。这是促进他“思入风云”的地缘条件。他是科举考试的失败者，正是由于他没有坠入故纸堆里，所以他能够提出革新的创意。

难能可贵的是他认识到了当时很少人认识到的一个真理：文字不是一成不变的，而是因时代而变化的。这个“变”的哲学是他的指导思想。今天我们纪念卢戆章、学习卢戆章，最关键的一点就是要学习他的“变”的哲学。

《切音字运动开创者卢戆章》这本书，全面介绍了卢戆章的生平事迹和著述内容，以及后人对他的研究和评论。这是研究卢戆章和中国语文问题的一个可喜成果。作者许长安教授，长期从事汉语汉字和中国语文现代化的教学和研究，创见颇多，特别对中国语文现代化的历史有深入研究。本书是他这方面的又一力作。今天中国青年阅读这本书，可以了解过去语文运动的历史，展望未来语文工作的前景，扩大语文知识，扩展语文视野，对走向信息化时代，有学术的和实用的意义。

（一九九二年）

蔡元培：现代新教育的开创者

蔡元培先生（一八六八—一九四〇），清光绪十五年进士，一九〇五年参加同盟会，一九〇七年留学德国；一九一二年任中华民国临时政府教育总长，发表《对于教育方针之意见》，认为“忠君与共和政体不合，尊孔与信仰自由相违”。一九一六年任北京大学校长，使北大成为“五四运动”的发源地。他是跨越“大清帝国”和“中华民国”两个时代的新思想的桥梁，新教育的主帅，新文化的先驱。他对中国的贡献是多方面的，这里只谈他的“新语文”思想。

提倡国语和白话文

一九一九年开始的“五四运动”是中国思想史由古变今的转折点。它高举科学和民主的旗帜，清算封建的传统思想。这种新思潮酝酿于清末，这时候如怒涛澎湃，势不可当。新思潮的中心在当时的北京大学。蔡先生担任校长，罗致有新思想和新学识的学者，把北京大学建设成“百家争鸣、百花齐放”的大花园，轰轰烈烈地掀起了一场被称为“中国文艺复兴”的思想革命运动。日本的侵略是“五四运动”的催生剂，蔡先生是“五四运动”的接生婆。

把“文明古国”改造成“文明今国”，有千头万绪的工作要做。首要工作是实行现代化的教育，使愚昧无知的群氓，变成知识开明的人民，使人民自己来建设国家，而不是由官僚来包办国家。要实行现代化的教育，必须有现代化的语文作为工具。这就是“新语文”在“五四运动”中占先行地位的道理。

一国人民，如果语言彼此不通，那是一盘散沙，不是一个现代国家。没有共同的语言，无法实行全民的义务教育。国语的建立和普及是国家意识形成的第一步。国语以北京语音为标准音，这是到一九二四年才定卜来的。在这以前，国语以什么为标准，众说纷纭。

蔡先生认为，国语不能在各种方言中选取一种，只能以接近书面语的语言作为标准。他说：“用哪一种语言作国语？有人主张北京话，但北京也有许多土话，不是大多数都通行的。有主张用汉口话的（章太炎）。有主张用河南话的，说洛阳是全国的中心点。有主张用南京话的，说是现在的普通话就是南京话；俗语有‘蓝青官话’的成语，蓝青就是南京。也有主张用广东话的，说是广东话声音比较的多。”“国语的标准决不能指定一种方言，还是用吴稚晖先生‘近文的语’作标准，是妥当一点。”（《在国语传习所的演说词》）

当时“读音统一会”采取每省一票、多数决定的办法，审定汉字的读音。这种被称为“老国音”的人为标准，在试用以后，觉得很不方便，终于改用以北京语音为标准音，被称为“新国音”。不过，发音取北京语音，而词汇不取北京土话，这就是所谓“近文的语”。

说话要说“近文的语”，文章要写“近语的文”，这就是“言文一致”。拉丁文是西洋的死语言。文言是中国的死语言。这都不是实用的语言。蔡先生说：“西人常称中学校中之希腊、拉丁为死语，以其不通行于今人之喉舌也。吾国之所谓国文，其与普通语之接近，尚不及拉丁语与英、法等语之密切。故吾人之学国文，本已难于西人之学死语矣。而西人之学死语也，仍以治活语之法治之，有适当之读本及文法，有适当之教授法，如解剖尸体而佐以种种之图说，尚不难于领悟。若吾人之治国文，则教者之所授，学者之所诵，模范文若干首已耳。”“学者不知其所以然、而泛泛然模仿之，教育亦不知其所以然，而泛泛然评改之，直如取埃及木乃伊而相与为表面之赏鉴，又奚怪乎中学毕业而国文尚在似通非通之境也。”（《中学国文科教授之商榷序》）这里把“文言”的“死语”性质，说得形象而透彻。这种议论在当时是“晴天霹雳”。

蔡先生明白提出，提倡白话文是“文体改革”。他说：“窃维吾国今日欲图教育之普及，必自改良教科书始。欲改良教科书，必自改革今日教科书之文体，而专用寻常语言入文始。”“夫教育不普及，语言不统一，实吾国今日之大患。”（《发起国语研究会请立案呈》）

他又说：“国文的问题，最重要的就是白话和文言的竞争。我想将来白话派一定占优胜的。白话是用今人的话来传达今人的意思，是直接的。文言是用古人的话来传达今人的意思，是间接的。间接的传达，写的人与读的人都要费一番翻译的工夫，这是何苦来？”他认为，全国人民学习文言是极大的浪费。“我们偶然看见几个留学外国的人，写给本国人的信用外国文，觉得很好笑。要是写给今人看的，偏用古人的话，不觉得好笑么？”“从前的人，除了国文，可算是没有别的功课。”“现在应学的科学很多了，要是不把学国文的时间腾出来，怎么来得及呢？而且从前学国文的人是少数，多费一点时间，还不要紧。现在要全国的人都能读能写，哪能叫人人都费这许多时间呢？”（《国文之将来》）

他把中国跟外国相比。欧洲的文体改革比中国早三百年，日本比中国早一百年。“欧洲十六世纪以前，写的读的都是拉丁文。后来学问的内容复杂了，文化的范围扩张了，没有许多时间来模仿古人的话，渐渐都用本国文了。他们的中学校，本来用希腊文、拉丁文作主要科目的。后来创设了一种中学，不用希腊文。后来又创设了一种中学，不用拉丁文了。日本维新的初年，出版的书多用汉文（汉语文言）。到近来，几乎没有不是言文一致的。”（同上）

蔡先生批驳反对白话文的意见：一种是“文言简短说”。蔡先生说：“有人说，文言比白话有一种长处，就是简短，可以省写读的时间。但是脑子里翻译的时间，可以不算么？”另一种是“白话分裂国家说”。蔡先生说：“有人说，文言是统一中国的利器，换了白话，就怕各地方用他本地的话，中国就分裂了。但是提倡白话的人，是要大家公用一种普通话，借着写的白话来统一各地方的话，并且用‘读音统一会’所定的注音字母来帮助他，哪里会分裂呢？要说是靠文言来统一中国，那

些大多数不通文言的人，岂不摒斥在统一以外么？”（同上）

白话文运动，由于胡适等人提出“文学革命”的有力号召，成为“五四运动”的旋风中心。蔡元培说：“为什么改革思想，一定要牵涉到文学上？因为文学是传导思想的工具。”（《中国新文学大系总序》）

当时对白话能否写“美术文”，有争论。蔡先生的主张是：“美术文大约可分为诗歌、小说、剧本三类。小说从元朝起，多用白话。剧本，元时也有用白话的。现在新流行的白话剧，更不必说了。诗歌，如《击壤集》等，古人也用白话。现在有几个人能做很好的白话诗，可以料到将来是统统可以用白话的。”（同上）但是，他主张不要废除文言的美术文，可以作随意科。“旧式的五七言律诗与骈文，音调铿锵、合乎调适的原则，对仗工整、合乎均齐的原则，在美术上不能说毫无价值。”“高等师范学校的国文，应当把白话文作为主要。至于文言的美术文，应当作为随意科，就不必人人都学了。”（同前）

在传声技术发达的今天，“言文一致”更是重要了。广播和电视都要求“放送语言”容易为群众听懂。文章不仅要叫人看得懂，还要叫人听得懂。文章口语化，语言规范化，是文化发达国家共同的语文原则。

提倡注音符号和拉丁化

汉字在三千年间，积累到将近六万之多，可是缺少一套字母。一九一八年公布“注音字母”（后改称“注音符号”），是我国文字史进入现代的开始。在注音符号尚未规定以前，蔡元培提出如下的意见：

"我个人意见，国音标记，最好是两种方法：一是完全革新的，就是用拉丁字母；一是为接近古音起见，用形声字的偏旁（声旁）。"（《汉字改革说》）他说明，用拉丁字母的理由是：一、便于旁行（横写）；二、便于夹入西文；三、"国文拼音的字母与西文相同，学西文就容易得多"；四、可以利用英法的打字机。（同上）

汉语的拉丁字母拼写法，一向流行英国人设计的"威妥玛式"。一九二八年南京政府大学院（教育部）公布"国语罗马字"，这是有史以来第一次正式采用西方的罗马字母作为中国的法定字母。这件事是当时担任大学院院长的蔡元培的大胆行动。

他在晚年，积极支持"拉丁化新文字"运动。一九三六年日本全面侵华的前夕，他在有六百三十人签名的"我们对于推行新文字的意见"上，领衔具名。其中说："新文字好比是飞机；坐上新文字的飞机来传布民族自救的教育的时候，就可以知道新文字不但不阻碍中国的统一，而且确有力量帮助唤起大众挽救我们垂危的祖国。"

他对汉字的查字法也极为关心。他表扬了林语堂和王云五的查字法。他说："甚矣，检字之难也！""林君玉（语）堂有鉴于是，乃以西文之例，应用于华文之点画，而有汉字索引之创制。其明白简易，遂与西字之用字母相等；而检阅之速，亦与西文相等。苟以之应用于字典、辞书及图书、名姓之记录，其足以节省吾人检字之时间，而增诸求学与治事者，其功效何可量耶？"（《汉字索引制序》）他又说："完全抛弃字原的关系，纯从楷书的笔画上分析，作根本改革，始于愿学华文的西人。中国人创设这一类方法的，我所知道，自林玉（语）堂先生始。”“最近见到的，就是王云五先生这种四角号码检字法，真是巧妙极了。而最难得的，是与他自己预定的原则，都能丝丝入扣。”(《四角号码检字法序》)

他主张用当时新公布的“注音字母”来音译外来词。他说：“现在先可应用在译名上。欧文的固有名词，向来用旧字译的，很繁很不划一，若照日本人用假名译西音的办法，规定用国音某字母代西文某字母，是最便当不过的了。”(《在国语传习所演说词》)日本音译外来词完全用片假名，省去意译之烦，实现译名国际化，这就是蔡先生提倡模仿的。蔡先生的新教育和新语文都是从实用出发的。他的创意，在不重视实用和效率的中国，有划时代的意义，到今天仍旧没有过时。

提倡“世界语”

国家需要国家共同语，世界需要国际共同语。在航空发达、地球缩小的现时代，这是迫切的需要。蔡先生引导中国从旧时代进入新时代，他不仅有国家观念，而且有世界观念，他不以提倡国家共同语为满足，时时不忘提倡国际共同语，使中国走向世界。

蔡先生说：“语言者，思想之媒介”；“媒介物愈近于大同，则其媒介之价值愈大。”“人类进化，一切事业学问道德，无不与全世界有关系，因而感仍用自然语言之障碍。”“适英者必先习英语，适俄者必先习俄语，欲周游世界，则至少必先习数国语，或携译人。”“同一内容，而以媒介不同之故，使全世界人类，因而耗费其时间精力于无用者，不知凡几。”“然则国际通用语之必要，彰彰可知。”

国际共同语从何而来呢？他认为，不能用某一国的自然语言，只能用人造语，也就是柴门霍夫所创造的“世界语”。他说：“使取今世界流行最广之语言，如英语、法语等，择其一以为国际通用语可乎？曰不可。地界未泯，人各自私。如吾辈言同一国语，然主张北京语，则南人反对之；主张南方语，则北人反对之。国际通用语亦然，用英语则必受法、德等国之反对，用法语则必受俄、英诸国之反对。故必以不偏于一国或一民族者为断。”

他的理想是，大学以“世界语”为主要语言，翻译各国重要著作。这样，可以节省学习多种不同外国语的精力。他说：“我国教育界之困难，莫过于专门学问，须用外国语教授，且不能专用一国语，如理工医可用德文，而法科须用法文，商科必用英文，因而牵动学校系统。”如果“世界语翻译之书，各国最有名的科学哲学等书，大略完备”，“能以世界语介绍各国现今最新之学说，则我国专门教育，将不妨以世界语为主语，而以英、法、德各国语，供参考之用”。（《在世界语学会欢迎会上演说词》）

一九一二年蔡先生到檀香山，出席“太平洋各国教育会议”，向会议提出：全世界的小学生都学“世界语”。他说，国际间“为解脱误会，达到相互友善的目的，必要给他一种传达好意的工具，就是给他一种公共的语言，这是教育家的责任”。“我愿意建议，由本会劝告与会诸国，于小学校中十岁以上的学生，均教授世界语，并用世界语翻译各国书籍。”在许多其他场合，他也一再提倡“世界语”。他是以“国际教育家”的眼光在东方提倡“世界语”的先进人物。(《小学教育采用公共副语议》)

二次大战以后，国际语言生活有新的发展。虽然“世界语”不断扩大传播，可是英语已经成了事实上的“国际共同语”。联合国有六种工作语言（英、法、西、俄、中、阿），没有用“世界语”。在国际政治会议上、国际贸易上、科学技术上，“世界语”也还没有取得重要地位。实践证明，语言是可以人造的，人造语是最有规则、最容易学习的语言，但是，人造语的活动力远不如自然语言强。这种新的发展，当然是蔡先生生前所无法预料到的。但是，蔡先生主张全世界需要一种“公共的语言”，这个远大的目标已经基本上达到了。

欧洲的文艺复兴是欧洲现代化的开端，中国的“五四运动”是中国现代化的开端。“五四运动”的历史任务还要继续完成。作为“五四运动”的一个方面的“语文现代化运动”，包括切音字运动、国语运动、白话文运动、拉丁（罗马）化运动、汉字简化运动、少数民族语文运动，也要继续完成。蔡元培先生希望建设一个民主和科学的新中国的崇高理想，在中国历史上，将永放光明！

（引文均见高平叔编《蔡元培语言及文学论著》，河北人民出版社印行）附注：蔡元培先生是我的丈人张冀牖先生的朋友。冀牖先生在苏州创办乐益女子中学，办学方针得到蔡先生的指点。蔡先生住在苏州的时候，我见到蔡先生一面。

（《百科知识》，一九八九年五四纪念号）

瞿秋白：中文拉丁化的创导人

新时代的先驱者

瞿秋白先生（一八九九—一九三五）是新时代的先驱者，他为推进时代而牺牲了他的宝贵生命。他一生在多方面做出了贡献，提倡中文拉丁化是他的贡献之一。

清末一八九二年卢戆章出版《一目了然初阶》（切音新字厦腔）以来，中文拼音化运动经历了五个高潮：

（一）一九〇〇年王照创制“官话字母”，推行十年，传习至十三省境。字母是汉字的简化偏旁，声韵双拼，拼写官话用六十二个字母。

（二）辛亥革命以后，一九一三年读音统一会制订“注音字母”，一九一八年由北洋政府教育部公布，在全国小学推行四十年（今天台湾还在推行）。字母是简化的古汉字，声介韵三拼，拼写国语用三十七个字母。

（三）一九二六年国语统一筹备会发表《国语罗马字拼音

法式》，一九二八年由南京政府大学院（教育部）公布，作为注音字母第二式，在字典注音等场合应用，没有在小学推行。一九八六年台湾加以修订，改称《注音符号第二式》。

（四）一九二九年瞿秋白先生在苏联起草《中国拉丁化的字母》，经苏联共产主义学院中国问题研究院及苏联科学院东方研究院修订，一九三一年由苏联新字母中央委员会批准，称为“北方话拉丁化新文字”（北拉），在留苏华侨中推行。一九三三年传来中国，形成一个群众性的拉丁化新文字运动。

（五）一九五八年全国人民代表大会批准公布中国文字改革委员会制订的《汉语拼音方案》，在全国小学（除台湾）推行，代替从前的各种方案。

以上五个高潮可以分为两个时期：汉字式字母时期和拉丁（罗马）化时期。在拉丁化时期中，瞿秋白先生是中间高潮的关键人物，有承前启后的历史作用。

瞿先生在一九二九年十月十日写成《中国拉丁化的字母》（以下简称《字母》），一九三〇年在莫斯科印成册子。内容如下：一、中国拉丁化的字母（汉字书写）；二、同上（新文字书写）；三、同上（俄文翻译）；四、文章样品之一（新文字书写）；五、同上（汉字译文）；六、文章样品之二（新文字书写）；七、同上（汉字译文）；八、新拉丁化字母的一览表；九、汉字拼音表。内容跟吴玉章先生《新文字和新文字运动》中所介绍的略有不同。

后来，萧三先生主编《拉丁化中国文字拼音和写法参考书》（以下简称《参考书》）。参加编辑的有苏联人龙果夫、赖和德（莱希特）、史萍青、马松，由苏联新字母中央委员会印行。书中说明了瞿先生的中文拉丁化思想。

瞿先生的著作很多，以上是有关他的拉丁化主张的主要文献。

瞿秋白先生的语言观

苏联的语言政策可以分为前后两个时期。前一时期，革命群众反对沙皇的俄语同化政策，各民族要求语言平等，发展各自的民族语文。后一时期（大致三十年代中期以后），在少数民族中发展大学教育，俄语又成为全国通用的教育语言。斯大林在一九五〇年说，语言没有阶级性。这虽然不涉及俄语和少数民族的关系，可是事实上间接鼓励了少数民族学习俄语。

瞿先生生活在前一时期，受了苏联群众反对俄语同化政策的影响，提出反对用“国语”统一中国各民族的语言的主张。他说，“国语的名称本来是不通的”，“指定统治民族的语言为国语，去同化异族”，“是压迫弱小民族”。（《鬼门关外的战争》）

苏联第一次拉丁化中国字代表大会的决议案（以下简称“决议案”）中说，“代表大会绝对反对中国资产阶级的国语统一运动，认为这是最反动的、违反列宁民族政策一切原则的运动。列宁指出，国语是所有资产阶级的民族主义者为民族压迫而利用的一根鞭子。大会认为采用中国的一种方言作为全国的标准语，是不可以的。”（《参考书》）

不少语言学者认为，彼此不能听懂就是不同的语言而不是不同的方言。按照这个标准，汉语各大方言可以认为是不同的语言。

瞿先生说："现在中国已经有一种普通话，可以做一般的标准，暂时用来作公用的文字。"(《字母》)"所谓国语，我只承认是中国的普通话的意思。"(《鬼门关外的战争》)

"普通话"这个名称在清朝"南北行商"中间早就流行。他们说："我们不会打官话，只会说普通话。"这是彼此大致能够听懂的，但是没有严格标准的"蓝青官话"。一九五五年全国文字改革会议把"国语"改称"普通话"，这显然是受了瞿先生的影响。不过，这时候，"普普通通"的普通话变成了有严格定义的普通话，就是，以北方话为基础方言、以北京语音为标准音的汉民族共同语。

一九八二年新宪法规定"国家推广全国通用的普通话"。"汉民族"共同语成为"全国通用"的共同语，实际就是"国语"。这跟瞿先生所主张的普通话，越来越不同了。五十年代以来，中国各少数民族的语文得到了前所未有的研究和发展。在进一步提高文化的趋势下，需要提倡在自愿原则下学习全国通用的共同语，实行方言和共同语，或者民族语和共同语，二者并用的双语言教育。

瞿秋白先生的文字观

苏联的文字政策也可以分为前后两个时期。前期是拉丁（罗马）化时期，后期是斯拉夫（俄文）化时期。在前期（主要在一九二一—一九三二年），苏联各少数民族纷纷制订各自的拉丁化新文字，俄文也一度考虑改为拉丁字母。列宁热烈支持这个运动。他说，“拉丁化是东方的伟大革命。”这句话是列宁给苏联新字母中央委员会的信中说的，苏联对外文化协会给国际联盟的报告《苏联的文字拉丁化发展概述》中郑重地引了这句名言（中文译本见文改出版社《外国文字改革经验介绍》）。在后期（主要在一九三六—一九四〇年），苏联各少数民族奉命悄悄地把拉丁化新文字改为斯拉夫字母。较晚出版的《列宁全集》中完全删去了列宁鼓励拉丁化的言论。

中国在五十年代制订汉语拼音方案的时候，苏联的要人们也曾经非正式地劝中国采用斯拉夫字母。中国经过一段时期摇摆于民族形式字母和拉丁字母之后，终于采用了拉丁字母。瞿先生主张全用拉丁字母、不造新字母，这是国语罗马字、拉丁化新文字和汉语拼音方案的共同原则。

瞿先生的“制造几种文字”的主张，成为拉丁化新文字运动的特点之一。苏联的“决议案”中说，“中国的方言至少分为五种”，“各地方方言，应有其自己独立的文字，以便这些地方用土著言语，自由地发展文化”。新文字运动者在三十年代拟订了多种方言新文字，可是群众喜欢学习的是“北拉”（北方话拉丁化新文字）。

十九世纪的教会罗马字都用方言，推行了半个世纪以后，终于消歇了。学文化究竟从方言入手好呢，还是从共同语入手好呢？这在清末官话字母高潮中也发生过争论。可是，五十年代制订汉语拼音方案时候不再有争论了。两千年前的“书同文”政策，已经发展成为新时代的“语同音”政策了。

有些拉丁化运动者认为，即使语言没有阶级性，文字是有阶级性的；即使文字也没有阶级性，文字改革是有阶级性的。

瞿先生说，“反对废除汉字，其实是绅士阶级的成见，他们靠着汉字可以独占知识，压迫平民群众”（《字母》）。苏联的“决议案”中说，“汉字是古代封建社会的产物，是中国统治阶级压迫劳苦群众的工具之一”；“我们要根本铲除象形文字，以拼音文字代替它”（《参考书》）。听了这些话以后，再听鲁迅先生说的“汉字不灭，中国必亡”，就不会惊奇了。从十月革命以后的废除汉字主张，到“文化大革命”以后的歌颂汉字功德，中国的语文思潮经过了巨大的翻滚。事实是，恨它也好，爱它也好，根深蒂固的汉字不可能废除。现在的文改政策是推行拼音而不废汉字，以拼音帮助汉字，事实是“两条腿走路”，可是“两条腿走路”这句话是犯忌的。

瞿先生认为，声调“在实用上不过是音调的变化，和外国文里的重音有些相同”，“用不着把那种很微细的分别表示在拼音上”（《字母》）。国语罗马字有复杂的字母拼调法，过分突出声调。拉丁化新文字完全不标声调，过分忽略声调。汉语拼音方案折中于二者之间，采用注音字母的标调符号。台湾修订国语罗马字，也去掉字母拼调法而采用标调符号，跟汉语拼音方案接近。声调问题在半个世纪中间经过了“正反合”的辩证的认识变化。

革命是发展社会的科学实验。实验可以失败，可以成功。要从失败中吸取教训，不墨守教条。要在成功中找寻错误，不冲昏头脑。瞿秋白先生过早地为革命而牺牲了。可是他的科学实验的革命精神将长留人间。他昂然站立在历史的急流中，是新时代的先驱者。

附录：瞿秋白方案和三种方案的比较

瞿　案　b p m f d t n l g k h gi ki hi zh ch sh j h z c s a o e i u y

北　拉　b p m f d t n l g k x gi ki xi xh ch sh t h z c s a o e i u y

国　罗　b p m f d t n l g k h ji chi shi j ch sh tz ts s a o e i u iu

汉　拼　b p m f d t n l g k h j q x zh ch sh r z c s a o e i u ü

注：一九八五年在瞿秋白家乡常州市举行“瞿秋白学术讨论会”，本文是作者参加该会议的论文，发表于河南信阳师范学院《语文知识》一九八五年第四、五、六期。

黎锦熙：语文现代化的先驱

黎锦熙先生（一八九〇—一九七八）是现代语言学界受人尊敬的老前辈，同时是语文现代化运动的先驱和导师。他在语言学方面有许多贡献。他与众不同的地方是，他不仅重视语言学理论的研究，更加重视人民语言生活的现代化，认为这是整个国家现代化的必要条件。

我国学术，向来重古轻今，重论轻用。黎先生是古今并重，论用兼顾。在国难当前的时期，他更积极于改革语文，启迪民智，身体力行，鞠躬尽瘁。他所倡导的，有的成功了，有的没有成功。没有成功的，将来一定会成功。因为他所倡导的是符合历史发展方向的，也是先进国家已经走过的成功道路。这里略谈一二，以纪念黎先生的百岁生辰。

从北洋政府时代到南京政府时代，黎先生持之以恒地为推广“注音符号”（原称“注音字母”）奔走呼号，遇到许多困难而百折不挠。经验告诉他，困难的原因之一是缺少一套“注音字模”。于是他排除万难，呼吁制造“注音字模”。

一九三四年他发表的《建设的大众语文学》论文中说："二十年来，国语界的人全都忽略了一件'很小很小的大事'，就是差一套汉字带注音的铅字铜模。"一九三五年他向"国语统一筹备委员会"提出提案，要求铸造"注音汉字印刷字模"。其中说："注音字母自一九一三年议定、一九一八年公布推行以来，为时则已经过念载之久，为效乃未及于一廛之氓。揆厥原因，主要是排版校字，须加五倍之工资。观于日本，人人读报，小如六号汉字，亦能旁注假名。可知注音字母之推行，必使固定联系于汉字，则属稿时既省逐字注音之劳，排字者更获一举兼得之效，印刷若早有此准备，推行何至成为空谈？"

这个建议后来获得实行：一九三五年开工，一九三六年三号字模铸成，一九三七年二号和五号字模也铸成，可是一九三七年"七七"事变发生，辛辛苦苦做成的注音字模，陷入日本占领区，希望又化成泡影。

黎先生未能看到他的倡议成为事实。在他身后，台湾实行了他的主张：《国语日报》和许多注音读物都利用注音字模，经常出版，大量销售。台湾是中国第一个普及国语的省份，在这里部分地实现了黎先生的理想。

大陆在二十世纪五十年代掀起一个"大家来说普通话"的高潮，不久就否定知识、轻视教育、停止推普。但是近年重新认识了知识和教育的必要性。中文电脑登上日程，利用电脑已经可能做到给汉字文章自动分词、注音、标调，打出拼音和汉字对照的文本来。这跟注音字模的目的相同，而技术从手工业发展到电脑化了。黎先生说，注音汉字的妙用是："属稿时不须注音，排字时不排注音，校对时不校注音”，“校印时不添成本，阅读时各尽所能，写作时各取所需。”（《文字改革论丛》）电脑已经实现了并且超过了黎先生的希望。黎先生可以含笑于泉下了。

“国语罗马字”公布以后，黎先生潜心于研究国语罗马字问题。他的杰出贡献之一是提出“词类连书”的理论。他在一九三二年《国语月刊》的“汉字改革号”上发表《汉字革命军前进的一条大路》。其中说：罗马字必须“词类连书”；“语言中的单位乃是语词”；“语词大多数是双音构成的”，“‘词类连书’”是拼音化的一条大路”。这篇文章可以看作是“语词”的发现宣言书！

黎先生又说：“汉语决不是单音语”，“汉字却不理会它，偏要把无穷的形体，来表示有限的单音。”汉字文章既不分词，又不连写；学习汉字，养成“文白不分、以字为词”的习惯，忘记了活的语言以“词”为表意单位的事实。“词类连书”摆脱汉字的迷惑，恢复汉语的词感。这不仅是拼音化的一大发现，也是汉语教学的一大进步。知“字”而不知“词”，是我国语言生活现代化的一大障碍，黎先生是第一位铲除这个障碍的先驱和导师。

在一九三四年国语会的“规定极详备的《词类连书条例》案”中，钱玄同先生说：“黎锦熙先生对于词类连书已经有十多年的尝试，经验宏富，可以请他担任此事。”黎先生在《国语运动史纲》中说：“词类连书，在民九国语会已有规定。近来以山东《民众教育月刊》和《民众周刊》的贡献为最多，尤以最近萧迪忱《怎样连写复音语词》一文为能荟萃众说，折中分合，确定条例；且《民众周刊》自身即已实行，而山东《民众报》和定县中华平民教育促进会新出版的平民读物，则连汉字带注音都排成了词类连书的形式。这事在国语罗马字方面更为重要，因为汉字已经有方块儿的字形，而国罗就专靠这写定的'词形'为字形。近来用国罗写文章的人最感到彷徨的，一是声调如何拼法，一是词类怎样连书。声调已有'国音常用字汇'可查，词类则尚待国语标准词汇为据。"

在黎先生的理论指引下，二十世纪五十年代以后对"词形"问题继续进行研究。认识在发展，术语跟着更改，"正字法"改说"正词法"，"词类连书"改说"词儿连写"，又改说"分词连写"。《汉语拼音正词法基本规则》的发表，体现了黎先生《词类连书条例》的倡导。《汉语拼音词汇》的出版，以及《汉语拼音正词法词汇》的准备，可以看作是黎先生"国语标准词汇"倡议的实行。在语文现代化运动中，黎先生的开创性理论永远是后辈的指路明灯。

语文现代化运动开始于清朝末年，先后包括国语运动、白话文运动、拼音化运动、汉字简化运动、民族语文运动等。各时期有各时期的侧重点，并且受各时期的时局影响，波涛起伏、进退无常。

黎先生说，从一九二四到一九三一短短八年间，"政治潮流，波谲云涌，国语运动，随环境而异其方式"，每两年多即成一小段落，构成啼笑皆非的"四步曲"：

（一）"蝗战"（一九二四——一九二六）：这时候，内战有钱，教育无钱，国语运动（包括新文学和新文化）奄奄一息；忽然来了一位反对国语的司法兼教育部长章士钊，他办的《甲寅杂志》以不收白话文为标榜，他做部长大张反对国语的气焰。当时反对国语的理由是：语体采俚词俗语，不及文言之能行远，文言简而能赅，非语体所能及；古书概用文言，习语体不能读古书；社会通行文言，习语体不适用于当前。白话和文言发生“螳臂当车”之战。苏浙皖三省的教师代表在无锡举行焚毁初级小学文言文教科书的仪式。北京教育部中少数国语派对多数读经派关于小学应否“读经”进行口头和笔头的斗争。

（二）“蛰伏”（一九二六——一九二八）：复古风大作，好些省区强迫读经、严禁白话，甚至兴复礼乐，行“投壶”古礼。国语运动者只能蛰伏自保，不声不响地做些具体工作：议定国语罗马字和修订国语标准音。

（三）“龙飞”（一九二八——一九三一）：情况好转，公布了国语罗马字；“注音字母”虽然改名为“注音符号”，可是继续推行，这也就算差强人意了。飞虽不高，也是“龙飞”！

（四）“龟走”（一九三一—— ）：历史的道路崎岖，不可“兔逸”，只宜“龟走”：黎先生做了一首“龟德颂”：“任重能背，道远不退，快快儿地慢慢走，不睡！”这是知识分子为国效劳的困难处境的写照。

国语运动的“四部曲”后来不断循环往复，直到今天依然在起落浮沉。黎先生有先见之明，早已看到，这是语文现代化的行进规律，也是中国现代化的行进规律。

（北京师范大学《纪念黎锦熙先生文集》）

黎锦熙先生和语文现代化

语文现代化开始于清朝末年。民国成立之后，运动的理论水平大为提高，具体措施逐步得到实现。这期间，黎锦熙先生（一八九〇——一九七八）发挥了先知先觉的先驱作用。

语文现代化的目标有四个方面：语言的共同化、文体的口语化、注音的字母化、文字的简便化。在这四个方面，黎先生都不断提出卓越的见解和具体的措施。

《黎锦熙先生年谱》（黎先生女公子黎泽渝编，载《黎锦熙语文教育论著选》）扼要地记载了黎先生的一生业绩。下面根据《年谱》，简略地温习一下黎先生的有首倡性的主要贡献。

关于语言的共同化，黎先生的主要贡献有：

一九一五年：应聘赴北京教育部编辑语文教科书，得到参与革新语文的机会。

一九一六年：发起成立国语研究会，宣传国语统一、言文一致。

一九一八年：促成教育部成立国语统一筹备会。

一九二六年：参加全国国语运动大会，发表重要演讲；始定以北京音为国语标准。

一九三二年，参加编辑出版《国音常用字汇》，这是第一本现代汉语注音字汇。

一九三四年：担任教育部国语推行委员会常务委员；出版《国语运动史纲》。

一九四四年：创办国语专修科，培养后来到台湾推行国语的骨干。

明清时代有“官话”，清末开始称“国语”。“官话”主要是官吏的行政语言，老百姓大都不学不用。官话缺乏严格的语音标准。“国语”要求有严格的语音标准，是沟通全国人民的国家共同语，是全民义务教育的教学媒介。从“官话”到“国语”，标志着时代的变革。黎先生对推行国语，从民国初年直至台湾光复，一再做出了积极的贡献。

关于文体的口语化，黎先生的主要贡献有：

一九一五年：提倡白话文，反对小学“读经”，提倡“国文科”改称“国语科”。

一九二〇年：促使教育部改定小学至初中“国文科”为“国语科”，小学教材取消“读经”；始创并讲授国语文法课，回击“新文学无新文法”的反对白话文的意见。

从“国文”到“国语”，一个字的改变，改变了我国“重文轻语”的传统，开始了“语言第一性、文字第二性”的科学认识。这一点，直至今天还有人不理解，甚至不接受。如果这一点都不明白，还有什么现代语言学，还有什么现代教育学呢？黎先生在这个问题上的创见，今天还需要认真学习。

白话文运动在“五四”之后较早得到成功，所以二十世纪五十年代的“当前文改任务”不再提这一方面。可是“半文半白、不文不白”的文章今天到处可见，有人甚至以为“带点文气”才算文雅。“言文”能否“一致”、应否“一致”，似乎还是一个疑问。黎先生的“言文一致”思想，对今天进入“信息化”时代，依旧是指路明灯。

关于注音的字母化，黎先生的主要贡献有：

一九一八年：促成教育部公布一九一三年拟订的“注音字母”（后称“注音符号”）。

一九二三年：参加拟订“国语罗马字”；在《国语月刊》（汉字改革号）发表《汉字革命军前进的一条大路》，提出“词类连书”原则。

一九二六年：国语会通过并发表“国语罗马字”。

一九二八年：大学院（教育部）公布“国语罗马字”，编辑出版《国语罗马字模范读本》。

一九二五年：设计并由中华书局制成注音汉字铜模，提倡大量出版注音读物。

一九三六年：编辑出版《国语辞典》，实行按音序排列词条。

“注音字母”是中国有史以来第一套法定的汉语字母。从此结束了笨拙不堪的“反切”注音。黎先生对推行“注音字母”真是不遗余力。有人说，黎先生以教授身份而去推行“注音字母”是大材小用。殊不知，黎先生重视知识的普及，不以身居象牙之塔为满足，这正是黎先生的过人之处。黎先生率先提出“词类连书”（现称“分词连写”）原则，这对今天拼音的应用有非常重要的意义。例如：在电脑上输入拼音、自动变成汉字输出，必须实行“分词连写”。又如：电视上“新闻联播”的拼音，应当分为两个语词，不应当分为四个音节。不合规范的拼写法，要按照黎先生的原则予以改正。

黎先生提倡的“注音铜模”，在大陆未能发挥作用，可是在台湾对出版《国语日报》和大众读物的全部注音，发挥了巨大作用。日本战前也利用假名的全部注音，普及了国语和扫除了文盲。

《国语字典》按“注音字母”顺序排列，开创了字母音序技术。近年来《现代汉语词典》《中国大百科全书》等辞书都按“拼音字母”顺序排列，是字母音序技术的延续。字母音序技术是信息检索的必要条件。

关于文字的简便化，黎先生的主要贡献有：

一九三一年：与钱玄同等向国语统一筹备会提出“简省现行汉字笔画案”。

一九三二年：在《国音常用字汇》中收入几百个简化字，以示提倡。

一九三五年：参与选定《第一批简体字表》；发表《简体字之原则及推行办法》。

黎先生等提出的汉字简化建议，在三十四年之后终于成为事实。一九五六年的《汉字简化方案》已经在中国大陆的教科书、报纸和一般出版物上普遍推行。

黎先生一生为语文现代化而奋斗，各项主张已经基本上得到实现。黎先生的许多创见，在信息化的今天，有更加重要的现实意义。黎先生是语文现代化的先知先觉！

（一九九八年五月二十六日）

胡愈之引导一代青年

今年（一九九六年）是胡愈之先生诞辰一百周年。这一百年间，中国历史充满着变乱和苦难。在二十世纪的二十年代，中国的青年们面对国家危亡而心情愤激。可是，中国往何处去？青年们在思想上找不到出路，万分苦闷。愈老是引导当时青年们走出思想苦闷的一位影响极大的思想家。我是当时受到愈老启发的青年之一。

高瞻远瞩

那时候，愈老在《东方杂志》《世界知识》等刊物上发表一系列关于世界时事的评论文章，使当时的青年们知道了中国和世界的关系。他高瞻远瞩，从世界看中国，不是从中国看中国，指出中国在当时世界中的地位和中国问题的关键所在。青年们原来也知道一些世界情况，但是知识是零碎的，认识是模糊的，不能联系实际看到大局的动向。愈老的文章有如一服清醒剂，唤醒了青年们，把他们的零碎知识联系起来，成为观察世界形势的综合理解。青年们从此恍然大悟，初次看到了自己的立脚点和奋斗的道路。

三十年代初期，我和同辈青年们读到了愈老的《莫斯科印象记》。这是一本薄薄的小册子，可是它的影响之大，无与伦比。读过这本小册子的青年们都受到了电一般的感染，在可望而不可即的社会主义理想中，看到了具体的现实。当时作为社会主义革命中心的莫斯科，在愈老的笔下，放射出了希望的曙光。这本小册子在许多新思想读物中独放异彩，使一代青年产生强烈的心向往之的情绪。

“爱斯不难读”

当时，许多青年自学“世界语”（Esperanto“爱斯不难读”）。我也是热心自学的一个。世界语原来是和平主义的语言技能。读了愈老的《莫斯科印象记》才知道，它还是革命的武器。当时苏联提倡世界语，愈老就是利用世界语在莫斯科进行活动的。许多人自学世界语，是受了愈老《莫斯科印象记》的影响。后来，苏联放弃了世界语，可是愈老在“文化大革命”之后仍旧提倡世界语。愈老认为，世界语作为一种国际辅助语，有多方面的作用，不因为英语的流行而失去意义。

“手头字”

一九三五年，上海文化界自动推行“手头字”。发起人中有蔡元培、郭沫若、陶行知、巴金、老舍、叶籁士、愈老等二百多人，而愈老是积极分子。缘起说："我们日常有许多便当的字，手头上大家都这么写，可是书本上并不这么印，识一个字须得认两种以上的形体，何等不便。"当时有《论语》《太白》《世界知识》《译文》等十多种刊物自动使用三百个"手头字"。这些刊物，有的是愈老所主持，有的是愈老所赞助。

愈老曾经提倡"写别字"，有人批评他走极端。其实，"写别字"对初学文字的人来说，是不可避免的；初学文字的人实际是依靠"写别字"才能写信、写条子的。"写别字"就是"同音假借"。"同音假借"的结果是产生"音节文字"。日本的"假名"就是这样产生的，它使日文青出于蓝。

二十世纪二十年代，山西和陕西某些钱庄，在总店和分店之间的通信中，用"同音假借"书写本地土话，成为保密的通信方法，自己人一看便知，外地人难于看懂。这是"同音假借"的一种实际应用。八十年代张毕雷先生设计一套"直音汉字"，这就是同音假借的"音节汉字"，对统一"直音"用字和统一音译外国人名地名有实际作用。

"大众语"

在五四白话文运动之后，愈老等在三十年代又提倡"大众语"运动。"大众语"运动，在消极方面是反对当时的"文言复兴"，在积极方面是提高白话文的水平。当时有一批国粹主义者再次提倡"尊孔读经"，这引起新文化运动者的反击。同时，白话文本身出现了不健康现象，变成半文半白的“语录体”或者“新文言”，不符合文体口语化的要求，违背了文学革命的宗旨。什么是“大众语”呢？陈望道先生说，大众语是“大众说得出、听得懂、写得顺手、看得明白”的书面语。愈老说，大众语是“代表大众意识的语言”。前者说明大众语的正确形式，后者说明大众语的正确内容。“大众语”运动把五四白话文运动推向新高潮。

文字改革

一九五五年成立中国文字改革委员会，愈老担任副主任，领导具体工作。作为一九五五年举行全国文字改革会议的前奏，愈老开始大规模试行“汉字横排”，便利在汉字中书写阿拉伯数字和数学公式。在《光明日报》试行成功以后，第二年推广到全国的报纸、杂志、教科书和一般书籍。愈老在《光明日报》上写社论说：“习惯是可以改变的。”这句话是多么重要！“五四”以来提倡的汉字横排，到此基本实现。

一九五六年公布的《汉字简化方案》是在愈老的具体领导下进行的。这个方案简化了五百一十五个汉字和五十四个偏旁。愈老对这些简化字和偏旁一个个作了仔细的推敲。一九六四年类推成为《简化字总表》，使三分之一的通用汉字得到简化。愈老认为，汉字简化是汉字的前进运动，是大众的需要，尤其是小学生的需要。作为现代汉字的法定规范，四十年来已经在十二亿人民中广泛通用，并由联合国正式采用。它使汉字向便学便用前进了一小步。

在一九五八年公布《汉语拼音方案》之前，拼音究竟作为辅助工具还是作为辅助文字，在政策上还没有确定。方案公布时候才确定是辅助工具而不是辅助文字。愈老对拼音的作用有全面的和长远的看法。他认为，拼音对中国的现代化有深远的作用，是当时三项文改工作（简化、推普、拼音）中的主要工作。在拼音草案发表之后，愈老让我负责编辑《汉语拼音词汇》，不仅作为拼写“字”的规范，更重要的是作为拼写“词”的规范。愈老请当时在上海养病的有名学者傅东华先生用通信方法帮我收集词条。这是愈老重视处于困境的傅先生的才华，同时重视《汉语拼音词汇》的意义。这件事成为“文化大革命”中批判愈老的一个题目。但是我认为愈老这样做符合中国传统道德，有利于发展文化，是正确的，值得钦佩。

冲破中世纪的黑暗

在十年浩劫的“文化大革命”之后，愈老给一九七九年高等院校文改教材协作会议送去书面发言。他说：“在西方，冲破中世纪的黑暗时代，首先是从文字改革开始的，这就是打破教会僧院所垄断的旧文字，创造和群众口头语相结合的民族新文字。这才产生了启蒙运动，产生了资本主义的产业革命。在中国，不可能有例外。”这句话有深刻的含义。它指出了语文发展跟社会发展的关系。这个历史发展的观点，是愈老许多创造性的重要见解之一，值得历史学者和语文工作者加以研究。

愈老的崇高学问几乎全部是自学得来。他的自学能力之强，悟性之高，透视之深，使人惊异，是青年们的楷模！

一九五五年全国文改会议之后，文改会要把我从上海调来，我说我对语言学是外行，调来改行不适合。愈老说 :“这是全新的工作，大家都是外行。”我于是服从调遣，终于改行。愈老常常在晚上来我家讨论文改问题和文化问题。我能在愈老的领导下工作，得到他的思想启发和人格感染，是莫大的幸运。

叶籁士：左翼语文运动的倡导者

新文化、新语文

叶籁士先生逝世了！一位为革新中国语文而奋斗终身的革命志士逝世了！中国语言学界和中国教育学界同声哀悼！

叶籁士先生在二十世纪二十年代从日本回国，胸怀革新中国语文的宏愿，在上海创办一个杂志，名叫《语文》，竖起“新语文”的旗帜，推动“新语文”的研究。这个杂志在当时异军突起，使人耳目一新，许多青年受到启发，投身于中国语文的革新事业。当时文艺界有“新文艺运动”，语文界有“新语文运动”，这都是左翼文化运动。叶籁士先生是当时“新语文运动”的最杰出的倡导者。

在朝气蓬勃、斗志昂扬的五十年代，叶籁士先生在吴玉章先生的领导下，筹组了有史以来第一个中国文字改革委员会，筹办了有史以来第一次全国文字改革会议。

一九五八年，周恩来总理作“当前文字改革的任务”的讲话，开辟了一个新语文的新时代，这是至今奉行的国家语文政策的庄严宣告。这个有历史意义的讲话，是在周总理的领导下，在胡乔木同志的指点下，由叶籁士先生夜以继日地主笔写成的。讲话提出的“简化汉字、推广普通话、制订和推行汉语拼音”三项任务，已经在叶籁士先生和一代新语文工作者的共同努力下，得到了前所未有的重大进展。

埋头苦干、任劳任怨

叶籁士先生的革命精神，不是以忙忙乱乱、东奔西走的热闹方式表现出来的，而是以埋头苦干、任劳任怨的默默奉献方式表现出来的。这种难能可贵的工作方式和奉献精神，使他能够在最短的时间内做出最多的成绩来。

叶籁士先生逝世后的第三天，电视台播出大学生利用放假期间到贫困地区访问小学校的镜头，观众看到“普通话、简化字、汉语拼音”三结合的语文教学新方法，已经在穷乡僻壤代替了“人之初、性本善”的传统教学方法。这说明叶籁士先生青年时代所怀抱的革新中国语文的宏愿已经基本上实现了。

叶籁士先生逝世前嘱咐不要举行任何追悼仪式。“普通话、简化字、汉语拼音”三结合的语文教学新方法从大城市推广到穷乡僻壤，这就是对叶籁士先生逝世的事实上的沉痛追悼和真诚告慰。一生积极促进中国语文现代化的叶籁士先生，可以在九泉之下永远含笑安息了。

（《文改之声》，第二十五期）

吴玉章和拉丁化运动

吴玉章（一八七八—一九六六）是一位德高望重的革命家。他在青年时期就油然萌发革命思想。中国的革命一次又一次失败，没有使他悲观失望，而是使他一步步提高对革命的认识。从赞成君主立宪，进而为主张民主革命，再进而为积极参加社会主义革命。吴玉章在革命的道路上是步步上升的。

一九二七年，吴玉章到苏联，投入当时苏联的拉丁化运动，推动中文的拉丁化。一九三一年和一九三二年两次在海参崴举办中国新文字代表大会，吴玉章做出了积极的贡献。大会通过《中国字拉丁化的原则和规则》，决议在留苏华侨中试用。一九三三年传到上海，形成中国的拉丁化新文字运动。

新中国成立初期，希望快速扫除文盲，提高大众文化。在速成识字法失败之后，把希望寄托在文字改革上。一九五五年召开全国文字改革会议，成立直属国务院的文字改革委员会，由吴玉章担任主任。

当时中国的文改运动分为注音字母运动、国语罗马字运动和拉丁化新文字运动。三组力量不能合作，甚至彼此抵消。吴老把三组力量团结起来，在文改会的委员中，在汉语拼音方案委员会的委员中，都有三方面的代表。团结就是力量，这样就发生前所未有的作用。

拉丁化是全球性的运动。早期拉丁化有罗马帝国和基督教的传播。近代拉丁化，在中国有鸦片战争之后的教会方言罗马字，在日本有明治维新之后的日语罗马字，而第一次世界大战之后土耳其拉丁化的成功，影响最大。土耳其是奥斯曼帝国的继承者。帝国在全盛时期横跨亚、非、欧三大洲，后来一次又一次因战败而缩小，到第一次世界大战之后，只剩下比较小的一块土地。土耳其重建国家，进行全面改革。在文化方面实行文字改革（一九二八年），把阿拉伯字母改成拉丁字母。土耳其拉丁化的成功，影响苏联境内使用阿拉伯字母的各个加盟共和国，掀起苏联少数民族的拉丁化运动。列宁说："拉丁化是东方伟大的革命。"

斯大林反对拉丁化，推行斯拉夫化，以迅雷不及掩耳的速度，把苏联境内多种拉丁化新文字一律改成俄文字母。列宁的名言"拉丁化是东方伟大的革命"在《列宁全集》中消失了。中文拉丁化运动从苏联传到上海不久，苏联就放弃拉丁化了，但是中国依然进行拉丁化，没有向苏联一边倒。

第二次世界大战之后，许多新独立国家创制新文字，无例外地都实行拉丁化。国际标准化组织（ISO）给每一种非拉丁化文字，都规定一种拉丁化的拼写法，方便文化交流。今天国际互联网上，拉丁字母已经占文字符号的千分之九百九十九。中国的汉语拼音方案（一九五八年），不是用来代替汉字而是用来帮助汉字，也是全球拉丁化运动的构成部分。《汉语拼音方案》在一九八二年成为国际标准（ISO-7098），联合国和世界各国普遍采用。在电脑上，拼音自动变换汉字的输入法，成为广泛应用的技术。

吴玉章倡导的文改事业，并非一帆风顺。科学是在尝试与错误中前进的，文改事业也是在尝试与错误中前进的。有错就改，不断完善，提高认识，继续前进。这就是我所体会的吴玉章的革命精神。

（上海《语言文字报》，二〇〇一年六月二十四日）

倪海曙：拉丁化运动的旗手

倪海曙先生（一九一八—一九八八）以毕生精力从事于文字改革。他的青年时代是拉丁化运动的高潮时期，他的老年时代是拉丁化运动的消沉时期，他的一生是拉丁化运动的化身。拉丁化运动曾经成为中国语文现代化运动的主流，倪先生是重要的积极带头人。

拉丁（罗马）化运动在中国有过三个高潮。第一个高潮是二十年代的国语罗马字运动，第二个高潮是三十年代的北方话拉丁化新文字运动，第三个高潮是五十年代的汉语拼音方案运动。第一个高潮时期，倪海曙先生年纪还小。第二个高潮时期，他一跃而成为拉丁化新文字运动的中坚分子。第三个高潮时期，他以丰富的经验在《汉语拼音方案》的制订和推行中发挥了指导作用。

北方话拉丁化新文字在一九三三年从苏联传来上海，因此有人认为"北拉"的群众运动是"赤化"。一九五五年成立的"汉语拼音方案委员会"，是由原先参加"国罗"的人、原先参加“北拉”的人，以及其他语言学者共同组成，并非偏于一方。《汉语拼音方案》的声母和韵母差不多一半相同于“国罗”，一半相同于“北拉”，而标调方法来自“注音字母”。可是由于这个方案是在中国共产党执政之下制订的，有人仍旧把它说成是“苏联货”。这个误会今天还遗留在某些人的心中。这是一大误会。有一次倪先生说，“历史就是误会”。

苏联在斯大林掌权以后，推行一律改用俄文字母的斯拉夫运动，甚至把列宁讲过的名言“拉丁化是东方伟大的革命”这句话也从《列宁全集》中删去了。“北拉”传到上海是在拉丁化运动在苏联悄悄停止的时候，从上海推广到全国成为一个群众运动是在苏联拉丁化运动完全熄灭以后。五十年代制订汉语拼音方案的时候，苏联要人几次来华劝说采用俄文字母。中国没有动摇。在字母形式问题上，汉语拼音方案没有向苏联一边倒，而是坚持了拉丁化方向。在今天拉丁字母成为实际上的国际通用字母的电脑时代，这个坚持的正确性更加清楚了。要知道，在这一坚持中，倪先生有他的功劳。

倪先生重视拉丁化的实践，他抓住两个关键环节，一个是扫除文盲，一个是小学语文教学。抗日战争时期，逃到上海的难民越来越多，其中多数是文盲。倪先生亲自对他们进行扫盲教育。他的辛勤工作，使许许多多难民，利用拉丁化新文字而学习了汉字，提高了文化，真是多快好省。他的实践受到当时儿童教育家陈鹤琴先生和其他教育家的高度评价。

用字母帮助学习汉字，开始于一千年前的日本。清末王照的“官话字母”用同样的方法取得可喜的成果。一九五九年山西万荣县利用“拼音字母”实行注音扫盲，成效卓著，被称为“扫盲红旗县”。“文化大革命”之后，黑龙江省三个试点小学实验“注音识字，提前读写”，取得优异的成绩。倪先生积极予以支持，登高一呼，各地响应。不仅方言区行之有效，少数民族地区也行之有效。这是真正的“教育改革（教改）”。人们看到倪先生跟小学生们用拼音夹汉字的通信，激动得流泪！

倪先生研究文字改革，重视历史资料的整理。他收集、编辑和出版《拼音文字史料丛书》，包括利玛窦的《罗马字注音文章》、卢戆章的《一目了然初阶》等三十余种，使散开来看似乎意义不大而集合来看意义非常重大的文化史料，发挥出古为今用的作用。可惜没有出完而受到阻力，不得不停止。复旦大学前校长陈望道先生在生前多次提出，应当继续完成这一丛书的出版工作。

倪先生一生写了许多书，其中的一个重要部分是关于文改运动史的著作。有：一九四八年出版的《中国拼音文字运动史简编》，一九五九年出版的《清末汉语拼音运动编年史》，一九八九年出版的《拉丁化新文字运动的始末和编年记事》等。这些著作不是历史事实的简单罗列，而是对历史事实经过研究作出了评价。看了这些书，就知道文字改革在现代文化史中的意义和地位。

倪先生一生主编了多种语文杂志。例如《语文知识》，在五十年代传播了语文的常识，说明了语文运动对社会发展的意义。许多青年说，他们正是受了这本小杂志的启发才投身到语文工作和语言学专业的。倪先生编辑的杂志，不是没精打采的文章汇编，而是有目的、有方向、有动力，旗帜鲜明，指出语文工作应当为社会进步而服务。因此任何杂志到他手里就立刻活跃起来。他不是为出版而出版杂志，他是为一种历史使命而出版杂志。

语文思潮是一起一落的，这是历史的规律。“五四”白话文高潮之后，就有文言读经运动。“文化大革命”之后吹起一股语文复古风，“重新发现”了文言比白话简洁优美，繁体比简体好认好写，汉字比拼音易学易用。倪海曙先生在这复古风中含笑去世。临终前，他心平气和地说：“历史总是要前进的。”

（《语文建设》，一九八八年第二期）

胡乔木：智慧的巨星

胡乔木先生是毛泽东时代中国共产党中央的一颗智慧巨星。他对新中国的建设做了许多重大贡献，其中之一是文字改革。他上面秉承毛泽东主席和周恩来总理的意图，下面对文字改革委员会和其他文教机构进行具体的联系，不居其名，但求其实。

解放后，中国大陆推动报刊文章的白话化，改革政府公文的文体和程式，提倡汉字横排，普及语法修辞和语言规范化的知识，举行全国文字改革会议，实行文字改革的三大任务（推广普通话、简化汉字、制订和推行汉语拼音方案）。这一系列的文字改革工作，都是在胡乔木同志的具体安排下进行的。

扩大白话文运动的成果

五四白话文运动，对小说和散文是成功的，对各种应用文，有的只成功一半，有的没有成功。成功一半和没有成功的突出例子是报刊文章和政府公文。解放后，在这些方面，进一步扩大了白话文运动的成果。

解放前，中文报刊的文章，以《大公报》为代表，都是“半文半白”而“文多于白”，被称为“新闻体”。这种文体，只适合上层知识分子阅看，不适合文化较低的广大群众阅看，即使看了可以懂，读起来是听不懂的。这是五四白话文运动没有彻底进行而遗留下来的“小脚放大式”的文体，跟报刊大众化的时代要求是不相容的。解放后，报刊文章，尤其是社论文章，改为容易看得懂的白话文，重视语法修辞和语言的规范化。五十年代，这一改革工作成绩卓著，受到群众的欢迎。在这一工作的背后，有胡乔木先生悄悄的辛勤劳动。“文化大革命”以后，文化倒退，报刊文章又大都恢复了“半文半白”，但是不再是“文多于白”而是“白多于文”了。

中国的政府公文，一千年来，用的是文言，形成一种“等因奉此”的程式。这是“绍兴师爷”的拿手好戏，而人民大众看了如堕五里雾中。解放后，进行了彻底的公文改革，从文言改为白话，废除“等因奉此”，使公文变成平易的散文体。这种改革，五四时代和三十年代，都有人提倡过，可是陋习顽强，丝毫动弹不得。解放后，公文得到了解放，旧的程式摧枯拉朽一般顷刻废除了。这是白话文运动在应用文中间的扩大。如果没有胡乔木先生的幕后积极提倡，这一改革是不可能如此顺利进行的。

一九五五年，举行“全国文字改革会议”，接着又举行“汉语规范化学术会议”，“国语”改称“普通话”，给“普通话”规定明确的定义。这都是在胡乔木先生具体指导下进行的。胡乔木先生提倡，文章要明白像语言、语言要流畅像文章，这叫作“语体文”和“文体语”。他认为，文字改革工作在发达的资本主义国家里，早在一百年或三百年前就完成了。中国到社会主义时代还在蹒跚地进行文字改革，这是资本主义民主的“补课”。

扩大汉字简化的范围

一九五六年公布《汉字简化方案》，简化了五百一十五个汉字和五十四个偏旁。实行以后，发现同一个偏旁在有的汉字里简化了、在有的汉字里没有简化，印刷在同一张书页上，字形不一致，不利于快速阅读。为了扩大简化的效果，一九六四年把可以类推的简化偏旁，在大致相当于《现代汉语词典》所收的汉字范围内，类推成为一个“简化字总表”（共计两千二百三十五字）。这一工作也是在胡乔木先生的指导下进行的。经过类推，简化字总数在大约七千个现代汉字中占三分之一。关于类推简化，有人赞成，有人反对，不论是功是过，汉字简化工作从此告了一个段落了。

从历史来看，汉字在三千年间是不断简化的。群众写字，随时任意创造简化字，各地创造的简化字彼此不同。使用汉字越来越频繁，简化字的创造就越来越多。这在古代是如此，在现代更是如此。胡乔木先生认为：“规定一套简化字的规范，可以减少简化字的繁殖，阻止简化字向泛滥而混乱的无政府状态无休止地发展。”

“文化大革命”中，胡乔木先生一早就受到强烈的无理冲击，长期禁闭，不断戴高帽游街，很晚才平反冤案，恢复自由，因此他对不受欢迎而终于废除的“第二次汉字简化方案草案”，无法事先加以纠正。

解决汉语拼音方案的设计难题

五十年代制订《汉语拼音方案》的时候，遇到许多难题，其中最难解决的是如何拼写“基欺希”这三个声母。发表《草案》征求意见之后，又发表《修正案》征求意见。《修正案》有两种格式：一种用“知蚩诗”在“衣”的前面变读为“基欺希”；另一种用“哥科喝”在“衣”的前面变读为“基欺希”。这两种不同的“变读法”都有历史背景，难以强求统一。方案的制订工作在相持不下之中搁置了一段时间。

早在二十世纪初期，刘继善和刘孟扬等早期的文字改革运动者就提出，采用“J、Q、X”等罕用字母表示“基欺希”，使全部声母不用变读法。可是“拼音方案委员会”的委员们大都害怕罕用字母不容易得到群众的欢迎，尤其在用到国外去的时候难以得到外国人的欢迎。胡乔木先生认为，解决两种变读法的矛盾，采用罕用字母“J、Q、X”是唯一的好办法。在他的积极支持之下，终于解决了两种不同意见的矛盾，开创了声母全部不用变读法的汉语拼音新方案。现在虽然用到外国去的时候仍旧遇到外国人的反对，可是声母全部不用变读法的优点，有越来越多的人认识到了。胡乔木先生在方案制订过程中所起的作用是积极的，值得钦佩。

胡乔木先生自己知识渊博，在流行“知识无用论”的年代里，他没有随波逐流，一贯重视知识的作用。用马克思主义来肯定知识是生产力，胡乔木先生也是最早的积极提倡者。他的一生，走在现时代的前面。

村野辰雄：日语罗马字的旗手

日本罗马字社理事长村野辰雄先生去世了。他不仅是日本罗马字运动的旗手，也是东方新语文运动的旗手。他的逝世是东方新语文运动的重大损失！我同村野先生认识，整整二十年了。他跟罗马字运动的关系，是颇有些传奇色彩的。

一九七二年六月的一天，三和银行总裁村野辰雄先生来到北京的中国文字改革委员会，由我接待。村野先生说："你们的文字改革工作，我非常赞成，今后我想同你们多多联系。"接着，他谈了他自己参加日本罗马字运动的遭遇。

村野先生在青年时代，任职三和银行，业余参加罗马字运动。当时日本政府把罗马字看作共产党活动。警视厅对三和银行的领导说，你们如果能够阻止他搞罗马字，并且为他作担保，我们就不逮捕他！

三和银行的领导对村野先生说：请你选择，留下来在三和银行工作，放弃参加罗马字运动，或者，离开三和银行，自己去继续搞罗马字运动。村野先生不得已只好答应留下。

后来，村野先生由于长期工作勤奋、策划妥善，一步一步上升为三和银行的总裁。中华人民共和国成立之后，三和银行首先代理中国的外汇业务，村野先生是人民币外汇结算方法的设计创始人。

村野先生说："现在我工作满年，就要卸职，改任三和银行的顾问了。此后，我不再受不搞罗马字运动的约束了。我将以我的余年实现我青年时代的志愿。"

这时候，村野先生已经成为日本金融界的要人。他离开总裁职务，担任顾问之后，就参加"日本罗马字社"，起初被社员们推举为理事，后来又推举为理事长。他出钱出力，为罗马字运动做了许多有意义的工作。

他第一次同我见面的时候，送给我一本他在一九三八年用罗马字翻译的 H. G. Wells 的名著《世界小史》，四十年后的一九七八年出版第三版，可见这本书受到广大读者的欢迎。他酷爱西洋音乐，从一九七七年到一九八二年用罗马字翻译和著作了四部有关歌剧的巨著。每部都有二三百页。决心之大，用力之勤，使人惊叹！

日本罗马字社理事橘田广国先生把我的《汉字改革概论》翻译成日文。村野先生邀请有名的几位学者对这个译本进行订正，经过三年之久的精心工作，然后出版。这种认真的学术精神，使人万分钦佩！

使我不能忘怀的是，一九八五年我同中国文字改革参观团到日本，承村野先生和日本罗马字社各位先生们热情招待。特别是在三和银行的高楼上举行座谈。从那高高的楼窗里，可以俯瞰日本皇宫的花园。这使我想到，时代改变了，一个自由的学术时代来到了，罗马字运动可以不受限制地进行，东方语文的现代化可以有新的发展空间了。我从楼窗向外观看，看到一片美丽的景色，一片新时代的光明！

村野先生去世了。他遗留给我们的是一个东方语文现代化的光明时代。

（本文由日本著名的罗马字运动者橘田广国先生翻译成为日文，刊登在《罗马字的日本》期刊第四七七期，一九九三年二月一日）

魏建功：台湾普及国语的开创者

魏建功先生是我的师辈。他是我心目中最值得崇敬的学者和语文改革家。不仅我如此崇敬他，我的许多同辈也如此崇敬他，因为他是一位始终坚持五四精神的大学者。

一九五五年十月，我来北京参加全国文字改革会议，会议之后我被调来文改会工作。建功先生是文改会的委员，从此我有机会常常向他请教。

我第一次拜见他的时候，我对他说，我一早就读过他的文章和专著，我是他的一个未及门弟子；我对语言文字是外行，我的一点语言文字知识主要是从他的书里得来的，可是学得一知半解，实在惭愧。

他说："不要客气，我也读过你的文章，我们彼此学习，不分师生。"他如此谦虚，使我更加感到自己的渺小。

全国文改会议之后，文改会立即进行汉字简化工作。建功先生对传统俗字非常熟悉，因此他提出的意见特别受人尊重。他对《汉字简化方案草案》中的每一个简化字都细细斟酌。他的负责精神，使人肃然起敬。

他和我都是中央推广普通话委员会的委员。在推普方面我更要向他请教。关于推普，他最有发言权，因为他是国语运动的老前辈，又是台湾推广国语的创办人。谁的经验也没有他丰富。

他曾告诉我，台湾在日本统治下原来以日语为行政和教育语言，光复后不能继续使用日语，台湾变成语言的空白区，推广国语成为当时的首要工作。台湾人民学习国语非常努力，当局推行国语非常认真，上下同心同力是成功的保证。

当时我想，大陆人民不像台湾那样急于需要共同语，大陆地方当局也不像台湾那样重视共同语，我们面对的推普困难，不是来自地区太大，而是来自惯性太强。我把我的想法告诉建功先生，他同意我的想法。

五十年代的文改工作，以制订汉语拼音方案为重点。建功先生和我都是拼音方案委员会的委员。他对拼音方案的制订工作极为重视。他不反对当时领导要我们重新研究民族形式方案，但是在决定采用拉丁字母之后，他积极支持拉丁字母。拉丁字母方案起草的时候，有两种不同的意见。一种是“基欺希”用“哥科喝”来兼差，另一种是“基欺希”用“知蚩诗”来兼差。两种意见难以调和，工作不能快速前进。我问建功先生，这怎么办？他说，他不偏向于哪一方，这件事不必着急，要深入思考，找到一种使双方都能满意的折中方案。后来，产生了“基欺希”用独立字母的折中方案，也是更好的方案。

建功先生主持《新华字典》的编辑工作，编辑原则在当时的字典中是最新颖的，一直由他亲自指导。《新华字典》在拼音方案公布之后立即采用拼音字母注音，并且在使用方法上合乎学术要求，这对方案的推行有重大影响。在多年中，《新华字典》这本印数巨大的小书，是唯一可以用来作为礼品赠送外国元首的出版物。“文化大革命”中，造反派反对汉语拼音方案，《新华字典》几乎被迫放弃拼音注音，在建功先生力争之下终于保持了使用拼音。

我和建功先生见面，三句不离本行，总是谈的文改。他对文改有长期经验，他的意见最为宝贵。他认为文改是建设新中国的重要工作，需要积极进行。但是，文改极难，性急不得，只有锲而不舍才能有所进展。他的意见是多么重要！

人们一早就对我说，建功先生在共产党初建时候就参加过，他是革命历史最久的语言学家。我没有问过他这件事，我从他的言行中看到一个真正的革命家的品格。

陈望道：革命教育家

陈望道先生（一八九〇——一九七七），我国现代进步思潮的先驱者和现代语文革新运动的倡导者，诞生于一百年前。在时局变幻、意识动荡的今天，纪念新思潮和新语文的先驱者陈望道先生的百岁寿辰，有特殊的时代意义。

现代进步思潮的先驱者

陈望道先生诞生于清光绪十六年，也就是甲午战争中国战败和孙中山先生创立兴中会的前夜。一九一五年他去日本留学，这时候日本帝国主义者提出灭亡中国的“二十一条”。一九一九年五月，中国掀起震动世界的五四运动，他立即响应，六月间毅然回国，投身于教育和文化的革新运动。

在日本留学期间，他参加留日学生的爱国运动，反对袁世凯接受日本“二十一条”亡国条约，反对洪宪帝制。一九一七年，俄国发生十月革命以后，他跟日本进步学生、后来成为日本革命旗手的河上肇、山川均等一起，开展十月革命和马克思主义的宣传活动。

在五四运动的洪流中，他回国担任杭州第一师范的语文教员，跟同校师生一起，开展新文化运动，反对旧道德、提倡新道德，反对旧文学、提倡新文学。新思潮的嫩芽立刻遭到反动当局的摧残。师生们被加上“非孝、废孔、共产、公妻”的罪名。当该校校长拒绝执行“撤职查办”的乱命之后，反动当局出动军警包围学校，酿成全国注视的“一师风潮”。这一风潮，更广泛地传播了新文化思想，使原来局限于学校的新思潮成为引起全社会注意的群众运动。可是，在强大的反动压力之下，陈先生不得不“自动离职”。

一九一九年底，他被迫回到家乡义乌，专心研究马克思主义著作，完成了第一本用中文全文翻译的《共产党宣言》，次年出版。

一九二〇年春天，陈望道先生应陈独秀邀请到上海协助编辑宣传革命的《新青年》杂志，并参加马克思主义研究会（即“上海共产主义小组”），成为中国共产党上海发起组成员之一。同年八月，他参加 CY（共产主义青年团）的筹建工作。一九二〇年十二月，陈独秀赴广东，他负责主编《新青年》杂志。一九二一年中国共产党建立以后，他从一九二一年十一月到一九二二年五月担任中国共产党上海地方委员会书记。

一九二三年他担任“上海大学”的中文系主任和教务长；一九二九年担任“中华艺术大学”的校长。这两所大学都是培养共产主义者的革命摇篮。

他参加上海工人运动，组织了纺织、印刷、邮务等工会，亲自到沪西工厂区开办工人夜校和平民女校，宣传新文化、白话文和妇女解放。他是一位坚持科学观点、始终头脑清醒的马克思主义者。

现代语文革新运动的倡导者

陈先生认为："语言文字问题，是我们社会生活的基本问题。靠着语言文字，我们才能经营社会生活。我们对于语言文字理解得正确不正确，处理得适当不适当，往往在我们的社会生活上发生重大的影响。"（《中国语文学会成立缘起》）

他这一番话，跟胡愈之先生的见解正是相同。胡先生说："在西方，冲破中世纪的黑暗时代，首先是从文字改革开始的。这就是打破教会僧院所垄断的旧文字，创造和群众口头语相结合的民众新文字。这才产生了启蒙运动，产生了资本主义的产业革命。在中国，不可能有例外。"（《高等院校文改教材协作会议上的发言》）

语文革新是教育革新的前提，教育革新是文化、科技、经济和政治革新的基础。这就是为什么在被称为中国文艺复兴的五四运动中，"白话文运动"是整个运动的先锋和高潮。

陈先生认为，语文学术工作应当贯彻"现代化"和"科学化"两个原则。他在新语文运动中的工作，做得细致、具体、积极、勇敢，目光远大、方法科学，锲而不舍、步步深入。

他提倡新式标点。他是最早在刊物上采用新式标点的学者之一。早在一九一八年，他就发表《标点之革新》（一九一八年五月《学艺》一卷三号），后来接着写了许多提倡新式标点的文章。标点是一件微不足道的小事。可是，在三千年不用标点的汉字文章中加进一个西洋标点，好比一个小针头刺破了一个大气球。这是震动神经的思想革命！当时开明的国学家也认为，白话文很好，因为早在宋朝就有了，可是中文中间加进西洋标点，不伦不类，无异在长袍马褂上系上一条领带！今天，《二十四史》也都加上了标点，当初提倡新式标点时候的思想斗争已经被遗忘了。

他提倡革新文法学和修辞学。他认为，《马氏文通》一八九八年出版以来，中国文法学一直向西洋文法学照搬照抄、机械模仿，这是方法论上的一大缺点。他建议："根据中国文法事实，借鉴外来新知，参照前人成就，以科学的方法、谨严的态度，缔造中国文法体系。"（《中国文法革新论丛》序言，一九四三）他说：文法学的主要问题是词类的区分，要从语文组织的成素与成素的关系和联系上，也就是从功能上来进行研究。他发动革新中国文法学的讨论，从一九三八年到一九四一年，历时四年之久。从一九一〇年发表《"的"字底新用法》（《浙江第一师范校友会十日刊》第十一号）开始，他写了几十篇讨论文法革新的文章，最后在去世前的病榻上还修订他的《文法简论》书稿。

关于革新修辞学，他在一九三一年被迫离开复旦大学以后，专心从事《修辞学发凡》的著作，这是我国第一部有系统的修辞学专著，其中驳斥了"文言可以修辞、白话不能修辞"等谬说。

他提倡简体字，带头在杂志上采用了"手头字"。一九三五年新春，他和上海的文字改革运动者组织"手头字推行会”，选定三百多个手头常写的简体字，二月间由文化界二百人和《太白》《世界知识》《译文》等十五种杂志，共同发表《推行手头字缘起》。《缘起》说：“我们日常有许多便当的字，手头上大家都这么写，可是书本上并不这么印。识一个字须得认两种以上的形体，何等不便。现在我们主张把手头字用到印刷上去，省掉读书人记忆几种字体的麻烦，使得文字比较容易识、容易写，更能够普及到大众。”这是简体字在多种杂志上实际应用的开始。

在简体字运动形势逼人的情况下，南京政府教育部在一九三五年八月公布《第一批简体字表》（三百二十四字），可是第二年又取消了。清末开始的汉字简化运动，直到二十年后的一九五六年公布《汉字简化方案》，才正式实行。

他支持拉丁化新文字运动。一九二九年瞿秋白在苏联起草中文拉丁化方案，由留苏共产党员和苏联语言学者修订完成，一九三一年得到全苏新字母委员会批准，作为留苏华侨扫盲之用。一九三三年传到上海，形成一个拉丁化新文字的群众运动。

一九三六年，成立“上海新文字研究会”（后改“中国新文字研究会上海分会”），主要推广“北方话拉丁化新文字”。他帮助修改拉丁化新文字理论中诸如废除汉字一类脱离实际的提法。他发起组织“上海语文学会”“上海语文教育学会”等进步语文团体，以共同研究拉丁化问题作为会务之一。他发表《中国拼音文字的演进》《从词儿连写说到语文的深入研究》等许多观点新颖的文章，对拉丁化运动的理论和实践做出了很大的贡献。

语音标准是文字拼音化的核心问题。当时所谓“北方话”缺乏明确标准。一九五五年，他参加“全国文字改革会议”，对“普通话”的定义提出科学的建议，把原来起草的“以北京话为标准”，改正为“以北京语音为标准音、以北方话为基础方言”（最后加上“以典范的现代白话文著作为语法规范”）。

陈先生又对美学、逻辑（因明）学、伦理学等进行革新研究，写出超越传统的先进著作。

跟倒退逆流作不妥协的斗争

历史是曲折前进的。语文运动是波涛起伏、时进时退的。

“五四”掀起白话文高潮之后，接着就发生文言复古的逆流。这股逆流到三十年代初期，又一次死灰复燃。一九三四年，国粹主义者提出“尊孔读经”“文言复兴”，全盘否定“五四”精神。

针对这股逆流，他和胡愈之、沈雁冰等发动“大众语运动”，不但反对文言复古，而且对当时白话文出现脱离群众的倾向进行批判，提出白话文必须进一步接近活的口语，建立真正以群众语言为基础的“大众语”和“大众语文学”。起初刊登在《申报》副刊《自由谈》上，后来在《太白》半月刊和其他刊物上，提倡写“大众说得出、听得懂、看得明白、写得顺手的大众语”，掀起一个比“五四”提高一步的语文革新运动。

陈先生把“笔头语”分为“文言”和“白话”，把“白话”又分为“语录体”和“大众语”。“语录体”是半文半白、小脚放大。“大众语”是生动活泼的自然口语。二十年代语文运动的争论要点是：要“文言”还是要“白话”。三十年代语文运动的争论要点是：要“语录体”还是要“大众语”。

这一次“论战范围从教育扩大到文学、电影，从各个日报的副刊扩大到周刊、月刊。场面的广阔，论战的热烈，发展的快速，参加论战的人数的众多，都是五四时代那次论战以后的第一次”(《这一次文言和白话的论战》)。

陈先生主编的《太白》半月刊是“大众语运动”的实验刊物。《太白》就是“白而又白”、“比白话还要白”，“太白”就是冲破黎明前的黑暗的“启明星”。“《太白》半月刊的出现，一新读者耳目：清新、刚健、泼辣、浑厚，可谓独树一帜。”(罗竹风：《悲愤与怀念》)

每次语文论战，都不仅是文体之战，同时也是思想之战，而文体的解放是思想解放的先导。论战的范围不断扩大，论战的内容不断提高和深入。可是，以语文为形式的时代思潮，在陈先生百岁诞辰的今天，依然在前进和倒退之间翻滚。

“文化大革命”造成十年浩劫（一九六六—一九七六），文化遭到史无前例的破坏，个人迷信发展到顶点，文字狱和语言狱折磨着众多的知识分子。作为知识分子之一的陈先生无力再办一个《太白》半月刊来反击逆流了。当时他是复旦大学的校长，而校长亲自主持的“文法、修辞、逻辑研究室”（后称“语言研究室”）也不得不关闭。

胡愈之先生说：陈望道先生的一生“是革命的一生，是为民主和科学艰苦奋斗的一生；他是中国新民主主义革命和社会主义革命建设的历史见证人和积极参加者”。

纪念陈望道先生逝世二十周年

陈望道先生是中国现代化和中国语文现代化的引路人。

他是《共产党宣言》的第一位全文翻译者。

他是革新中国语文的探路人。

他是时代波涛里的中流砥柱。

他是现代青年的人格模范。

陈望道先生将永远活在我们的心中！

（一九九七年十月二十日）

罗常培：继往开来的语言学家

罗常培先生（一八九九——一九五八）是中国现代语言学的开拓者之一，他在中国学术史上有崇高的地位。他的大弟子们都是今天中国语言学界的重要人物，他们对罗先生的著作和学说已经作了精要的介绍。我这里略谈几点在他生前我同他接触中有关语文的几件小事，从这些小事中可以看出他的高尚品德和大众化思想，以纪念他的九十岁生辰。

"二战"以后，罗先生和我由不同的职业渠道去美国。他起初在朴茂纳大学、后来到耶鲁大学讲学。我在纽约银行界工作。耶鲁所在的新港跟纽约交通方便，我们不在一地而时常往来。

他来纽约，多次同当时住在纽约的老舍先生一同来到我家。他们二人是从小同学。老舍先生谈笑风生、庄谐纷出；罗先生温文儒雅、言必有中。有一次，罗先生和我一同去看老舍，途中他对我说："我和老舍都是满族，满族在清朝自命不凡，到了民国变成自惭形秽，许多人甚至忌讳说自己是满族，这都是不正常的心理。我和老舍一向公开自认是满族，实事求是，从不隐讳。出生于不同民族，这是上帝的安排，有什么可以自尊或自卑的呢？美国不也是许多民族共同建设一个国家吗，为什么中国有人要讳言多民族呢？”讳言多民族、隐瞒自己是少数民族，在战后中国的某些人中间还是一种时常流露出来的旧思想。改变这种不正常的心理，是进行少数民族工作，特别是少数民族语文工作的必要准备。罗先生开风气之先，在他指导下后来做出了少数民族语言研究的非凡成绩。

有一次，他和老舍来到我家。内人张允和问他们要吃点什么。他们说：“要吃粥，好久没有吃到粥了。”我是带了家眷去美国的，他们都没有带家眷。我们一同吃粥。吃完粥，罗先生偶尔发现我的书桌上放着一叠手稿。他问这是什么。我说：“闲来无事，以玩弄速记为消遣。”他问：“谁的设计？”我告诉他，我想用同一种 Gregg 式的速记符号，记录几种不同的中国主要方言，不一定有实用，不过作为消遣而已。这引起了他的回忆。他告诉我，他年轻时候从事速记，做过国会的速记员，速记引起他研究语言学的兴趣，后来就走上了语言学专业的道路。

这样，我们无意中发现了一个新的聊天题目。我告诉他：“还有一件事，我害怕贻笑大方，一直不敢告诉你。我有一个洋人朋友，要我教他一点儿中文，只要一点儿，不要多。为了教他一点儿中文，我编了一本微型讲义《中文十课》。用简易的拉丁化新文字，不用方块字。读了五课以后，才开始学几个方块字。这也是闲暇无事的玩意儿。”我不好意思地拿出那本用打字机打的以英文解释中文的讲义，补充一句：“这是洋涂鸦！”意料不到，罗先生说：“让我拿回去看看。”不久，他把讲义还给我，在我错误的地方，详细地用铅笔作了改正，并对我说：“有一点意见：不标声调，不好。”他的诚挚态度，给了我深刻印象。想不到以他这样一位国际有名的语言学者，竟对我的消遣的玩意儿毫无轻视之意，反而主动给我帮助。这种“雅不轻俗”的平民作风，在当时的学术界是难能可贵的。从此，我听了他的话，不再赞成当时“拉丁化运动”反对标调的主张。从此，我对中文的拼音化问题，继续作一些业余的研究，不再把它看作是见不得人的事情。

一九四九年冬天，我回到上海，在复旦大学经济研究所和上海财政经济学院教书。一九五五年我接到通知，到北京参加“全国文字改革会议”。这大致是由于我对文字改革一向有些兴趣。完全出于我的意料，会后我被留下作为新成立的“中国文字改革委员会”的一个工作人员。我对当时文改会的领导吴玉章先生和胡愈之先生说：“我是外行，留下不合适！”他们说：“这是新的工作，谁都是外行。”经济学界的朋友们都反对我改行，只有一个朋友对我说：“改行好，文改比经济安全。”这样，我就留下来了。

留下以后，我的第一件事就是去请教罗先生。我忽然成了罗先生的一个大同行，这也是罗先生所没有想到的。我有罗先生这位老朋友可以请教，这是我的精神依靠。从前，我阅读语言学书籍，是“换换阅读的口味”，任意浏览，不求甚解。现在要改行，就得从头学起了。从头学起的第一件事是认真学习罗先生和他的大弟子王均先生合写的《语音学常识》（起初用田恭笔名发表在《中国语文》杂志上，后来改编出版为专书

《普通语言学纲要》)。我多次对罗先生说："我是您的大弟子的未及门弟子。"

一九五五年十月"全国文字改革会议"结束后，紧接着举行"现代汉语规范问题学术会议"。前者主要是行政性会议，后者是纯学术性会议。召开规范问题会议是罗先生的主张，会议内容也是主要由他筹划安排的。

事先，我几次去拜望他，向他请教规范化的意义。他对我说："规范化和拼音化有密切关系。语言不规范化，拼写出来的拼音文字就无法定型。拼音文字的定型化，对语言规范化能反过来发生推进作用。"这是我记得的大意。

罗先生在《略论汉语规范化》文章中，有更精辟的说明。他说："如果要采用拼音文字，就必须有规范化的语言。拼音文字必须有拼写的对象，如果对象不明确，拼音文字就很难在实际上应用。另一方面，语言的规范化也在一定程度上有赖于拼音文字。由于汉字的特殊性质，字音是很容易读错的，构词是异常自由甚至可说是漫无限制的。这种种缺点，采用拼音文字之后都可以得到合理的纠正。应该说，拼音文字和规范化的语言这两件事互相配合，正如车有两轮，鸟有双翼。"

不采用拼音文字的必须实行语言规范化。他说："五亿六千万汉族人民要参加国家生活，没有统一的、规范化的语言是不行的。不但是要普及教育，要提高文化，非有规范化的语言不可，而且语言使用的复杂和分歧还会直接影响工业和其他经济部门的建设工作。"罗先生和吕叔湘先生在规范化会议上共同发表的报告《现代汉语规范问题》中说："作为使我们在一切活动范围中调整其共同工作的工具的语言是什么样的一种语言呢？我们所需要的是一种高度发展的语言，我们所需要的是一个统一的、普及的、无论在它的书面形式或是口头形式上都有明确的规范的汉民族共同语。”

那时候，对汉语规范化，很多人不理解，即使在语文教师中，理解的人也不多。“汉语”上面加上“现代”二字，有人听了就摇头，再加上“规范”二字，更加格格不入了！共同语的规范化和普及化，是工业化的必要条件，语言发展跟经济发展有密切关系，这一点在当时是许多人所无法理解的。罗先生的语文思想走在时代的前面，因为他不仅是一个中国语言学者，还是一个世界语言学者。遗憾的是，由于我国社会发展迟缓，罗先生的语言思想在今天依旧没有被一般社会所理解。在“文化大革命”之后的语文复古思潮中，“现代汉语规范化”这件事有些人认为是不必多谈的小事了。

罗先生不仅有“雅不轻俗”的平民思想，还有“古不轻今”的现代化思想。“俗”是大众化，“今”是现代化。这两种思想是推进社会发展的动力。

关于罗先生的“古不轻今”，这里举几个例子：

一九三〇年他发表《耶稣会士在音韵学上的贡献》，分析明朝末年利玛窦的《罗马字注音文章》，整理出其中的“罗马字注音”的有系统的设计，既说明了明代的音韵体系，又启发了罗马字可以用来给汉字注音的认识。

一九三三年十一月十一日，他在《世界日报·国语周刊》上发表《国音字母以前的标音运动》。

一九三四年他出版《国音字母演进史》，一九五九年再版，改名《汉语拼音字母演进史》，扼要叙述从明末到民国三百年间各种拼音方案的要点。这是第一本拼音方案史，对后来的拼音化运动有参考和启发的作用。

一九三五年一月十二日，他在《世界日报·国语周刊》上发表《关于国音的几个问题》。同年九月七日，他为北京青年会剧团讲演《京剧中的几个音韵问题》，后来刊载在《东方杂志》上。

一九四二年他出版《北京俗曲百种摘韵》，从文人学士瞧不起的"俗曲"中归纳出近代音韵的规律。在一九五〇年的《再版自序》中，他说："这本小册子也许能在新曲艺的创作研究中发挥它的一个螺丝钉的功用。在人民的新中国，大家都了解文艺为工农兵服务的重要性，这本小册子也许不至于像从前那样被漠视了。"

一九四三年在《国文月刊》第二十期上发表《我的中学国文教学经验》。

一九四四年一月二日，他在昆明《中央日报·星期论文》中，发表《国语运动的新方向》。

一九五二年，他在《中国语文》第二期上，发表《从历史上看中国文字改革的条件》。

一九五七年十二月十八日，他在《人民日报》上发表《汉语拼音方案的历史渊源》。同年略前，在《语文学习》九月号上，发表《怎样学习大众的语文》。

这些例子说明，罗先生不仅是"博古通今"，而且是"古不轻今""古为今用"。跟许多保守的学者不同，他对某些人不屑一顾的现实问题，认真地进行了学术研究。

他不止一次对我说，在语言学术和语言工作上，"厚古薄今”是错误的，“厚今薄古”也是错误的。中国当前语文工作的重点是，使各地只能说不同的方言，进步到全国都能说共同语，使一盘散沙似的语言生活，进步到全国团结一致的语言生活。这就需要语言规范化，大力地和长期地进行普通话的普及教学。美国以英语统一全国人民的语言生活，这是大力地和长期地进行语言教学的收获。如果美国也像中国一样，在学校里和开会时候，让人民随便地各自说各自的方言土语，美国能成为一个科技和文化高度发达的国家吗？

他的一些言论，我曾经简要地记录在日记里，可惜在“文化大革命”中都毁掉了。

每次“运动”之后，知识界发挥了“明哲保身”的天然意志，从危险较多的学科改到危险较少的学科，从现代问题的研究改到古代问题的研究，这符合我国的传统学术思想：“知古才是学问，知今不算学问。”这种思想，不仅在语言学界流行，也在其他许多学术方面流行。这跟“文明古国”要向“文明今国”发展的现代化方向，是背道而驰的。因此，在今天，回想罗常培先生的“古不轻今”和“雅不轻俗”的学术思想，有特别重要的时代意义。

（《中国语文》，一九八九年第六期）

王力：龙虫并雕的语言学家

王力先生（一九〇〇—一九八六）在语言学上的贡献是多方面的。这里，谈一点他在语文现代化方面的贡献。

王先生在一九四〇年出版《汉字改革》一书，这是把汉字改革作为语言学课题来进行研究的较早的一本专著。在这本书里，他提出了若干非常重要的论点。

王先生是较早重视并参加汉字改革运动的语言学者之一。清末民初，有少数几位语言学者重视并参加了汉字改革运动。例如，劳乃宣提倡“简字”，黎锦熙参加制订“注音字母”，赵元任提出“国语罗马字”的原则。但是，汉字改革一向不被看作是语言学的课题。王先生在一九三八年写的《汉字改革》的“自序”中说：“汉字的优劣及改革后的结果，都属于语言学的范围。”这句话，奠定了汉字改革的学术地位。

他说：“汉字改革问题，在某一些观点上看来，乃是政治上的问题；我对于政治素来没有兴趣。似乎是不配来参加讨论的。不过，汉字改革的本身虽是一种政策，而汉字的优劣及改革后的结果，都属于语言学的范围。语言学者可以把它当作一个科学问题去讨论，阐明了改革与不改革所产生的必然结果，让政治家去讨论它应否实施。”

对于汉字改革，一向有赞成和反对的争论。王先生说，“无论赞成或反对，都把问题看得太简单”，“我希望大家对这个问题的复杂性加以注意”。这是王先生给汉字改革运动敲的警钟。可是直到今天，人们还是继续犯简单化的毛病，不是简单地赞成，就是简单地反对。

王先生说：“赞成的就说中国人读了几年书还不会应用文字，以至文盲太多，如果改为拼音文字，文盲就可以消灭了，学习新文字只要一两个礼拜就会写会读了。反对的就说汉字有几千年的历史，为中国文化的结晶，我们不忍中国未亡而文字先亡，所以汉字有保存之必要。这种说法无论赞成或反对，都是把问题看得太简单，没有把它的复杂性提示出来。因此大家都觉得事情容易办。其实，只要肯多费心想一想，就会觉得改革与不改革各有利弊，而利弊所关不仅在文字本身。所以这一个被别人说得很容易很简单的问题，一到我的手里便千头万绪，难于应付。我实在也只能做到将问题及具体事实作系统的叙述，注重提出问题而不在具体建议。”

王先生站在“语言学”的立场上来谈汉字改革，使中国的语文问题，从群众运动发展为学术研究，开拓了语文运动的新境界。由此，渐渐有人知道，语文运动不能再满足于简单的宣传，而是要重视科学性和客观性，使运动和学术结合起来。

王先生说：“在本书里，我固然没有替‘存文派’辩护，但也没有替改革派作积极的宣传。因为宣传的口气越多，科学的态度就越不够。凡是宣传，就不免对于不利的事实有所掩饰，同时对于有利的事实有所夸张。掩饰与夸张，都会失了科学的真理。我因为把这问题的政治方面撇开，不当它一种政治看待，自然也用不着掩饰与夸张。素来没有政治兴趣的人来谈汉字改革，其缺点在此，其优点也在此。”

这些话是在五十年前说的。“自序”末尾注明“民国二十七年七月二十三日，王了一序于桂林”。看了这本书，我感到王先生的改革思想非常崇高、深入、真诚、恳切！可惜五十年来，在一次又一次的语文波涛大起大落中，王先生的话没有得到人们的认真倾听。

《汉字改革》是一本袖珍小册子，可是内容丰富，既有改革理论，又有具体方案。

他说，汉字有优点，也有缺点。优点主要是能超时代和超方言。可是，读懂古书必须研究训诂；方音读书妨害语言统一。缺点主要是难认难写。“当今的急务是把全国的文化水准提高，是在于用最有效的方法把现代文化灌输到每一个国民的脑子里。如果汉字是难学的，哪怕有一百个优点，也为功利派所排斥；如果有另一种文字比汉字更容易学习，哪怕有一百个缺点，也该为功利派所欢迎。”

谈到汉字与文盲，他说：“人们因为中国人的文化水准太低，就归罪于文盲太多；因为文盲太多，就归罪于汉字的难认难写。其实问题决不会是这样简单的。”在列举文盲众多有许多并非汉字的原因以后，他总结地说：“我们说了以上这一大段的话，无非要给汉字洗刷造成文盲的‘主犯’的罪名，并不想说它连‘从犯’的罪名也没有。”

他认为，汉字改革“有三个很大的难题”：“第一是历代书籍的处置问题”，“第二是语言的选择问题”，“第三是新旧交替的问题”。五十年代以来，只简化了部分汉字，改用了拼音字母，没有准备以“拼音文字”代替汉字，因此这三个问题可以说是还没有发生的机会。

关于“汉字改革的可能性”，他认为，“语言文字都是社会的产品，只有社会的大力量才能改造它们”。

他说：“没有五四运动，白话文的宣传将成为徒劳无功；若不是西洋思想不断地输入，白话文的势力也不会膨胀到现在这种程度。由汉字到拼音文字，比之由文言文到白话文更难成功，自然需要比五四时代更大的潮流，然后能促其实现。总之，汉字改革必须有整个的政治思想为后盾，否则永远没有成功的希望。四五十年来的汉字改革运动都是不痛不痒的，这两年来的拉丁化运动竟能掀起颇大的波澜，这决不是偶然的事。我敢断说，将来新字如果有成功的一天，一定是因为某一个政党把它作为政策之一，而这一个政党已经取得政权的时候。”这个“断说”虽然还没有历史机会来加以证明，可是“政治决定改革”的规律，已经为“注音字母”产生于一九一一革命之后和“拼音字母”产生于一九四九革命之后所证实。

王先生着重地说：“不拘任何党派，都能与汉字改革的政策相容”，“语言文字的本身是中性的”。这几个句子都由王先生自己加上“密圈”，表示着重，叫人注意。特别是“语言文字本身是中性的”这句话，有非常重要的意义。“中性”就是“没有阶级性”“没有党派性”。这句话跟斯大林所说的“语言没有阶级性”意义相同，而比斯大林早了许多年。可惜的是，在没有平等思想的社会里，学者的诤言没有政客的狂言响亮，而“过早的真理不是真理”。当时没有人了解王先生这句话有万钧之力。

王先生说，“拼音字所引起的问题”有三个：一、方言问题；二、声调问题；三、音标的选择问题。这三个问题，在王先生参加制订并在一九五八年公布的《汉语拼音方案》里，基本上都解决了。关于“改革的方案”，书中具体地谈论了：一、简体字，二、新形声字，三、唯声字与复音字，四、注音字母与注音汉字，五、自创的拼音字母，六、国语罗马字，七、区际罗马字与文言罗马字，八、中国语写法拉丁化，等等。然后他提出他自己的拟议方案：“类符新字”。他自己说，他“注重提出问题而不在具体建议”，不拘泥于某一方案，后来他也不再谈“类符新字”了。在全书的末尾，他说：“拼音文字如果真的要推行，欲速则不达，与其催产以致婴儿寿命不长，倒不如听其‘水到渠成’，事半功倍。”今天，多数人对“拼音文字”的看法是，与其有名而无实，不如无名而有实，这就是王先生“水到渠成”思想的延续。

五十年前王力先生写的《汉字改革》一书，虽然具体情况今天已经变化，可是其中许多论点仍有启发作用和指导价值。

王先生把他的书斋题名为“龙虫并雕斋”。这个斋名包含非常重要的时代意义。我国学者大都重雕龙而轻雕虫，重研究而轻普及，重过去而轻未来。王先生纠正这种重古轻今的传统偏向，正是现代化的思想解放。

（《语文建设》，一九八六年第五期，事后略作增补）

吕叔湘：语法学大师

吕叔湘先生近年来体力和精神慢慢地逐步衰退，最近在医院去世。这像是宇宙中的星星，在光和热经过长期散射之后，终于逐渐衰减而消逝了。我听到叔湘先生的噩耗之后，想起青年时候学到的一句格言："人生的价值不在寿和富，而在光和热。"

叔湘先生的哥哥，有名的画家吕凤子先生，是我父亲的朋友，又是我两位姐姐的老师，所以我认识叔湘先生之前，在幼年就先认识凤子先生。叔湘先生比我大两岁，我跟他是常州中学（当时称江苏第五中学）的同学，他比我高一班。中学时候，我发现叔湘先生能背《诗经》，大为惊奇。这个印象一直深印在我的记忆中。中学时候我就非常钦佩他的学问和为人。

一九五五年我从上海调来北京文改会，有机会跟叔湘先生因文改工作而时时接触。在语文观点上，我跟他完全一致，在语文学术上，他是我的益友和良师。我常常在做一件工作之前，把我的想法向他陈述，他几乎每次都表示同意，并把他的意见补充我的设想之不足。我们二人可说是鱼水无间，做到“君子之交淡如水”。

叔湘先生和朱德熙先生合写的《语法修辞讲话》在五十年代的《人民日报》上连载，我每期都仔细阅读，作为我的精神食粮。当时，有好多位有名人物都说，中文没有语法，跟英文不同。这种看法，在旧一代文学家中，是很普遍的。《语法修辞讲话》的发表，使文化界的语文认识焕然一新。这不仅是语文知识的补充，也是一次文化的启蒙运动。

我一直注意学习叔湘先生写文章的文风。他的文章，清晰、简练而口语化，完全摆脱了文言的束缚，最值得我学习。在他的影响之下，我反对半文半白的新闻体，提倡口语文章化，文章口语化，主张书面语应当跟口头语合而为一，出口成章并不神秘。我认为，中小学的语文课应当就是普通话课。学好普通话就能写好白话文；好文章必须读出来能叫人听得懂，读出来听不懂的不是好文章。这些观点，我曾向叔湘先生在闲谈中陈述，都得到他微笑点头而同意。

叔湘先生有一次发表一篇短文，大意说，好多位社会著名人士，写文章谈到语文问题，其中有常识性的错误。例如，不知道“语”和“文”的分别，不知道“词”和“字”的分别，更不知道拼音应当分词连写。语言学和文字学的基础知识没有成为群众的常识，需要在文化人中间进行科普宣传。这是切中时弊的见解。今天我们每天看电视，就看到汉字使用的不规范，拼音分词连写的混乱。这不能说不是今天我国文化生活的缺点。我们纪念叔湘先生，应当像叔湘先生一样，提倡改正社会用字的不规范，改正拼音分词连写的混乱，使大众的语文知识水平提高一步。

古人评论人物常用“道德、文章”两事作为尺度。叔湘先生的文章和学识被语文学界奉为泰斗。他的道德和人格更是语文学界和一切知识分子的楷模。叔湘先生的高尚典范将永远留下美好的记忆于人间。

林汉达：大众化的教育家

林汉达先生（一九〇〇—一九七二）是一位教育家、出版家和文字改革研究者。他一生做了许多工作，这里略谈如下几点：一、向传统教育挑战；二、参加扫盲工作；三、研究拼音文字；四、编写历史故事和提倡成语通俗化。

向传统教育挑战

一九四一年，林先生出版他的教育理论代表作《向传统教育挑战》，一方面有批判地引进西方的教育学说，一方面向中国的传统教育提出强烈的挑战。他认为，要振兴中国的教育，必须改革在封建社会中形成的教育陈规。一种陈规是"照本宣科"：教师只是把自己做学生时候学到的知识传授给学生，一本《三字经》可以用一千年，这是"轮回教育"，这样的教育阻碍知识的更新。另一种陈规是"模式僵化"：教育方针、学程组织、课本内容、教法实施等，在在都有刻板的规定，不许越雷池一步，教师和学生同样处于被动地位，无法发挥自己的独立思考和智慧创造力。

他淋漓尽致地批判了“镶金嵌玉的锄头”“小和尚念经”“熟读唐诗三百首”“填鸭子教育”“铁杵磨成绣花针”等传统教学法。他认为，“兴趣和努力”是不应当分割的，“兴趣生努力，努力生兴趣”。

他认为，要普及教育必须扫除文盲，而这又必须在根本改革社会制度之后才有可能。他把“扫盲”“普及教育”“语文改革”“出版事业”“社会发展”，看成一个不可分割的整体。他在半个世纪以前发表的教育理论，好像是针对着今天的教育实际问题，仍旧值得我们学习和深思。

参加扫盲工作

一九五二年，教育部成立“扫除文盲工作委员会”，林先生担任副主任。他满腔热忱、全力以赴，投身于大规模的扫盲工作。这一年，教育部公布《常用字表二千字》。一九五三年，扫盲委员会规定“扫盲标准”：一、干部和工人识两千常用字，能阅读通俗书报，能写二百—三百字的应用短文；二、农民识一千常用字（*后来增加为一千五百*），大体上能阅读通俗的书报，能写农村中常用的便条、收据等。不识字或识字数在五百字以下者为文盲，识五百字以上而未达到扫盲标准者为半文盲。扫盲年龄为十四至四十岁，后来改为十二至四十五岁。这些标准到今天基本上还没有多大改变。

林先生进行扫盲，重视师资，亲自培训扫盲教师，亲自编写教材，从小学里抽调优秀教师担任扫盲教师。可是，正在他埋头工作的时候，形势大变。军队里冒出一种“祁建华速成识字法”，用冲刺式的突击方法，在极短时间内，识字几千，一时传为“奇迹”。于是，停止了扫盲教师的培训工作，把正在培训的教师下放农村，不许回归原校。这件事，林先生不以为然，但是力争无效。林先生曾对我说，这是他后来在一九五八年被划为“右派”的原因之一。军队里试验成功的速成识字法，向农村推广的时候，完全失败了。不久，“祁建华速成识字法”被人遗忘了。林先生也离开了扫盲工作，但是他始终认为扫盲是个重要问题，继续加以研究。

研究拼音文字

一九二八年公布的“国语罗马字”，一九三三年从苏联引进的“拉丁化新文字”，引起了林先生的强大共鸣。他认为二者各有不足之处，于是取长补短，设计自己的新方案，创立一个拼音化运动的“中间派”。他的方案称为“简体罗马字”（后来改称“国语拼音”），主要特点是：一、采用“国语罗马字”的基本式，去除烦琐的标调变化；二、规定“定型字”和“定型词”，分化同音词。他说：“我所主张的拼音文字是简化的国语罗马字，也就是改正的中文拉丁化。”一九四二年他出版《中国拼音文字的出路》，对拼音文字的“正词法”和其中的“同音词”问题，提出了他的新见解，使语文界耳目一新。

他根据自己的实际经验，得到如下的认识：一、拼音文字不能寄生在汉字上，应当撇开汉字，走自己的发展道路。二、解决拼音文字中的“同音词”问题，除用声音不同的同义词以及用复音词代替单音同音词以外，需要采取“定型化”方法，对常用的同音词规定“特别写法”。他用“简体罗马字”译写出版《路得的故事》和《穷儿苦狗记》，在实践中验证理论。

“定型化”有广狭二义。广义的“定型化”指的是“正词法”的标准化，主要是其中“分词连写法”的标准化。狭义的“定型化”指的是一般拼写规则以外的“特定写法”。林先生的“定型化”属于后者。

他变化一部分音节的基本拼法，作为“通盘解决”同音词的方法。他用“变体”“方音”和“符号标调”三种方式，规定了二百四十四种音节的“特别写法”，使四百四十二个汉字所构成的许多同音词都有各自的“特别写法”（后来减少为四十二个“定型字”分化许多同音词）。

一九四四年，他把这些研究成果发表在他的《连写·定型·注调·分部：国语拼音词汇》和《中国拼音文字的整理》两部著作中。他的定型化试验遇到的困难是，“特别写法”只能分化“视觉”的同音词，不能分化“听觉”的同音词，同音仍旧是同音，而“特别写法”的“任意性”使他的拼音文字接近于“汉字化”，难于为其他人所接受。

编写历史故事和提倡成语通俗化

林先生认为语文现代化是教育现代化的必要条件。语文现代化的首要工作是“文体口语化”。文章不但要写出来用眼睛看得懂，还要念出来用耳朵听得懂，否则不是现代的好文章。

他又认为历史知识是爱国教育的必要基础。从二十世纪五十年代后期开始，他把主要精力放在编写通俗的历史故事上。这一工作一举两得，一方面传播了历史知识；一方面以身作则，提倡文章的口语化。

林先生曾对我说："我一口宁波话，按照我的宁波官话来写，是不行的。"因此，他深入北京的居民中间，学习他们的口语。写成文稿，再请北京的知识分子看了修改。一位历史学者批评说，林先生费了很大的劲，这对历史学有什么贡献呢？但是，这不是对历史学的贡献，这是对教育和语文的贡献。《二十四史》有几个人能阅读呢？中国通史一类的书也不是广大群众容易看懂的。中国青年对中国历史越来越了解贫乏。历史"演义"和历史"戏剧"又臆造过多。通俗易懂而又趣味盎然的历史故事书正是今天群众十分需要的珍贵的读物。

他接连编写出版了《东周列国故事新编》《春秋故事》《战国故事》《春秋五霸》《西汉故事》《东汉故事》《前后汉故事新编》《三国故事新编》《上下五千年》（由曹余章同志续完，香港版改名为《龙的故事》）。用力之勤，使人惊叹！这些用"规范化普通话"编写的通俗历史故事，不但青年读来容易懂，老年读来也津津有味，是理想的历史入门书。这样的书，在我们这个历史悠久的文明古国里，实在太少了。

在编写历史故事中，他遇到许多"文言成语"。"文言成语"大都是简洁精辟的四字结构，其中浓缩着历史典故和历史教训。有的不难了解，例如"大题小做""后来居上""画蛇添足"。可是，对一般读者来说，很多成语极难了解，因为其中的字眼生僻，读音难准，不容易知道它的来源和典故，必须一个一个都经过一番费事的解释，否则一般人是摸不着头脑的。例如“惩前毖后”“杯弓蛇影”“守株待兔”。文言成语的生涩难懂妨碍大众阅读和理解。是不是可以把难懂的文言成语改得通俗一点呢？林先生认为是可以的。

他从一九六五年到一九六六年，在《文字改革》杂志上连续发表《文言成语和普通话对照》，研究如何用普通话里“生动活泼、明白清楚”的说法，代替生僻难懂的文言成语。他说：“有些成语，文言里有，普通话里也有类似的话。例如‘赴汤蹈火’，普通话中就有‘水里、水里去，火里、火里去’，说得更形象化些；有‘上刀山下火海也干’，意思跟‘赴汤蹈火’完全一样。”又如“罄竹难书”，群众的语言中就有“三天三夜也说不完”，意思完全相同。他认为，“普通话比文言好懂，表现充分，生命力强，在群众嘴里有根”。下面再举几个他提出的“文言成语和普通话对照”的例子：

“信口开河”——胡说八道。

“魑魅魍魉”——牛鬼蛇神。

“分崩离析”——四分五裂。

“胸有成竹”——心里有底。

“越俎代庖”——包办代替。

“不辨菽麦”——五谷不分。

“居心叵测”——存心不良。

“暴殄天物”——糟蹋财物。

“不容置喙”——不让插嘴。

“方枘圆凿”——格格不入。

“如火如荼”——热火朝天。

“蜚短流长”——搬弄是非。

“忐忑不安”——心神不定。

“暴虎冯河”——有勇无谋。

“霄壤之别”——天差地远。

他对“成语通俗化”的研究非常认真。一九六九—一九七二年，他和我被下放到宁夏平罗“五七干校”，在一同看守高粱地的时候，他还念念不忘文言成语的通俗化。他对我说：把“揠（yà）苗助长”改为“拔苗助长”，虽然只是修改一个字，可是就能使这个成语容易为大众理解了。他多次说过，在白话文中夹用不必要的文言，不能表示知识高雅，只能表示思想落后于时代。

为了语文教育大众化，他尝试翻译中学课本中的文言文为白话文。例如《文字改革》杂志一九六三年第八期刊登的他的译文《爱莲说》。他提倡大量翻译古代名著，这是“五四”白话文运动以来做得很不够的一个方面。把文言翻译成为白话，便于读者从白话自学文言，更深刻地了解文言，有利于使文言名著传之久远，同时也推广了口语化的白话文。

林先生是一位百折不挠的革命教育家。他一时一刻也不忘记人民大众的教育需要和学习困难。

姜椿芳：《中国大百科全书》的创办人

姜椿芳先生是一位“厚今”而“不薄古”的革命家。他一生为出版事业、教育事业和文化事业做了许多工作，贡献很大。他了解新事物、提倡新事物，同时又了解古文化、提倡古文化。下面谈他“厚今”而“不薄古”的两件小事。

大百科全书和拼音序列

“十年动乱”结束了，“四人帮”被打倒了。在这春回大地的时候，有一天姜椿芳先生同倪海曙先生来到我家。我问姜先生，您是否仍旧去主持编译局？他摇摇头说：“不去了，想做点别的工作。”倪先生说：“他想创办《中国大百科全书》，为此我们来同你商量。”我对姜先生说：“中国没有一部现代的百科全书，几十年来一直有人提倡，但是只说不做；五十年代一度热了起来，后来又冷了下去；这件事如果由您来登高一呼，就有实现可能。”倪先生也对他说：“的确，这件事由您来主办是最合适不过的了。”姜椿芳先生的工作特点是：大胆创业，细心办事。经过一番筚路蓝缕的奋斗，七十五卷《中国大百科全书》的第一卷《天文学》在一九八〇年出版了。这一年可以说是现代百科全书在中国诞生之年。

接着，姜椿芳先生到美国，跟美国“大英百科全书公司”签订合约，编译出版中文的简明版，由刘尊棋先生主持，钱伟长先生和我参加“中美联合编审委员会”，徐慰曾先生负责具体编译工作。姜和刘二位都认为中文译作“大英”不妥，可以改按音译为“不列颠”。经过五年努力，动员了五百位教授和专家，全书十册的《简明不列颠百科全书》在一九八六年出齐。这两部百科全书的出版奠定了我国现代百科全书事业的基础。

对《中国大百科全书》和《简明不列颠百科全书》中文版的条目序列方法，姜椿芳先生煞费了一番苦心。他认为，对百科全书这样的大型工具书来说，正文中条目的序列方法是一个关系到检索效率的大问题。传统办法是按照汉字的部首和笔画来排列，这在卷数不多的辞书中已经证明检索不便，在卷数很多的百科全书中将是十分不便。倪先生和我建议按照汉语拼音字母排列，采用所谓“音序法”。姜先生说，汉语拼音字母“音序法”虽有百利，也有一弊，就是中年以上的知识分子不懂拼音，而且社会上有一种惰性心理：宁取不方便的旧方法，也不取方便的新方法。因此，采用“音序法”还得慎重。经过多次跟不同专业者举行座谈，征求意见，最后，姜先生得到的结论是：音序法的利点大大多于部首法。两利相权取其重，两弊相权取其轻，决定采用音序法。这是大型辞书排序法的一次革命性的创举。中国大陆每年入学的小学生有二千几百万人，他们都学拼音，音序法无疑是前进的方向。《辞海》采用部首法，可是很多使用者说，先查附录中的音序索引，速度可以提高三倍。音序法有两种。一种是纯字母排列法，不照顾汉字。另一种是“字母、汉字、字母”排列法，把条头汉字相同条文排在一起。为了照顾习惯，姜先生决定采用后一排列法，以便逐步前进，不致脱离群众。这是姜椿芳先生“厚今”“革新”，而又保证成功的革命技术。

《中国大百科全书》的条目上都有拼音，作为序列的标志。《简明不列颠百科全书》中文版的正文条目也用音序法排列，可是排印时候删去了条目上注的拼音。这样做可以节省篇幅和排字工作，可是检索稍有不便。台湾的《简明大英百科全书》中文版在正文中以英文为条目。英文的纯字母排列法对检索来说是最方便的，可是英文水平稍差的读者用英文条目是不便的，英文水平较高的读者又可能宁愿查英文版而不查中文版。在这里，中文遇到了检索技术现代化的问题。辞书序列方法的革新对中文来说是“信息化”的一个关键。姜椿芳先生毅然走“信息化”的“厚今”道路，在出版史上是一件有开创意义的“小事”。

纪念汤显祖逝世三百七十周年

姜先生到我家，一向没有同我的老伴张允和谈过天。有一天，我告诉姜先生，她爱好昆曲。姜先生坐下来对她说：“噢，昆曲。那你认识不认识顾传玠，传字辈挂头牌的？”张允和笑了："怎么不认识，顾传玠是我的大姐夫。您怎么认识他的？"姜先生说："我不但认识，而且很熟，我还到顾家吃过饭。那时我在上海做文艺界的地下工作。"

姜先生提倡昆曲，一九八六年三月十五日"中国昆曲研究会"成立，姜先生以副会长主持成立大会。在研究会的一次座谈会上，张允和建议要纪念汤显祖，会后写了一封信给姜先生，信中说："今年是汤显祖逝世三百七十周年。汤和莎士比亚同在一六一六年去世，汤老比莎翁大十四岁。莎翁七月去世，汤老九月去世，今年秋天开一次纪念汤老的纪念会最好。纪念莎翁有二十四个剧团演出七十多场莎翁戏剧，还演了昆曲的莎剧。可是对东方的莎士比亚的汤显祖为什么没有一点动静呢？"

过了几天，姜先生亲笔复信给张允和，表示同意。信上的字写得很大，向一边斜，显然因为他的眼睛不好，亲笔写信困难了。后来知道，姜先生把张允和的信转到文化部，又转到中央，纪念汤显祖的建议居然得到批准。

研究会的秘书长柳以真先生来到我家说，姜先生决定邀请顾传玠的夫人张元和来参加大会，请张允和代为打长途电话去邀请。十月十一日张元和从美国来到北京，第二天由张允和同她去拜望姜先生。见面时候姜先生说："顾传玠不但文戏演得好，对耍翎子也很有功夫。顾传玠说过，他练耍翎子是把下颏放在一个小酒杯里，靠着酒杯边缘转，各种各样地转，翎子自然左右逢源，活跃非凡。"这些话，张元和以前也没有听到顾传玠说过。怪不得顾传玠在《连环计·小宴》中演吕布有特别的翎子功，配合传神的"虎步"，显出了吕布的武将神采。姜先生对昆曲的演技细节记得那么清楚，可见他热爱传统文化之深。这是他厚今而“不薄古”的事例之一。

姜先生是一位难得的有学问、有道德的老革命家，他的高尚风格将永远是后世的模范。

（《文化灵苗播种人姜椿芳》，中国文史出版社出版。前半篇周有光所写，后半篇张允和所写。）

刘尊棋：《中国日报》的创办人

纽约初见

一天晚上，在纽约，杨刚女士同一位朋友来到我家。她介绍说："这是刘尊棋先生，大名鼎鼎的新闻记者。"刘尊棋先生来到我家，他是"宾至如归"，我是"一见如故"。

这时候，"二战"结束不久，纳粹主义的威胁解除了，美苏矛盾急剧上升，中国的国内革命尖锐起来了。纽约生活表面上纸醉金迷，好像忘记了外面世界，但是知识分子都暗暗地忧心忡忡，中国知识分子如此，美国知识分子也如此。

刘尊棋先生第一次来到我家，在略事寒暄之后，杨刚女士和我就向他请教许多国际局势问题。他对当时的世界变化了如指掌，细细分析，娓娓道来，我们静静倾听，把思虑伸展到世界和中国的明天。在半个世纪之后的今天，那一晚的纽约还深印在我的记忆之中，成为一个"难忘之夜"。

香港重逢

后来，我去欧洲，跟他失去了联系。在解放前夜，我从欧洲回到香港，出乎意外地又遇到了刘尊棋先生。原来他是来到香港等待解放回国的。他在香港办一个小型的英文刊物，名叫《远东公报》。这个小型刊物真是很小，起初是打字油印的。新闻报道几乎全是刘尊棋先生一个人所写，把远东和欧美所发生的时事，用简单而明了的文笔，一针见血地说明原委，使读者不仅知道了事实，还明白了其中的是非。

正像在纽约他常来看我一样，这时候我常去看他，因为晚间我有空，而他要在晚间工作到深夜，不能离开他的小得可怜的办公桌，难于出门看朋友。这时候，我见到他，也是开口就问世界和中国的局势，几乎没有谈过生活和家常。这是我同他交往的一个特点。

但是也有例外。有一次，在默然对坐了几分钟之后，他忽然用低沉的声音告诉我：他曾经被关在监牢里，他的右腿跟一位有名人物的左腿用链条锁在一起。讲了这句话之后，我们又默然相对几分钟，不知说什么才好。

国内战争急转直下，上海解放了。由许涤新先生介绍，我乘大公报包租的“盛京轮”在一九四九年六月三日从香港回到上海。临行匆匆，没有跟任何亲友打招呼，刘尊棋先生当然不知道我的行踪。一下轮船，看到久别了的上海，我心中有无法形容的感触。我四面张望，看看刘尊棋先生有没有同船回来。没有看到他。可是意外地看到了杨刚女士，她是我下了码头看到的第一个熟人。

上海港口被水雷封锁了，“盛京轮”被困在港内。我留在上海复旦大学任教。这样又跟刘尊棋先生分开了。隔了一段时间，在报纸上看到，刘尊棋先生到了北京，是外文局的领导之一。我心中为他高兴。可是，又隔了一段时间，听说他受到政治处分，被隔离起来了，不知道是为了什么事情。很晚我才知道，他在“文化大革命”中又被关进监牢，不知又为何事。就这样，多年不知道他的下落。

我在一九五六年调来北京，在中国文字改革委员会工作。在“文化大革命”之后的一九七八年，姜椿芳同志创办“中国大百科全书出版社”，邀请刘尊棋先生共同负责筹备工作。当时，我也稍稍帮助姜椿芳先生做些事情。有一天，姜椿芳先生偕同跟我久别了的刘尊棋先生来到我家，一同去北京东南角，看看那里的几间破旧屋子是否可以暂时作为“大百科”的筹备处。这时候，我才知道刘尊棋先生得到解放还不很久。从这时候起，我把一向对他用的称呼“先生”改为解放后的通用称呼“同志”。

主持《简明不列颠》

“改革开放”使局势迅速变化。“大百科”跟美国“不列颠出版社”合作翻译出版《简明不列颠百科全书》，组成“中美联合编审委员会”，刘尊棋同志担任中方主席，我是中方三委员之一。我高兴能够跟他一同工作。

中美关系发生极大的变化，可是许多人对美国仍旧保持着高度的警惕。人们警告说，翻译出版美国的《百科全书》，其中充满着资本主义和帝国主义的思想，任何一个条文都可能使你们这批人关进监牢里去。的确，这是一件值得做，但又是最好不做的工作。说它值得做，是因为中国需要了解外面世界的事实和观点；说它最好不做，是因为这是充满着意识形态危险的工作。

可是，刘尊棋同志对美国的"攻势"应付自如，处理得不卑不亢，解决了一个又一个难题。他高瞻远瞩，目光不仅看到中国，还看到世界，不仅看到今天，还看到明天，所以他能够担任别人不敢担任的工作。

创办英文《中国日报》

在负责《简明不列颠百科全书》工作的同时，他被任命为英文《中国日报》的总编辑。一天，他请我去中国日报社看看他的编辑部。我走进一间小小的他的卧室，看见一张单人钢丝床，一张单人小书桌，一盏小酒精灯，几包方便面。他说，晚上住在这里的时候，就自己煮方便面吃。这样一位发行到全世界去的《中国日报》的总编辑，恐怕全世界找不到第二个吧。

直到写这篇悼念文章之前，我才知道，刘尊棋同志在过去四十多年中，受尽人间折磨，从劳改到劳改，从监狱到监狱，最后，感谢时代的伟大，冤案终于平反。长期而残酷的折磨使他身患重病，妻离子散，但是，没有能摧毁他的意志，没有能破坏他的理想，没有能使他丧失智慧，没有能使他放弃追求。他真正当得起"百折不挠、艰苦卓绝"这八个字。在他最后的岁月中，终于遇到了一个宽松开放的时期，做成了几件有利于人民的工作。这是他的幸运，也是国家的幸运。

他是一位有世界眼光的新闻记者，一位知识广博的文化人，一位足智多谋的事业家，一位不平凡的平凡人。中国的知识界将永远为失去了这样一位不平凡的平凡人而哀悼！

张志公：实用语法学家

我和张志公先生成为往来频繁的亲密朋友，因为我们长期一同住在一个大院里，这个大院叫作公主第。

一九五五年底，我被调来北京，在中国文字改革委员会工作。办公处和住处都在北京沙滩景山东街的公主第。这里是解放前的北京大学，清朝末年的京师大学堂。沙滩的红楼是后来添造的。五四运动的许多故事，就发生在这里。

地名早期叫马神庙，现在改称沙滩后街。公主第原来是一座规模宏大的驸马王府。中国文字改革委员会一个单位用不了这许多房屋，跟另一个单位人民教育出版社共同使用。当时全国大中小学的所有教科书都是人民教育出版社编辑出版的。

志公先生在人民教育出版社工作，跟我随时往来，非常方便，甚至一天往来几次。我有什么工作上的问题，就去找他，同他商量。有时有朋友来找我，在我的办公室和家里都找不到，就到志公先生的办公室和家里去找，一定能找到。

我们一同看到公主第大院的一派宫廷景象，绿树成荫，花香鸟语。春天，白色和紫色的丁香花处处盛开。大院中心有一个荷花池，每年开放复瓣荷花。池中有一个白石头的方柱子，顶上是斜放着的圆盘形日晷，旁边刻着“仰则观象于天，俯则观法于地”字样。这是京师大学堂和北京大学遗留下来的文物。

我们也一同看到公主第大院在一次一次政治运动中不断遭到难以相信的破坏，成为很像一个无人管理的低级难民收容所的样子。终于，浩劫过去，否极泰来，把红漆大门拆掉，把大门外的两个石狮子搬走，封建意味一扫而空，改成一组一组矮矮的新式办公楼和宿舍。

我每次想起志公先生，不能不同时想起公主第大院的沧桑变化，因为从我的办公室到他的办公室必须经过这一带使人回想清朝覆亡和五四运动的花园式庭院。现在，志公先生的宝眷还住在公主第的新造宿舍里，我已经离开公主第内清朝末年建筑的破烂不堪的住宅，迁移到名称古怪的后拐棒胡同。

二十世纪五十年代，振兴教育，朝气蓬勃，一方面提倡普通话、简化字、汉语拼音；一方面改革现代汉语教育，重视语法和修辞。这时候，掀起一个语法学的百家争鸣，语法学的文章如天女散花，缤纷落地，现代汉语的语法研究得到前所未有的提高。

但是，中学的语法教科书，不能众说并立，旁征博引，需要有一个简单明了、说法一致，而且容易为青年们所理解的语法体系。这是一件艰难而重大的学术综合工作。在志公先生主持之下，折中于各家学说之间，写成一个兼收并蓄、汇集众长、适合中学教学用的语法体系。他和他的同事们出色地完成了这一工作，得到社会各方面的赞赏。

志公先生学识渊博，著作很多。他治学谨严，著作切于实用。例如他跟田小琳女士合著的《现代汉语》，就是一部极好的适合大学一年级用的教科书。语文界对他的理论结合实际的学风，钦佩之至。

志公先生长期以来热心文字改革，不仅观点跟文改会的同道们共鸣，而且在许多工作中跟文改会的同道们协作进行。他最后担任中国语文现代化学会的会长，就是他众望所归的证明。他几次对我说，他被邀到国外讲学，人家希望他多讲一些语法学，可是他想尽办法多讲中国的文字改革。他的学术思想是向前看的，不是向后看的。他同意我们提出的“厚今而不薄古”的观点。这跟中国语文学界的传统思想有许多不同之处。

志公先生比我小几岁，可是他一早就拿起拐棍，留了胡子，而且胡子渐渐有些花白的影子，人家称他张老。他笑笑、点点头。我呢，年纪比他痴长几岁，可是不拿拐棍，不留胡子。每次一同开会，他总是笑着介绍说，我是他的老弟。我也就称他为老兄。许多人信以为真，引起哄堂大笑！这是我们常在一起开会的趣事。

现在，我还是常常遇到问题就拿起电话跟他老兄商量。可是，在想电话号码的时候，我忽然记起了老兄已经登上了“八宝山”，而老弟还停留在“后拐棒”。真是，“夫天地者万物之逆旅，光阴者百代之过客”：我们一辈的人属于语法学上所说的过去时态了。可是中国语文和语文研究应当永远属于未来时态。

曾世英：现代地图学的开创者

开创现代地图学的新纪元

一九三三年出版的《中华民国新地图》和《中国分省新地图》，翁文灏先生认为，开辟了“中国地图学之新纪元”。这两部地图是“丁文江先生创其计划，曾世英先生任其工作”。丁先生和曾先生是中国现代地图学的新纪元的开创人。

二十世纪三十年代，中国地图落后于世界水平，多数以康熙年间的测量作为底图。《申报》为纪念创刊六十周年，出资编印这两部地图，使人耳目一新，引起了一阵“中国地图热”。我和同辈青年，由此对中国地图有了新的认识，曾先生的大名深印在我们心中。

《申报》主人史量才先生说得对：“确认史地二科，凡人生基本观念之所以确立，与夫爱群爱国心之所由培成，胥于二者是赖。”这两部地图的出版，正值日寇大举侵华，“神州风云变色，辽吉黑热陷落”。人民看图思国，振臂高呼：“还我河山！”

这两部地图不仅内容新颖，而且索引完备。它有三种地名索引：四角号码索引、部首索引和罗马字索引。把罗马字索引放进地图，在当时是创举。更可喜的是把“分省图检视表”印在硬封面的背后，寻找图幅，一翻就得。这个小小的创意，把效率观念引进了不知效率的古老中国。

这两部地图，我多次失去，多次重购，解放以后又在旧书店再次买来，至今珍藏在我的手边。

与大学者为友

一九五五年，我来北京参加全国文字改革会议，次年调来文字改革委员会工作。文字改革，不论是简化汉字还是汉语拼音字母，都跟地图有密切关系。由此我跟曾先生有了工作联系，常常见面，切磋研求。他是我心中早已敬仰的大学者，我竟然有机会同他成为时常往来商量工作的朋友，使我得到了不敢设想的荣幸。

当时，曾先生正在编辑《中华人民共和国地图集》。这本地图集，一九五六年一月开始设计，当年年底制版打样，一九五八年印出第一版。它按照一九五六年《汉字简化方案》用简化字编写地名；同时，按照一九五六年《汉语拼音方案》（草案）编写地名索引（一九五八年公布的《汉语拼音方案》对草案作了修改）。这是最早应用汉语拼音字母的出版物。

在“文化大革命”（一九六六—一九七六）时期，联合国“地名国际标准化会议”提出中国地名罗马字拼写法需要标准化的问题。曾先生同我共同研究解决其中的技术问题，对汉语地名的罗马字拼写法，提出通名和专名两分法的原则；对非汉语地名的罗马字拼写法，提出藏语、蒙语和维吾尔语三种少数民族语言采用“名从主人”的原则。

维吾尔语当时已经有规定的罗马字拼写法，只要把新字母改为通用字母就行。蒙语当时还没有规定罗马字拼写法，只能采用正在拟议中的拼写法。藏语没有可以依据的罗马字拼写法，要规定一种暂时应用的拼写法。更难解决的是，藏族还没有各方言共同接受的民族共同语。经过再三考虑，只能按照中央广播电台所用的语言作为提供联合国的拼写标准。

“汉语拼音方案”终于被联合国接受作为拼写中国地名的国际标准。这是在中国还没有进入联合国的时候，中国的文化设计首先进入了联合国。

逆境中有顺境

当时知识分子被“文化大革命”搞得焦头烂额，处境十分狼狈。在这样的逆境中间，曾先生一次一次来到我的办公室，共同商量问题。此情此景，使我永远难忘。

在曾先生的积极推动下，编辑出版了中国分省地图的“汉语拼音版”，适应国际标准化的需要；出版了以汉语拼音字母为顺序的《中国地名录》，便于国内和国际检查应用；规定了中国省区拼写法的缩写代号，便于邮电事业使用。

中国地图和地名充分利用拼音，不仅扩大了拼音的用途，并且使中国地名容易被世界各国所了解和应用。曾先生是通过地图和测绘专业使中国文化走上世界舞台的引路人。

曾先生对中国国内少数民族名称的拼写法也非常关心。他跟我共同研究这个问题，前后经历多年，试拟过多种格式，最后在少数民族语文专家们的共同努力下，订出了一个少数民族名称拼写法的国家标准。这个标准今天已经成为国内和国外经常使用的文件。

曾先生以九十多岁的高龄，经常一个人挤公共汽车，从遥远的北京西郊来到北京的东城。这使我和我的同事们吃惊，感到不安，可是他若无其事。他的精神力量有难以置信的功能。

他是一位兼有西方学术和东方道德的人。他知识宏博而自谦不知，思想精进而言谈和缓，坚持真理而不卑不亢。他在全国政治协商委员会同我常常共同提出提案，对语文和文化的现代化，尽一点促进的努力。

对我来说，我能得到像曾先生这样一位良师益友，多年往来，真是三生有幸。如果要我说出一位我所知道的人格完备的近代人，我将脱口而出：曾世英先生。

郑权伯：水利学大师

良师益友

郑权伯教授（一八九四——一九九四）已经去世，现在是他诞辰一百周年。我深深怀念这位我的良师益友，中国近代水利科学研究事业的奠基人。

他比我大十二岁，他是我的大阿哥、好朋友，他的学问是我的老师，他的品德是我的模范，我敬重他如同敬重我的父辈。

他从德国学成归国，正是风华正茂的三十岁。从那时起，他在水利和市政工程部门从事教学、科研和建设工作，历七十年如一日。这样的学者，这样的献身，在中国、在全世界，能有几人？这样的学者，这样的献身，在中国、在全世界，不是人类社会中最高尚的模范吗？

在战争动乱的漫长年代里，他的学术无法充分发挥作用。在全国解放以后，我以为他可以大显身手了。的确，他能贡献的比过去多得多了，特别是培养了一批又一批高水平的研究生。但是一再受到学术偏见和出身偏见的干扰，他的学术仍旧没有能够充分发挥作用。他和他一辈老科学家的不受重用，是近四十年来中国建设事业迟迟不前的原因之一。更想不到的是，以他的一身清白，竟然在“文化大革命”中蒙受不白之冤，身心受到严重摧残，经济受到巨大损失。这虽然只是“十年浩劫”中旷古未有的万千事例中的一例，但是不能轻轻带过，认为过去已经过去，何必再说。为了中国的未来，我们应当叫子孙牢记这可能毁灭中华的惨痛教训，决不能让它再次重演！

海上论文

二十世纪五十年代初期，他和我都在上海。我同几位朋友办一个经济学刊物，名叫《经济周报》。我常请他写文章，谈论中国的水利问题，以及一般经济建设问题。他的文章写得内容充实，见解科学，笔调平易，深入浅出，受到读者们的欢迎。他常说，经济建设必须科学地说、踏实地做，决不能哗众取宠。他的不朽名著《中国水利史》是当时上海许多青年经济学研究者爱不释手的读物。

他不仅是一位严肃的科学家，他还是一位轻松的艺术爱好者。他的兴趣非常广。他喜欢收藏古玩。他爱听古典歌剧“昆曲”。他爱参观各种美术展览。有一次，在重庆，我同我的妻子张允和到他家去。他正在清理他收藏的古钱币。他见了我就说：“你看我，弄得满手铜臭！你这位银行家，温文尔雅，反而一点铜臭味也没有！”

他同朋友们谈天，一谈就谈到深夜。他的谈话都是轻声轻气，娓娓道来。所谈的有使人感叹的古今逸事，使人向往的伟人伟绩，还有趣味深长的诗文，忍俊不禁的笑话。从他的谈笑之中，我体会到了如何修身养性的做人道理。每一次我同他闲谈之后回家，心中都带着新的问题，新的感想。他是我的亲密而又尊敬的良师益友。

他的思虑如江河之长，他的学识如海洋之大，“河海大学”是他的适当归宿。他的伟大抱负，将来一定会由他的学生们在前进的建设中变成现实。在他百岁纪念的时刻，我好像又一次从他的家里走回我家，一路上低头细细思量着他的一言一笑。

一九九四年　时年八十九岁

章乃器：胆识过人的银行家

接到包头市章翼军来信："叔叔、婶婶：久未问候，身体可健，念念！近悉有关单位拟出版先父章乃器专辑。我知道叔叔与先父交往多年，深知先父的为人。我们迫切祈望叔叔能赐教，写一篇纪念文章，为专辑增光。"

这是一封出乎意料的来信，引起了我六十年前的回想，往事如梦的回想。我于是写了此文。

在我的朋友中间，章乃器先生是一位最为奇特的人才。他的才能出类拔萃，所以当时有许多青年人钦佩他。他的言行与众不同，所以当时有许多老一辈害怕他。他是二十世纪三十年代上海经济界引起议论最多的奇特人才，所以他给人的印象特别深刻。

我在认识他之前就看过他的文章。他的文章气势之盛，立意之新，在抗战前夜，许多青年人读了，拍案称奇，深受感染。我以为他可能是一位趾高气扬、难于接近的人。一见之下才知道他对人是低声说话、平易近人。

我跟他认识是在抗日战争前上海的征信所，征信所是上海银行界创办的一个商业信息服务机构。上海银行界推举七八家有代表性的银行，各出一个组成理事会，管理所务。我代表江苏银行，乃器代表浙江实业银行，理事会以乃器为主任。每周几次，理事们中午到所共餐，借共餐时间商议工作。这样，我就经常跟乃器见面。跟他共事中，看到他工作能力之强，解决问题之快，使人惊异。

一天，他邀我到他家去吃便饭，从业务谈到当时的国家大事，他跟我不仅业务见解相同，政治见解也相同，于是他和我成为说得来的朋友。他的夫人胡子婴女士，是一位能说善道而见识非凡的女性，胡子婴也成为我和内人张允和的说得来的朋友。

日本的侵略得寸进尺，越逼越紧。一九三五年，乃器成为主张积极抗日的救国会的中坚人物。他建议我参加救国会，加入他主持的小组。加入这个小组的还有蔡承新、彭石年、赵君迈等人。每隔一天的晚上，在中国银行上海分行聚会，互通消息，商议做什么救亡工作。这样，我从乃器的业务同行，成为乃器的政治同道。

二十世纪三十年代后期的政治形势，紧锣密鼓，瞬息万变。一九三六年十一月，突然间“七君子”被捕了！乃器是七君子之一。救国会的工作变为主要是营救“七君子”。七君子被关押在苏州监狱。当时我的家在苏州，我一人在上海，每逢周末回苏州。一天，胡子婴在深夜忽然到苏州敲我家的门。张允和见到胡子婴半夜投宿，大吃一惊！两人商议第二天如何探监之后，张允和安置胡子婴在一间卧室住下。胡子婴一夜未眠，第二天她的卧室烟灰缸里堆满了烟头，满屋子尽是烟雾。

从此，胡子婴成为经常到苏州我家的客人。邹韬奋的夫人沈粹缜女士和其他几位的夫人也常来。她们带了孩子们到苏州，这不仅是为了使孩子们能看到爸爸，而且是因为孩子们探监方便，衣服里夹带文件也不检查。张允和成天忙于招待和安排探监事务。乃器的家属和其他几位的家属都成了我家的亲热朋友。

“七君子”被捕之后，许多救国会的会员也相继秘密被捕。救国会变成非法团体，只能暗中秘密联络。一九三六年十二月十二日，忽然传来西安事变消息，蒋介石被软禁了。形势紧张达到极点。当时我们最担心的是，国内战争爆发，“七君子”可能被杀害。四处营救，走投无路！想不到风云急转，比预料的还快。十二月二十五日在蒋介石同意抗日之后，张学良陪同蒋介石飞回南京。可是，“七君子”等到一九三七年日本全面侵华的“七七事变”之后才得到释放。

“七七事变”之后，我和许多救国会的朋友们转移到重庆。乃器和我又在重庆见面了。上海许多工厂紧急迁移到重庆，称为迁川工厂。为了给迁川工厂服务，乃器成立了一个工业经济研究所，他自己担任所长，邀我担任副所长。后来我转任农本局的工作，跟乃器分手。抗战八年，人事多变，工作纷更。乃器一度离开重庆，到安徽跟李宗仁合作。我在农本局之后，又到新华银行。一九四五年日本投降之后，我被新华银行派往国外。

上海快要解放的时候，我从英国伦敦回到香港，等待机会重回上海。在香港又跟乃器相见。乃器建议我参加当时在香港由他主持的民主建国会。乃器说，这个组织的基础是救国会时期上海经济界的星五聚餐会，以及后来在重庆扩大了的工商界的星五聚餐会，我原来是这个聚餐会的参加者。他又解释说，历史经验说明，经济界需要有一个自己的政治组织。

一九四九年五月二十七日上海解放。香港《大公报》租用一只轮船，名叫盛京轮，专门运送留港人员回上海。我附骥乘船，在六月三日回到上海。这只轮船一到上海，上海港就被水雷封锁。下了轮船，看到许多在香港的熟人。我找乃器，没有找到。

一九四九年十月一日，新中国成立。乃器担任粮食部的部长。他曾问我是否愿意去粮食部工作。我说我不想担任行政工作，还是回到教书兼银行的老本行。一九五五年，我从上海被调到北京，担任文改会的工作。从此，我跟乃器的工作属于不同的部门。

一九五七年掀起了“反右”运动。经济界公认的左派名人章乃器，竟被定为大右派。他如何在二十多年间受了打击和折磨，我一点也不知道。一位朋友说，头角峥嵘必然头破血流，这是“反右”的规律。

一九七六年打倒“四人帮”之后，胡耀邦在邓小平领导下主持中央工作，盛传“右派”即将平反。小道消息说章乃器先生将是平反的第一批。大致是一九七六年秋天，一位朋友偷偷地告诉我，乃器住在北京东郊红庙某楼，可是不知道门号。当时红庙是人迹稀少的地方。我按地址去看乃器。问楼下的人，无人知道有个章乃器。高楼没有电梯，我一层一层爬上去，一层一层敲门探问，敲到第八层终于找到了乃器。

他住在高楼的最高一层，一间大房，半间小房。我敲门后，在门外等候了好久，似乎门内无人。终于，门开了。他和我相见而相互不相识，经过了木然相对的几秒钟，然后如梦方醒，彼此认出来了。

他的大房间里放着一张大床，床很大，几乎占据整个房间。旁边余下一条空处，放一张破旧的长沙发。他把上面堆放着的衣服和被窝拿开，我们并坐谈天。房间里有一位青年，乃器说是他的小儿子，看到客人来，就轻轻地走了出去。我不问乃器近年来的生活，也不谈什么“右派”平反的消息。只谈愉快的不伤脾胃的话，说了一阵，我辞别而去。显然，这时候乃器还不知道平反的消息。

后来，在报纸上看到乃器真的平反了。更后来，又在报纸上看到乃器去世了。他比我年纪大几岁，去世是自然规律。可是一位本来可以在解放之后大有作为的人才，就这样默默地离开了需要他的中国土地！只有历史不会忘记他在国家危亡之际曾发挥过的时代作用。

一九九六年　时年九十岁多两个月

第四编

我和语文现代化

周有光自述

回忆拼音方案的制订过程

《语文建设》的编者对我说：一九九八年纪念汉语拼音方案公布四十周年，请你写一篇文章，回忆方案的制订过程，你是拼音方案委员会唯一健在并且还能执笔的成员了。我欣然同意，但是担心记忆错误。

新中国成立初期，中央为了使人民大众迅速提高文化，把研究制订一个比较理想的拼音方案作为重大工作，由毛主席和周总理亲自领导，由胡乔木承上启下，指导工作。

上海解放后不久，我回到上海，在复旦大学经济研究所任教，业余参加倪海曙主持的上海新文字研究会。大约在一九五二年略早，倪海曙告诉我，毛主席到苏联问斯大林，中国的文字改革应当怎么办；斯大林说，中国是一个大国，可以有自己的字母。毛主席回到北京，指示中国文字改革研究委员会研究制订民族形式的拼音方案。同时上海新文字研究会停止推广北拉（北方话拉丁化新文字），等待新方案的产生。倪海曙创办《语文知识》月刊，刊登有关文字改革的研究文章，协助北京的设计工作。

我写了一些介绍各国古今字母的文章，发表在《语文知识》上，作为选择或创造字母的参考，后来编成《字母的故事》一书，一九五二年出版。我体会到，一种字母成为民族形式，需要极长时期的实际应用，经过约定俗成，方能成为公认的民族形式。新创字母很难得到公认是民族形式。创造字母不难，大家同意极难。国外的历史告诉我们，国际形式和民族形式是相互转变的，国际形式用久了就成为民族形式。例如，英文字母间接来自罗马，借用了几百年，英国人就认为这是英国的民族形式了。

一九五五年十月十五日，全国文字改革会议在北京开幕。叶籁士在发言中说："从一九五二年到一九五四年这个期间，中国文字改革研究委员会主要进行汉字笔画式拼音方案的研究工作，经过了三年的摸索，曾经拟订几种草案，都放在《汉语拼音文字方案草案初稿》（汉字笔画式）里头。"

这个《草案初稿》（书稿）现在难以找到。我大致记得是这样：参加文字改革会议的代表们看到一份征求意见的材料，有六种方案草稿，四种民族形式，一种拉丁字母形式，一种斯拉夫字母形式。四种民族形式草稿的设计者是：吴老（玉章）、丁西林、黎锦熙（改良注音字母）、委员会秘书处（陆志韦、郑林曦所拟，汉字笔画式音素字母，结合成为音节）。全国文字改革会议对这些草稿没有进行讨论。

一九五四年底，中国文字改革研究委员会改组成为中国文字改革委员会，直属国务院。在一九五五年二月，文改会内部设立拼音方案委员会。委员有吴玉章（主任）、胡愈之（副主任）、韦悫、丁西林、林汉达、罗常培、陆志韦、黎锦熙、王力、倪海曙、叶籁士（文改会秘书长）、周有光、胡乔木、吕叔湘、魏建功。

一九五五年六月，拼音方案委员会分为甲乙两个小组，甲组拟订汉字笔画式（民族形式）方案，乙组拟订国际通用字母（拉丁字母）拼音方案。

文字改革会议以后，吴老向毛主席报告，民族形式方案搞了三年，难以得到大家满意的设计，不如采用拉丁字母；毛主席同意，并在中央开会通过。这一决定的经过，叶籁士有文章说明（见《关于文字改革的几个问题》，载《语文现代化》一九八一年五月）。此后，拼音方案委员会只研究拟订拉丁字母方案。

拼音方案委员会指定叶籁士、陆志韦、周有光三人起草一个初稿，作为开会讨论的基础。我们三人夜以继日拟成一个"汉语拼音文字方案初稿"。初稿的主要特点是：一、完全用现成的拉丁字母；二、用几个双字母，但是尽量少用；三、标调用注音字母的调号，调号之外没有其他附加符号；四、"基欺希"由"格克赫"（g、k、h）变读。

拼音方案委员会开会讨论初稿时候，除个人意见之外，还提出各个重要部门的意见。为了顺应语言研究所提出的严格的"一音一母"原则，把初稿中六个双字母改为六个新字母（无点 i；带尾 z，c，s；长脚 n；俄文"基"）。初稿经过这样修改之后，成为"汉语拼音方案草案"（删除"文字"二字），在一九五六年二月十二日由文改会发表，公开征求意见。

群众提出的意见，来路广，创见多，反应热烈，无以复加。多数人不同意用新字母。邮电部门说，即使中国造出有新字母的电报机，也难以叫外国都改用同样的电报机，中外设备不同，就无法通电报。

国内国外群众来信四千三百多件，无法归纳成为一个草案，结果归纳成为两个草案，作为两种“修正式”，在一九五六年八月由文改会发表，再次公开征求意见。

两式的分歧，关键在“基欺希”的写法。第一式由“格克赫”（g、k、h）变读“基欺希”。第二式由“知吃识”（j、ch、sh）变读“基欺希”。注音字母的“基欺希”有专用字母（ㄐㄑㄒ），不用变读法。新方案可否也用专用字母呢？一早就有人建议，用“j、q、x”代表“基欺希”，但是拼音方案委员会不敢贸然采用，因为“q、x”读作“欺希”跟外文（主要是英文）习惯不同，不仅英美人反对，读过英文的中国人也反对。

拉丁字母的“国际音域”分为三层：第一层是“基本音域”，第二层是“引申音域”，第三层是“特殊读音”。“q、x”读作“欺希”是“特殊读音”，这要谨慎从事。其实“j”在英文中的读音也是“特殊读音”。英文把半元音的“j”读成辅音，西欧国家多数人觉得英国人古怪。英国可以用一个古怪字母，我们再加两个古怪字母有何不可？两式相持的解决办法是打破习惯，采用三个专用字母“j、q、x”（基欺希）。请看比较：

注音字母	ㄓ	ㄔ	ㄕ	ㄐ		ㄒ	ㄍ	ㄎ	ㄏ
威妥玛	ch	ch′	sh	ch	ch′	hs	k	k′	h
国罗	j	ch	sh	j	ch	sh	g	k	h

北　　拉　zh　ch　sh　g　k　x　g　k　x

拼　　音　zh　ch　sh　j　q　x　g　k　h

从上面的比较，可以看到字母的使用方法是逐步改进的。拼音方案青出于蓝。

拼音方案的制订是在十分慎重中进行的。文改会提出的方案，都要再经过国务院组织高级“审订委员会”加以审订。“汉字简化方案”如此，“汉语拼音方案”也是如此。一九五六年十月，国务院成立高级“汉语拼音方案审订委员会”，在听取文改会拼音方案委员会的报告之后，决定采用“j、q、x”代表“基欺希”，解决了两式的相持。这个统一的草案叫作“修正草案”，由国务院在一九五七年十二月十一日公布，让群众先知道，并提请全国人民代表大会讨论和批准。九五八年二月十一日得到全国人民代表大会通过。经过三年的谨慎工作，“汉语拼音方案”终于诞生。

方案的名称从“拼音文字方案”改为“拼音方案”，删除“文字”二字。这在拼音方案委员会中没有引起争论。因为委员们都了解，叫它“文字”，它也不可能代替汉字；不叫它“文字”，它也有文字的性质。从一套字母到成为公认的文字，是一个历史发展过程。这不是几十年的事情，而是几百年的事情。日本使日语罗马字取得法定地位，结果至今也没有成为真正的通用文字。与其有文字之名而无文字之实，不如有文字之实而无文字之名。周总理在一九五八年一月十日《当前文字改革的任务》报告中申明，“汉语拼音方案是用来为汉字注音和推广普通话的，它并不是用来代替汉字的拼音文字”。这是切合实际的政策，避免无谓的争论。“拼音”不是“拼音文字”，它是汉字的助手。助手能做汉字不便做和不能做的一切工作。

可是，是否“文字”方案的问题在群众中间十分关心。不少希望有一个“文字”方案的热心分子，不断创制“文字”方案，寄来文改会。从一九五〇年文字改革研究委员会时期到一九五五年八月三十一日举行全国文字改革会议之前为止，寄来六百五十五个“文字”方案。从一九五五年八月三十一日到一九五八年二月拼音方案公布时候为止，寄来一千多个“文字”方案。从一九五八年二月公布拼音方案到一九八〇年“文化大革命”结束之后为止，寄来一千六百六十七个“文字”方案。共计群众创制的“文字”方案有三千三百多个。这种创制“文字”方案的群众热潮，是中国特有的爱国现象。

中国制订拼音方案之前，苏联已经悄悄地废除拉丁化，改为斯拉夫化，把所有的拉丁化民族文字方案一概改成斯拉夫字母。蒙古文也是如此更改了。中国的拉丁化运动没有追随苏联。五十年代，中国向苏联一边倒，有些同志主张采用斯拉夫字母，跟苏联结为文字同盟。苏联前来讲学的语言学者也提出这种建议。据说，苏联一位副总理来到中国，跟陈毅副总理说，希望中苏采用相同的字母。陈毅副总理说：中国文化必须跟东亚和东南亚联系，东亚和东南亚都习惯用拉丁字母。

关于语音标准问题，一九五五年全国文字改革会议重新肯定一九二四年实行的以北京语音为标准音。在此之前，拉丁化运动反对纯粹以北京语音为标准，北拉接近“老国音”而不同于“新国音”，并且提倡方言拉丁化。例如：北拉区分“尖团音”，“基欺希”写“gi、ki、xi”，“济妻西”写“zi’ci、si”。这时候，拉丁化运动团体解散了，不再谈方言拉丁化。

回顾历史，十九世纪后半的教会罗马字主张方言拼音文字。在清末的切音字运动中，不少人提出方言拼音文字。劳乃宣提出了有名的“以南就北”的理论。瞿秋白把中国的方言等同于苏联的民族语言。这些主张的共同特点是，只看到中国语言的分歧现象，没有看到中国人民的国家意识已经高涨，群众迫切要求从“书同文”向“语同音”前进。汉语拼音方案是国家共同语的拼音方案，不是地区方言的拼音方案。

今天，还时时有人提出改进汉语拼音方案的建议。我十分注意这些建议。但是新的建议中很少是在五十年代没有仔细研究过的。略举数例如下：

拼音方案里的字母“迂”（ü，两点），破坏了除调号以外不用符号的规则。“两点”上面再加调号，重床叠屋。改为“iu”（双字母）表示“迂”（“国罗”如此写），不更好吗？拼音方案委员会当时的考虑是：“迂”是个重要元音，需要有一个单独字母代表它。现在看来，这仍旧是一个问题。有人建议用“v”代表“迂”，经过研究，弊多而利少。近来有人建议，用“yu”代表在音节“吕”“女”中的“迂”，作为“技术处理”，只在必要时候使用，并不是改变方案，其他音节照旧不改，但是都省略两点。这或许是比较有可行性的建议。

舌尖元音要不要写，如何写，是一个棘手问题。台湾注音符号第二式用“r”表示舌尖后元音，用“z”表示舌尖前元音。用这两个辅音字母代表元音，拼音方案委员会曾经做过试验，觉得不好，特别是上面还要加上调号。拼音方案委员会尝试过多种方法，包括“省略不写”，写无点ı，写 ih，写 y，等等。只有现在的办法（写“-i”），比较符合原理，也方便实用。这种写法有语音历史变化和现代“十三辙”作为依据。

有人建议，北京语音“俄”（e）和“喔”（o）实际是一个音位，可以合成一个字母，不必分为两个。注音字母原来只有一个“ㄛ”，实用之后觉得不方便，就在“ㄛ”头上加一点，后来一点连接起来成为“ㄜ”。根据这个历史经验，拼音方案也分为两个。

好些人建议，“ao”“iao”应当改为“au”“iau”。这是一个实用问题。为了书写避免跟“n”混淆，改“u”为“o”，有实用价值。国罗、北拉，也是如此写的。对这个问题，徐世荣做了理论的解释。

有人建议，用“z、c、s”代表使用频度较高的“知吃识”，用“zh、ch、sh”代表使用频度较低的“资此斯”。或者，“知吃识”和“基欺希”都用“j、q、x”。这样可以节省大量纸张。拼音方案委员会考虑了节省问题。但是还要考虑国内和国外的习惯，因此这个建议未能采取。

北拉“波”写“bo”，“多”写“do”。拼音“波”写“bo”，“多”写“duo”。有人建议一概按照北拉写法，可以节省字母。又有人建议把“波”也写成“buo”，统一规格，符合原理。方案委员会研究之后，决定采用注音字母的传统写法。

“y、w”这两个半元音字母要不要的问题，经过几次反复，最后决定要用。因为，这是分词连写所必要，而分词连写是书写普通话所必要。普通话是以词为表意单位的，应当分词连写。分词连写是拼音正词法的基础。汉语拼音的“阅读法”采取“元音连读”原则，因为汉语中有许多复元音的音节，例如“iao”是一个音节“要”，不是三个音节“伊阿喔”。日语罗马字跟汉语拼音不同，它采取“元音分读”原则，因为日语的音节基本上都是单元音的音节，例如“ɑ o i ”(“青”)是三个音节，不是一个音节。半元音字母对“元音连读”能够帮助分清音节，是拼音正词法的极有用处的条件。

调号问题是一个难题。采用注音字母的调号，有历史经验可以依靠，而且跟欧洲文字中的“分音符号”也相似。声调有原调，有变调，如何标呢？决定标原调，不标变调。(变调可以在语音学书籍中用科学方法标记。)后来出版的《现代汉语词典》中“一七八不”的标调方法是实用规范。

调号标在哪里，也是有争论的。标在音节末尾可以区别音节，但是过于松散。标在元音字母上面，能表示声调基本上是元音的音高变化。但是，“i u”“u i”标在哪一个字母上面好呢？这个问题，方案委员会没有做出决定。现在标在后一字母上面，已经成为习惯，这是群众的约定。

方案规定了字母名称，但是没有认真推行。注音字母的名称事实上代替了拼音字母的名称。近来又有用英文字母名称代替的趋势。这是一个先入为主的习惯问题。

问题很多，不能细谈。汉语拼音方案不是没有缺点的，但是改掉一个缺点往往会产生另一个缺点。缺点和优点是共生的。只能两利相权取其重，两弊相权取其轻。

汉语的字母方案一百多年来的演变历程是：从外国方案(威妥玛式)到本国方案(注音字母)，从民族形式(注音字母)到国际形式(国语罗马字)，从内外不同(国内用注音字母，国外用威妥玛式）到内外一致（国内国外都用汉语拼音），从国家标准（国语罗马字、汉语拼音）到国际标准（汉语拼音：ISO-7098）。

四十年来的经验表明，汉语拼音方案是一座现代化的文化桥梁。它一方面方便人民大众走向文化，另一方面方便中国文化走向世界。

我和语文现代化

我对语言学和文字学是外行，我参加文字改革工作是偶然。我的孙女儿在小学时候对我说："爷爷，你亏了！你搞经济半途而废，你搞文改半路出家，两个半圆合起来是一个○。"这就是我的写照。

一九四九年上海解放后，我从国外回来，在上海复旦大学经济研究所教书，院系调整后在上海财政经济学院教书。一九五五年接到通知，要我参加在北京召开的"全国文字改革会议"。会后我被留在新成立的"中国文字改革委员会"工作。我说我对语文是外行。领导说这是一件新的工作，大家都是外行。我服从分配，就此改行。二十世纪二十年代初期，我业余写过几篇有关语文的文章，提出一些幼稚的所谓新观点；三十年代，我业余参加拉丁化运动，写过一些有关改进拉丁化的文章。这就是我被留下在文改会工作的缘故。

"二战"后，新独立一百多个国家，都有语文建设问题，有的需要规定国家共同语，有的需要设计国家通用文字。文明古国也要更新语文，例如日本战后实行语文平民化，印度制定国家共同语和邦用共同语。国外兴起一门新的学问，叫作“语言计划”，这跟中国的“文字改革”名异而实同。“文字改革”包括语言问题，“语言计划”包括文字问题。文字改革或语言计划，又称“语文现代化”。

参加制订汉语拼音方案

解放初期，政府以扫除文盲作为建设新中国的一项重要工作。在“突击识字”等方法失败以后，把希望寄托于文字改革。

中国的文字改革开始于清末，内容逐步发展，前后包括：一、语言的共同化；二、文体的口语化；三、文字的简便化；四、注音的字母化；五、语文的电脑化；六、术语的国际化。五十年代提出三项文字改革的当前任务：一、简化汉字；二、推广普通话；三、制订和推行汉语拼音方案（参看一九五八年一月十日周恩来总理《当前文字改革的任务》）。

一九五五年“全国文字改革会议”把国语改称为普通话，给普通话定义为“以北方话为基础方言、以北京语音为标准音，以典范的白话文著作为语法规范的汉民族共同语”。会后成立“中央推广普通话工作委员会”，我是委员之一。我提出“普及”普通话的两项标准：一、全国学校以普通话为校园语言；二、全国公共活动以普通话为交际媒介。

起初，“文字改革研究委员会”设计民族形式的拼音方案，在一九五五年“全国文字改革会议”上展示四种民族形式的拼音方案草案，没有得到语文界的积极响应。于是在文改会下面成立“拼音方案委员会”进一步研究制订方案。一九一八年公布的“注音字母”（后改称“注音符号”）不便国际交流；一九一八年公布的“国语罗马字”拼写法太烦琐，难于推广。于是决定研究制订更加适用的汉语拼音方案。

“拼音方案委员会”详细研究了方案的原则和技术问题，包括：一、字母形式问题（民族形式和国际形式；译音方案和文字方案等）；二、语音标准问题（人为标准和自然标准；方言和普通话的对比等）；三、音节拼写法问题（双拼和音素化；字母标调和符号标调等）；四、字母的具体安排问题（声母“基欺希”的安排；舌尖前后元音的安排；双字母的减少；新字母的取舍等）。

为了给字母形式问题提供参考，我写了一本小书《字母的故事》，先分篇发表在《语文知识》杂志上，后来出版单行本。我提出“汉语拼音三原则”：一、拉丁化；二、音素化；三、口语化。并从反面阐明汉语拼音方案有“三不是”：一、不是汉字拼音方案，而是汉语拼音方案；二、不是方言拼音方案，而是普通话拼音方案；三、不是文言拼音方案，而是白话拼音方案。这些论点，我写成文章发表在香港《语文杂志》和其他刊物。

汉语拼音方案经过三年的反复研究方才完成。当时从原则问题到技术问题，都经过十分慎重的考虑。最后在一九五八年得到全国人民代表大会通过公布，后来在一九八二年得到“国际标准化组织”通过，成为书写汉语的“国际标准”（ISO-7098）。我写的关于拼音方案问题的一些文章，集成一本《拼音化问题》，后来在一九八〇年出版。

“汉语拼音方案”是以“音节”为单位的拼写法规则。方案公布之后，我进一步研究以“语词”为单位的“正词法”。经过多年的推敲，形成《汉语拼音正词法基本规则》，在一九八八年公布。配合正词法，我从五十年代开始主编《汉语拼音词汇》，经过两次修订再版，一九八九年又出版“重编本”。《汉语拼音词汇》的特点是，正文以语词为单位，采用纯字母排列法，使同音词都排列在一起，现在已经成为中文电脑的词库基础。我写的关于正词法的论文有《汉语拼音正词法问题》《正词法的性质问题》《正词法的内在矛盾》等，后来收集在一九八六年出版的论文集《中国语文的现代化》中。

汉语拼音从一九五八年秋季起已经成为中国大陆小学的必修课，中文辞书（例如《现代汉语词典》《中国大百科全书》等）都用拼音字母注音和排列正文，电脑输入中文的新技术采用“从拼音到汉字”的自动变换法。我国语文政策规定，拼音是帮助汉字的设计，可以做汉字不便做和不能做的各种工作，但是并非取代汉字的正式文字。“拼音”不是“拼音文字”。所谓“拼音化”有广狭两义：狭义指作为正式文字，广义指任何的拼音应用，包括给汉字注音，拼写普通话，在电脑上应用，等等。广义的“拼音化”已经广泛推行。

汉语字母的创造是一个长期的演进过程：从现成汉字（三十六个字母）到变异汉字（注音字母），从民族形式（注音字母）到国际形式（国语罗马字），从外国方案（威妥玛方案）到本国方案（国语罗马字），从内外不同（国内用注音符号，国外用国语罗马字）到内外一致（国内国外都用汉语拼音），从国家标准（一九五八年国家公布拼音方案）到国际标准（一九八二年ISO通过拼音方案为国际标准）。

使文字改革跟语言学挂钩

文字改革运动有三个方面：一、群众的文改运动（主张有的激进、有的稳健，有的成熟、有的幼稚）；二、学者的文改研究（钻研较深，主张不一，重理论而轻实用）；三、政府的文改政策（各个时期有统一的规定）。辛亥革命以来，文字改革逐步前进，但是没有长远规划，缺少理论指导。我是从群众运动中来的一个感性工作者，自己知道知识不足，水平太低，深感文字改革需要跟语言学挂钩。

一九五八年秋季，北京大学中文系王力教授约我去开讲一门“汉字改革”课程。我借此机会把清末以来文改运动的历史经验整理一番，从中归纳出一些原则，就我的浅薄了解，尝试跟语言学（包括文字学）挂钩，希望使文字改革成为一门可以言之成理的系统知识。我的这一努力是幼稚的，可是在当时是一种新的尝试，引起了广泛的注意。后来北京大学和人民大学又约我去再次开课。我把讲稿整理成《汉字改革概论》一书，一九六一年第一版，一九六四年再版，一九七九年第三版，一九七八年出香港版，一九八五年在日本出日文翻译版。

语文不是一成不变的，而是跟随社会的变化而变化的。社会长期停滞，语文也就停滞不变；社会急剧变化，语文也发生急剧变化。秦并六国，发生“书同文”变革。辛亥革命，发生白话文和国语运动。在西欧，文艺复兴之后各国创制民族语文。在日本，明治维新之后掀起文字改革。语文变化，可以是无意识的，可以是有意识的。有意识和有计划的变化称为文字改革。

文字改革对语言学和文字学提出了许多新的问题。例如，关于国家共同语：共同语的词汇基础和语音标准问题；异读词的读音规范化问题；词与非词的界限问题；语词的结构问题等。关于汉字：汉字和语词的使用频率问题；汉字的分层应用问题；同音字和同音词问题；简化和繁化问题；声旁的有效表音功能问题；现代汉字的部件分解问题等。诸如此类新问题的提出，扩大了语言学和文字学的研究范围，使文字改革从感性知识向理性知识前进。

关于同音词问题：我认为同音词是语言问题，不是文字问题。在文字上分化同音词，汉字可以做到，拼音也可以做到，但是这只能使“同音词”变为“异形词”，不能使“同音词”变为“异音词”。同音词依旧是同音词。我提出，同音词有“四不是”：一、不能单独成词的同音汉字不是同音词；二、异调同音不是同音词；三、文言古语同音不是现代汉语的同音词；四、语词和词组同音不是同音词。除去“四不是”，同音词的数量就不是人们所想象那么多了。语言有分化同音词的能力；在传声技术时代，这一能力将发挥更大的作用。五十年代把“炎症”和“癌症”的读音分化，把“初版”改为“第一版”跟“出版”相区别，这是成功的例子。在“异读词”的审音工作中，区分了更多的混淆不清的同音词。

关于形声字的表音功能问题：我在分析一本《新华字典》和若干报刊文章之后，发现现代汉字（约七千字）中“声旁的有效表音率为百分之三十九”，如果要区别声调，有效表音率不到五分之一。我写了论文《现代汉字中声旁的表音功能问题》（一九七八）和一本小书《汉字声旁读音便查》（一九七九），说明“秀才识字读半边”根本靠不住。古人造字，只求声旁读音近似，不求读音准确。读音的历史演变，使声旁大都失去了表音功能。声旁表音只有“近似性”，这是中外古典文字的共同现象。

在大约七千个现代汉字中，有基本声旁五百四十五个（不同字典数目略异），其他是滋生声旁。在现代汉字中，能独立成词的“词字”占三分之一，不能独立成词的“词素字”占三分之二。“词字”数量有相对稳定性。这些数据有多方面的实际作用，但是还要进一步研究核实。

在比较多种现代汉字的使用频率之后，我提出“汉字效用递减率”：最高频一千字的覆盖率大约是百分之九十，每增加一千四百字只提高覆盖率大约十分之一。这个规律给减少汉字的字量研究提供了一项统计依据。后来北京大学苏培成教授对“汉字效用递减率”又进行了进一步的研究和改进。

传统汉字学研究汉字的形音义的历史演变，实际是“历史汉字学”。为了当前应用的需要，我提出要从历史汉字学中分出一个分支，叫作“现代汉字学”，研究现代汉字的现状和应用问题。一九八〇年我发表论文《现代汉字学发凡》。不久，上海师范大学、华东师范大学、北京大学等开设了“现代汉字学”课程，并且编写出版了几种现代汉字学的专著。

其实，现代汉字学的研究在民国初年就事实上萌芽了。当时提倡：废除反切，用字母注音；简化汉字；改进查字法；用统计方法研究小学用字问题。在日本，革新的研究开始得更早。我在《现代汉字学序言》（一九九三）中说：现代汉字学是“播种于清末，萌芽于五四，含苞于战后，嫩黄新绿渐见于今日”。

汉字简化从一九五六年的《汉字简化方案》（五百一十五字）类推成为一九六四年的《简化字总表》（两千二百三十五字）。在七千个现代汉字中，三分之一是简化字，三分之二是没有改动的传承字。这些规范汉字已经普遍用于中国大陆的教科书、报纸和杂志，只有招牌、广告等所谓“社会用字”还处于混乱状态。在台湾，手写行书也用简化字，跟大陆大体相同。香港“繁简由之”，回归之后渐渐改繁为简。根据小学教师的经验，简化的好处是“好教、好认、好写”。简化字的清晰性在电视上极为明显。王羲之的书法中有三分之一是简化字，简化无损于书法。但是简化的好处不宜夸大。汉字的困难主要在字数太多。日本重视减少字数，一般只用一千九百四十五个常用汉字，值得中国学习。

简化的理论问题有争论。“从繁到简”是不是有普遍性的发展规律？有人说，汉字历史，“既有简化，又有繁化”。如果汉字是例外，简化就失去了理论根据。我认为汉字也是“从繁到简”，不是例外。汉字中形声字越来越多，“形声化”是符号的“复合”，不是“繁化”。丁头字和圣书字也有“形声化”，它们把几个符号线性排列，不发生“繁化”的感觉。汉字发生“繁化”的感觉，是因为把几个符号叠合成一个方块。汉字叠合以后又促进了简化。楷书形声字的部首“三点水”“草字头”等，都明显地简化了。“复合不是繁化”。

找寻汉字在人类文字史上的地位

二十世纪五十年代，许多人写文章说，文字改革要依照文字发展的规律来进行。什么是文字的发展规律呢？这是文字改革的重要理论问题。

有人说：文字的特点是由语言的特点决定的。汉语有音节分明的特点，适合使用表意的汉字；英语有词尾变化的特点，适合使用表音的字母。“语言决定文字”，这就是文字的发展规律。这个说法近来很流行，对不对呢？我尝试做了如下的观察。

汉语是汉藏语系的一种语言。汉藏语系其他语言的文字是否都跟汉语的文字相同或相似呢？在汉藏语系中，汉语之外另一种重要语言是藏语。藏语也是音节分明而没有词尾变化的，可是藏语的文字不用汉字而用表音的字母。这不是说明语言特点不能决定文字特点吗？

再看，用汉字作文字的国家除中国以外有日本、朝鲜和越南。这三种语言特点是否都跟汉语一样呢？不然。日语系属未定，不是汉藏语系，是有词尾变化的，跟汉语大不相同，可是日语用汉字作为正式文字。朝鲜语（韩语）属于阿尔泰语系，也有词尾，跟汉语大不相同，可是用汉字作为正式文字，今天北方废除汉字而南方仍旧用汉字和字母的混合体。越南语（京语）跟汉语非常相似，但是不属于汉藏语系；越南语原来用汉字，后来废除汉字改用拼音文字。在以上三种语言中，不同于汉语的采用汉字，相似于汉语的采用拼音文字，这不是正好否定了“语言决定文字”吗？

今天世界上最流行的拉丁字母，书写了各种互不相同的语言，这更证明语言的特点跟文字的特点没有必然的联系。“语言决定文字”的说法不能成立。

经常听到的另一种说法是：文字从“表形到表意到表音”，这就是文字的发展规律。可是有人说：汉字用了三千年，没有变成拼音文字，可见“形意音”的发展规律不能成立。

“形意音”的发展规律来自西方。我就到西方的著作中去看看情况。最能说明“形意音”规律的例子是“丁头字”。丁头字在本土“两河流域”，从苏美尔人传到阿卡德人、巴比伦人和亚述人，有逐步前进的“形意音”变化，但是只有量变，没有质变。在传到本土以外的民族以后，才摆脱“意音”结构，发生“从意到音”的质变，成为表音文字。“形意音”的发展是在从本土到异地的传播中完成的，不是在本土传承中完成的。

我把汉字跟丁头字相比，看到汉字也有同样情况。在中国，形声字比重的历代增加，就是声旁表音作用的发展，但是声旁增加，形旁也跟着增加，文字结构只发生量变，没有发生质变。汉字传到日本，从书写汉语变为书写日语，从万叶假名变为平假名和片假名，这是“从表意到表音”的质变。在汉语汉字到日语汉字的传播过程中，也看到了“形意音”的发展规律。

再看世界文字的历史。从公元前三千五百年到前一千五百年是丁头字和圣书字时代，这时候只有“意音文字”。经过两千年的“从意音到表音”的潜在演变，到前一千五百年产生扬弃表意、纯粹表音的字母文字。这就是文字的“形意音”发展过程。汉字的产生和发展比丁头字晚两千年，但是发展的步骤没有两样。我写成专书《世界文字发展史》（一九九七），把汉语汉字跟丁头字和圣书字共同排列在“古典文字”中间。

“六书”中间包含“形意音”三个层次：一、象形是表形；二、会意是表意，指事也是表意性质；三、假借是表音，形声是表音兼表意。转注是字形的变异。国外学者指出，“六书”不仅可以说明汉字的造字和用字的原理，也可以说明同类型的古典文字的造字和用字的原理。我比较“三大古典文字”，发表论文《丁头字、圣书字和汉字中的六书比较》。后来，我又进一步跟马亚字和云南彝文相比，发表五种古典文字中六书比较的论文《六书有普遍适用性》（一九九六）。从这些比较可以看到，类型相同的古典文字，虽然外貌迥然不同，而内在结构如出一辙。

从五十年代起，我开始研究比较文字学。我感到，研究比较文字学必须重视其中的文字分类法。在比较了各不相同的外国和中国学者的文字分类法之后，我提出“文字三相分类法”，希望以客观的条件统一各家的分类法。我认为文字有三个侧面：符形侧面、语段侧面和表达法侧面；三者合称文字的“三相”。一、符形相：从图符到字符到字母。二、语段相：从长语段（篇章、章节、语句）到短语段（语词、音节、音素）。三、表达相：从表形到表意到表音。把“三相”画成一个立体的“三棱形”，可以包括一切文字的类型，其中有单纯的类型、有兼职的类型。单从表达相来看，实际存在五种主要类型：一、形意文字；二、意音文字；三、音节文字；四、辅音文字；五、音素文字。

任何文字都可以在“三相分类法”中找到自己的位置。例如：现代中文属于“字符·语词和音节·表意和表音”的意音文字类型。现代日文属于“字符和字母·语词和音节·表意和表音”的意音文字类型。朝鲜文在南方属于“字符和字母·语词和音节（音素叠合）·表意和表音”的意音文字类型；在北方属于“字母·音节（音素叠合）·表音”的音节文字类型。一九九七年我发表论文《文字类型学初探：文字三相说》。后来我写成一本书稿《比较文字学初探》。

五十年代以来，中国大陆对少数民族的语言进行大规模的调查研究，成绩斐然。同时得到许多种少数民族的民间文字资料。依靠专家们的帮助，我起初收集到汉字型的文字二十多种，后来又扩充到三十多种。我写成论文《汉字型文字的综合观察》。这许多种文字组成一个“汉字型文字”的大家庭，实在是一件非同小可的大收获。应当把它们作为一个文字系统来进行综合研究，建立一个文字学分支，叫作“广义汉字学”。

汉字从黄河流域的“中原”传播到长江流域和珠江流域，再传播到国内边区的许多少数民族，包括古代的北方民族和现代的西南民族，再传播到四周邻国，包括越南、朝鲜和日本。综观两千年的传播，可以分为四个阶段：一、学习阶段，大家学习汉语汉字；二、借用阶段，借用汉字书写当地语言；三、仿造阶段，模仿汉字造成非汉语的民族新汉字，包括孳乳仿造和变异仿造；四、创造阶段，简化汉字或其笔画，成为音节字母或音素字母。在这个传播过程中，可以找寻微观的和宏观的汉字发展规律。汉字在人类文字史上的地位，需要从文字史和文字学的研究中得到客观的认识。

研究信息化时代的中国语文问题

面对信息化时代，汉语和汉字的研究又增添了一系列新的课题。在电脑上如何输入汉字文本，是日本和中国共同遇到的“瓶颈”问题。

输入汉字的技术经历了三个发展阶段：一、整字输入法；二、拆字编码输入法；三、拼音变换输入法。整字输入法需要特制键盘，最早在日本曾热闹一时；还没有来得及大量传入中国，日本已经放弃这种方法了。编码输入法在日本只尝试了一个短时期，很快就进入无编码的假名变换输入法，现在日本青年已经不知道什么是编码了。在日本，一九六七年东芝开始研究无编码的“假名变换法”，一九七七年推出假名自动变换的第一台日文电子打字机。一九七八年夏普、一九七九年富士通、一九八〇年有六家推出同性质的日文电子打字机。从此日文电脑进入无编码时期，此后的发展是改进人工智能的自动化软件。

中国在开始设计出笔画和部件的编码输入法时候，许多人欣喜若狂，为汉字庆贺！从此有越来越多的人研究编码输入法，很快达到四百种、七百五十种、超过一千种，形成“万码奔腾”的局面，至今不衰。

我在五十年代设计了一种“拼音加部首”的音形编码，后来发表在《电报拼音化》一书中。可是不久我就感觉到这不是一条康庄大道。我转向研究无编码的“拼音—汉字”自动变换法，发表了几篇论文，其中一篇是《汉语的内在规律和汉字的内在规律：中文输入法的两种基本原则》（一九九六）。

我认为汉语的内在规律可以用来改进中文的输入法。一、语词规律：汉语是以词为表意单位的，大多数的词是双音节和多音节，还有词组、成语、语段、固定名称等，可以作为输入单位，尽量避免以单个汉字作为输入单位，实行“以词定字”。二、频度规律：按照语词的出现频度，实行“高频先见”。如果这不是当时的需要，可以选择出需要的词或字，使电脑记好，实行“用过提前”。只要选择一次，不要选择第二次。三、语境规律：常用而又易混的单音节虚词，例如量词，可以利用上下文的“语境”原理，设计智能化的软件，自动调整。四、声韵规律：利用声韵两分法及其搭配关系，可以把全部声母和韵母安排在五十六个字母键盘上，实行音节双打（双打全拼），提高效率。诸如此类的汉语内在规律是中文电脑智能化的依据。在今天，这些认识已经成为许多人知道的常识。在拼音变换的中文电脑上，输入规范化的白话文，只有大约百分之三需要进行同音选择。

汉字也有内在规律，可以用来设计字形编码。但是，汉字的内在规律复杂而多例外。所以字形编码都是“多重”规则，而每重规则又都有例外。字形编码在日本已经让位于假名变换，中国也应当走出编码时期，推广无编码的拼音变换。拼音变换对学过拼音的小学生来说，不需要另外学习。这是普及中文电脑的一个关键性的步骤。

科技术语和译名问题是文字改革的一个重要方面。中国把这方面的工作交给单独的机构来负责，所以不列入文字改革工作的项目中。在中国历史上，有两次大规模输入外国文化，一次是以唐代为高峰的输入印度佛教文化，另一次是从清末开始的输入西方科技文化，今天的新科技和信息技术就是科技文化的延长和发展。大规模引进外来文化，必然大规模引进外来术语。战后新兴国家都遇到如何引进科技术语的问题，中国并非例外。

用字母文字的国家在引进新术语的时候，无例外地都采用原样借入的方法。这就是鲁迅所说的“拿来主义”，一般称为“术语国际化”。日本原来跟中国一样，采用“意译、单音节化、创造新汉字”的翻译方法，后来改为利用片假名直接音译外来术语。中国现在的方法是“意译为主、音译为辅”。意译的好处是容易为群众所理解，但是缺点很明显。“一名之立，旬月踟躇”。“一名之定，十年难期”。在时间上难于追赶先进，也不利于阅读国外科技文献。我提出一个解决方法，叫作“术语双语言”。对一般群众采用意译，这是较少的常用术语。对专业工作者采用术语国际化，方便追赶科技的迅猛发展。我发表了几篇论文，其中一篇的题目是《文化传播和术语翻译》(一九九五)，说明“术语双语言”的必要性。

今天，世界进入全球化时代，任何国家如果不能进入国际竞争，就有落后和失败的危险。要想进入国际竞争，在语言上需要学习事实上的国际共同语：英语。我国原来实际上推行“方言或民族语和普通话”的双语言，现在需要再加上“普通话和英语”的双语言，否则中国人无法走出中国，参加国际活动。“改革开放”需要两个“双语言”，这是时代的需要和发展的需要。我发表了一篇文章《双语言时代》（一九九七），说明这个时代的语言需要。全球化已经不是少数人的梦想，而是不由分说地真的向我们走来了。

“文字改革”或者“语言计划”这些说法有时容易发生误解。我从六十年代起就改说“语文现代化”。有人说，“语文怎么也能现代化？”其实，“语文现代化”这个说法在国际上早已通行。例如：一九六七年在马来西亚举行“亚洲语文现代化”国际学术会议，到会的有亚、欧、美等许多国家的学者；这时候中国还没有开放对外学术交流，所以中国没有人参加。后来，一九八三年在夏威夷举行“华语社区语文现代化和语言计划”国际学术会议，简称“华语现代化”国际会议；中国大陆参加者有六人（傅懋勣、刘涌泉、陈章太、范继淹、黄国营和我），中国台湾参加者有五人，此外有各国的学者。语文现代化不是中国一国所特有的工作，而是一种世界性的工作。这一点要使国内更多人知道，以利于中国的改革开放。

一九九七年十一月二十日

（《学林春秋》，张世林编，中华书局一九九八年版。此据《周有光语文论集》本）

《汉字改革概论》序言

一九五八年秋季到一九五九年初春，北京大学中国语言文学系开设“汉字改革”课程。这就是课程的讲稿。当时匆促开课，未及编写讲稿，只分发简单的油印提纲。事后一年间，陆续把讲稿编写出来，并把其中几部分在《中国语文》和《文字改革》杂志上发表，征求读者意见。因为是事后编写的，所以有可能把当时口述讲稿作一些修正，并且把事后新的事实发展（大体到一九六〇年年中为止）补叙进去。这个课程是一个新的尝试。限于我的水平，这本讲稿还只能说是一种不成熟的个人初步研究。

讲稿分六章。

第一章　“文字改革和文化革命”，说明文字改革是文化革命的一个重要课题，为了易学便用的目的应当按照文字发展规律进行文字的改进和革新。封建社会和资本主义社会也可能有文字改革，可是只有在社会主义革命时代文字改革才从少数知识分子的活动发展为劳动人民自觉的群众性文化革命。

第二章 “汉字改革运动的历史发展”，扼要叙述六十多年来的经过。第一时期切音字运动的主要收获是辛亥革命以后拟订了注音字母。第二时期广义的拉丁化运动的主要收获是解放以后诞生了汉语拼音方案。现在已经开始了第三时期，即汉语拼音教育的普及和汉语拼音文字的逐步成长时期。

第三章 “汉语拼音方案”，系统地解说汉语拼音方案的设计技术，以及现阶段方案在语文教育上、科学技术上和少数民族制订文字时候的各种作用。①

第四章 “汉语拼音正字法”，说明正字法有些什么问题，并对其中三个主要问题（连写法、外来词、同音词）的性质试作原理上的探讨。汉语拼音方案正式公布以后，正字法的研究是促进汉语拼音文字成熟起来的重要工作之一。

第五章 “汉字简化”，叙述汉字在历史上的简化演变和五十年来简化汉字的各种尝试，归结到解放以后汉字简化的实现。

这一讲原来是曹伯韩同志讲述的。不幸他未及编写讲稿就因病去世了。这里我以他的遗稿《汉字简化问题提纲》为主要基础写成这篇讲稿，借此向这位汉字改革运动的战士致悼念的敬意！

第六章 “汉字改革运动的新发展”，叙述汉语拼音方案诞生以来汉语拼音教育在各方面的发展，并且说明为什么汉语拼音必须经过相当长期的发展过程才可能成熟成为现实的

① 这一章在修订版中分为两章：第三章“汉语拼音方案解说”和第四章“汉语拼音的作用”。第一版的第四章、第五章和第六章，在修订版中就成为第五章、第六章和第七章。

拼音文字。

有些章节后面附录了参考资料。

本讲稿承王力教授多所指正，在讲课时候承郭锡良、孙庆生两同志协助，特此致谢。

（《周有光语文论集》第一卷，上海文化出版社二〇〇二年版）

利用拼音，帮助汉字

一　汉语拼音方案的诞生

五十年代初期，我国为了扫除文盲，使人民大众迅速提高文化，把研究和制订一套比较合理而实用的汉语字母作为重大工作，由毛主席和周总理亲自领导。中国文字改革委员会经过三年精心的研究，设计了“汉语拼音方案”，简称“拼音”，在一九五八年二月十一日由全国人民代表大会通过公布。当时得到国内和国外的广泛赞成和祝贺，认为这是清末以来中国人民自己创制汉语字母的最佳成果。

当时也有不赞成的意见。例如：有人说，中国有五千年文明史，为什么几个字母也不能创造自己的民族形式，而要借用英文字母呢？有人说，拼音不能区分同音异形的汉字，应当仿照汉字把“清蜻鲭”等分别书写清楚。有人说，中国方言各地不同，用了拼音之后中国就会像欧洲那样分裂成为几十个国家！这些意见，今天坚持的人可能不多了。

周总理在《当前文字改革的任务》（一九五八年一月十日）中说，汉语拼音方案的用处是："给汉字注音"，"拼写普通话，作为教学普通话的有效工具"，"编印拼音读物和注音字典"，"帮助外国人学习汉语，以促进国际文化交流"，"作为各少数民族创造和改革文字的共同基础"，"还有其他方面的各种用处，例如可以用来音译外国的人名地名和科学技术术语，可以在对外的文件、书报中音译中国的人名地名，可以用来编索引，等等"。周总理申明：汉语拼音方案"不是用来代替汉字的拼音文字"。

周总理又说："我们采用了拉丁字母，经过我们的调整，使它适应了汉语的需要之后，它已经成为我们自己的汉语拼音字母，已不再是古拉丁文的字母，更不是任何一个外国的字母了。字母是拼写语音的工具，我们用它来为我们服务，正像我们采用火车、轮船、汽车、飞机来为我们服务一样，正如我们采用阿拉伯数字来计算，采用公历来纪年，采用公里来表示距离，采用公斤来表示重量一样。"

一九一八年，北洋政府教育部公布简化汉字形式的"注音字母"（后来改称"注音符号"），代替繁难的"反切"注音，现在台湾还在使用这套字母。由于"注音字母"不便对外使用，一九二八年南京政府教育部又公布国际通用字母的"国语罗马字"。后者的拼写方法过于繁复，推广困难，台湾在一九八六年把它改为"注音字母第二式"简化了拼写法，跟"汉语拼音方案"十分相近。第二式在一九九九年开始用于拼写台湾地名。台湾同时用两套字母，对内用"注音字母"，对外用第二式，很不方便。中国大陆对内对外用同一套拼音字母。

早在清朝末年，英国人威妥玛设计一套拼写官话的字母，后来称“威妥玛式”，在欧美各国使用一百多年，流传很广。由于它的设计不很合理，例如“居区朱储”等音容易混淆，人们早就希望改革一下。汉语拼音方案公布之后，欧洲各国的出版物和图书馆很快就采用了拼音，但是美国迟迟没有采用。一九九八年，美国国会图书馆决定改用拼音，准备以三年时间，花费几千万美元，把馆藏七十万部中文图书的目录全部改成拼音。

一九八二年，“国际标准化组织”经过三年的反复讨论，得到国际投票通过，认定汉语拼音方案作为拼写汉语的“国际标准”（ISO-7098）。联合国地名标准化会议也采用拼音作为拼写中国地名（台湾除外）的国际标准。

从清末到现在，汉语字母经历了多次变化：从外国方案到中国方案，从民族形式到国际形式，从内外不同到内外一致，从国家标准到国际标准。这些变化反映了中国文化一步步走向现代世界。

二　利用拼音帮助汉字

汉语拼音方案公布和推广到今天已经四十多年了。拼音字母作为中国语文的表音符号已经成为青年一代的常识，发挥了多方面的作用。

一九五八年秋季开始，拼音字母成为中国大陆的小学必修课，小学生首先学习拼音字母，利用拼音字母学习汉字。黑龙江省使这种识字方法系统化和理论化，成为“注音识字、提前读写”的教学法，许多省区模仿推广，成为今天识字教学的主导方法。这种方法跟一千年前创始于日本的假名识字法是原理相同的。日本利用假名帮助汉字发展了现代教育。

字典用拼音字母注音开始于五十年代底的《新华字典》。这本小小的字典曾经在全国发挥统一汉字读音的作用。后来《现代汉语词典》用拼音按词注音，分词连写，排列正文，开创了辞书注音的新技术。《辞海》用部首排列正文，用拼音作为索引。某次比赛证明，先查拼音索引，再查正文，速度可以加快三倍。《中国大百科全书》用拼音排列正文条目，这是拼音序列法的应用扩大。汉字不便作索引，拼音开辟了新的索引途径。图书馆的中文目录，利用拼音，以电脑代替卡片，可以多处图书馆联网，这是图书馆检索技术的革新。

汉语人名的字母拼写法原来十分混乱。鲁迅有二十多种拼写法。以前中国运动员参加国际比赛，每到一国就变成一种不同的人名拼写法，连本人也搞得莫名其妙。后来利用拼音统一人名拼写法，姓名分开，双姓或双名连写，大家觉得方便。出国护照要求汉字姓名之外要有规范化的拼音姓名，实行以来，成效极显著。

中国地名利用拼音统一拼写法，已经编印《中国分省地图》(拼音版)、《中国地名录》等规范化的地名工具书，便利跟国际地名标准化接轨。拼音地名已经在邮电局普遍使用。国际互联网络上的华人电子邮件地址，已经包含拼音人名或其缩写。

聋人用的《汉语手指字母》在一九六三年按照汉语拼音方

案设计公布，采取各国的优点，去除各国的缺点，得到国际的好评。盲人用的汉语盲文还没有跟汉语拼音字母接轨，以后需要研究改进，便利盲人和明眼人的文字交流。

以汉语拼音方案作为基础设计少数民族的新文字，是五十年代以来实行的一项重要文化措施。这项工作取得卓越的成绩，已经公布施行了壮文、布依文、侗文、苗文、景颇文、载瓦文、白文、哈尼文、傈僳文、纳西文、拉祜文、佤文、土文等多种拉丁化新文字，其中壮文印上了人民币。少数民族有语言而没有文字的时代已经过去。

中文信息处理有多方面的工作，在电脑上输入中文是共同的第一步。中文可以用语音输入，也可以用于手写输入，但是利用字母键盘打字输入是经常和大量的实用方法。打字输入可以用“拆字编码法”，又可以用“拼音变换法”。“拆字编码法”已经有一千多种，一般由职业打字员用于誊清原稿，所谓“看打”。“拼音变换法”对学过拼音的青年不要特别训练。以语词、词组、成语、语句等的拼音作为输入单位，实行“以词定字”，能够自动变换成为汉字文本。在电脑上写信、写文章、写文件，自己起稿，不用誊清，输入拼音，立刻变成汉字，这是高效率的起稿方法，所谓“想打”。日文的输入问题比中文复杂，日本从一九八〇年开始完全采用“假名变换法”，输入日文成为中小学生的日常生活。

汉字注音，拼音可以音节分写。拼写普通话，需要“分词连写”，因为普通话是以语词作为表意单位的。阅读汉字文章时候，我们心中都默默分词。例如“中华／人民／共和国”，不可读成“中／华人／民共／和国”。一九八八年国家语言文字工作委员会公布《汉语拼音正词法基本规则》。正词法的主要内容是“分词连写”。

对外汉语教学利用拼音字母得到普遍成功。外国来华留学生首先学习拼音汉语，再学汉字中文，进度之快，令人惊异。他们实行“分词连写”，充分利用拼音帮助汉字，发挥了拼音在中外文化交流中的桥梁作用。

汉语拼音方案是信息化时代的有用工具。利用拼音帮助汉字，可以方便中国文化在国际互联网络上传播到全世界去。

一九九九年六月十四日　时年九十四岁

（《中国教育报》，一九九九年六月二十二日）

《中国语文的时代演进》前言

中国是一个多民族、多语言、多文字的文明古国，现在正在积极地向现代化前进。汉字从甲骨文算起有三千三百年以上的历史。辛亥革命（一九一一年）以来，中国的语言和文字发生了时代性的变化。了解今日中国，不能不了解今日中国的语文情况。

语言和文字不是一成不变的，而是不断变化的。但是，平时变化非常慢，甚至不容易觉察到有什么变化。遇到社会急剧变动的时候，语言和文字就会发生比较明显的变化。

秦并六国，统一天下，这是中国古代历史的大变动。这时候实行以秦国文字为标准的书同文政策，废除了六国文字。古代交通困难，各地言语异声，文字异形，实行书同文已经极不容易，进一步实行语同音是不可能的。

一九一二年推翻帝制，建立民国，这是中国近代历史的大变动。这时候，语言发生了较大的变化。方言分歧的汉族开始要求大家学习国语，实行语同音；白话代替了文言，成为文学正宗，统一汉字读音，反切改为注音字母。这是中国语文向现代化前进的第一步。

第二次世界大战后的五十年代是又一个中国历史大变动时期。这时候除继续辛亥革命之后的语文改革外，简化了三分之一的通用汉字，淘汰了一千多个异体字，制订和推行汉语拼音字母，并使汉语拼音字母成为国际标准。

“五四”白话文运动是中国文化史的古今分水岭，它引发了整个中国文化的革新思潮。历史家把这个运动称为中国的文艺复兴。历史的道路虽然崎岖不平，但是总方向是向现代化前进。“五四”运动要求文化和教育面向群众、面向世界、面向未来。进步和落后的区别要以这三个面向为准则。有了准则，无谓的争辩就迎刃而解了。

现在，历史进入信息化时代。语言和文字是传递信息的基本承载体。我国的语言和文字需要继续提高规范化水平，适应信息化时代的需要，向二十一世纪前进。

这个小册子，用平易的笔墨，简单地叙述中国语言文字的现状和问题，供读者作为一本入门读物。

（《中国语文的时代演进》，人民文学出版社二〇〇九年版）

《人类文字学浅说》前言

语言使人类别于禽兽，文字使文明别于野蛮，教育使先进别于落后。

人类在三十万年前进化成为真人的时候，开始发展了语言。五千五百年前，从采集到耕种的农业化迅速发展，出现城邦和城邦联盟，人类开始需要能按照语词次序书写语言的文字。三百年前的工业化使全民义务教育成为建设国家的首要任务，识字从少数人的权利变为多数人的义务。

一万年前，古人在陶器和其他器物上刻画记号，叫作刻符。又在岩洞和山崖上画出鸟兽和人形，叫作岩画。刻符和岩画是文字的种子，但是不能组成语句。无法说明跟后世文字的联系。人们把结绳和编贝作为文字的萌芽，但是这些非线条的记忆方法不可能是线条文字的起因。

某些没有文字的部落在近代重复古人的创造文字。看看近代人的图画文字，可以想象古人的造字经过。战后中国对少数民族的调查，发现多种为原始宗教服务的民间文字，可以帮助了解文字的早期发展。

文明古国都有文字之神。中国传说，汉字是黄帝之使仓颉所创造。黄帝可能是中国最早建立部落联盟的一位首领，这时候需要文字是合乎情理的。“仓颉四目”，“仓颉作书而天雨粟、鬼夜哭”。文字能增进知识，知识能改善生活（天雨粟），并帮助控制妖魔鬼怪的横行（鬼夜哭），这也合乎情理。但是有了文字就万事大吉，那是神话。

文字是人造的，并由人不断加以改进。世界各地的文字，不是一盘散沙，而是一个有序系统。人类文字的历史分为图画文字、古典文字和字母文字三个阶段。了解一些人类文字的历史事实，可以去除关于文字的神秘观念。非神秘化是一切科学的起点。

这里用浅显的笔墨，简单地叙说人类文字历史的要点，可以作为知识青年工作余暇的知识性读物。

一九九八年七月二十五日，北京　时年九十三岁

（《人类文字学浅说》，人民文学出版社二〇〇九年第一版）

《字母的故事》前言

为什么要讲《字母的故事》

《字母的故事》是字母的传播繁衍及其结构和形体的演变的轮廓画。

为什么要来研究字母的故事呢？

首先，为了文字改革，我们要研究字母的故事。

文字改革要求我们研究许多问题。例如：文字改革可否以简体字为最终目标？拼音文字应当采取音节制呢，声韵双拼制呢，还是音素（音位）制呢？字母应当根据方块字来创造，还是采用世界已经通用的字母？字母的好坏标准何在？字母的民族形式究竟决定于什么东西？用怎样的步骤来进行文字改革最为合适？诸如此类的问题，要得到正确的解答，必须研究字母的故事，在丰富的历史教训中来提高我们的认识。

其次，字母的故事是文化史的一个组成部分。文化史料多数是文字的记录。字母的流传代表文化的流传。从字母在国际和民族间的传承关系，我们可以了解人类文化的交流和发展历史。假如缺少了字母的故事，就不可能有完备的文化史。

再次，字母的故事和考古学有密切关系。十九世纪以来，古代许多碑铭和写本，原来是久已无人认识了，却被耐心钻研的学者们陆续“解读”了出来。例如，古代两河流域（美索不达米亚）的钉头字，古代埃及的埃及字，以及其他好多种古文字，在遗忘了千余年或几百年以后，又重新成为我们所能阅读的文字。在中国，甲骨文和敦煌石室古写本的解读，也获得了辉煌的成就。这些文字，除了少数几种是形声字以外，多数是字母制或半字母制。只有对于字母掌握充分知识的学者，才能够打开这些古代文化的宝库。由于这些古文字的解读，十九世纪以来的近代人，比古代人知道了更多的古代历史。所以说，字母是历史的钥匙。

由于字母的知识对于文化史、考古学以及文字改革都有这样的重大关系，研究字母的专门学者逐渐增多起来，字母的知识形成了“字母学”的科学分支。假如我们要培养一株字母学的树，今天就得先投下一粒字母的故事的种子。

字母的故事不是炉边闲话或消暑读物，而是这样一门严正知识的“开篇”。

《字母的故事》讲些什么

《字母的故事》里面讲些什么呢？

首先，它讲字母的历史流传。文字是多源的，许多民族都曾创造文字。可是，音素字母制度的创造，据专家的考证，来自一个源头。地点是介乎古代埃及和两河流域之间的国际通道上的叙利亚·巴勒斯坦（地中海东岸），时间大约是公元前十七世纪（已发现的最早字母碑铭是公元前十三世纪的遗物），创造者是北方塞姆人（即闪族人）。

原始的塞姆字母流传为四个主要系统。第一是南方塞姆字母系统，后来在非洲东部厄梯欧比（阿比西尼亚）等地流传。第二是卡那安·腓尼基字母系统。它向西发展，在地中海各地流传。第三是希腊字母系统，这也可以看作是卡那安·腓尼基的一个特殊分支；近代两种重要字母（斯拉夫字母和拉丁字母）都是它的后裔。第四是阿拉马字母系统，它从小亚细亚向东流传，成为亚洲西部、中部和东南部的各种字母；阿拉伯字母是它的重要后裔之一。此外，印度（婆罗迷）字母在流传历史上自成一个系统。多数学者认为印度字母源出于阿拉马字母，那么，它是阿拉马字母的一个特殊分支。许多种面貌很不相同的字母，追本溯源，原来都是伯叔兄弟一家人！

有的民族在接受音素字母制度的时候，自行另造字母形式，这不能算是创造字母，而只是创造（改换）字形。

其次，《字母的故事》讲文字结构（构造）的演进。人类的文字从图画（象形）文字开始，发展成为概念（会意）文字，再进一步就走入记音文字的领域。记音文字最早是意符（类符）和声符合成的所谓形声字；后来从声符中产生出音节字母，把音节字母和形声字混合应用，更进一步就是纯粹的音节文字；最后发展到分析语音的音素（音位）符号，产生了真正的字母。字母的发展也不是一步完成的。塞姆字母原来只有辅音字母，元音字母是希腊人补充的创造。字母到希腊人手中才开始完备了音素制度。

有名的古文字例如钉头字、古埃及字等都是形声字。形声字是文字史上第一个重要阶段。中国的汉字中最大多数是形声字。汉字、钉头字和古埃及字在文字的历史发展上同属于一个阶段，可说是人类的三大形声字。中国的文字改革就是使文字走出形声字阶段，进入音素文字阶段。简体字只能简化字形，不能提高文字的结构水平。

再次，《字母的故事》讲字母形体的演进。最早的字母形体脱胎于以图画文字为基础的形声字；虽然字形已经不像牛头马面，但大都是屈曲无度、零乱不齐的。它逐步演进，成为简单、明确、对称、齐匀、美观的字形。由于铭刻、印刷和手写的要求不同，字母分化为楷体（铭刻体或印刷体）和草体（手写体或行书体）。为了使表达力丰富而精密，字母又分化为大写体和小写体。历史上各民族的字母形体，或同出一源，或相互模仿；在印刷术发达以后，字母形体日益趋向共同一致，形成共同的国际文化交流的科学工具。

文字的基础是它的结构。音素字母制度是最高阶段的文字结构。可是字母的形体也很重要。假如字母的数目多，笔画繁，印象不明，书写不便，独树一帜，抱残守缺，那么它对于文化的发展也将发生一定的阻滞作用。

文字一方面需要稳定，另一方面需要演变。稳定性和演变性是文字的二重矛盾性格。没有稳定性，文字就在时间上和空间上不能流传久远。这是许多已经掌握了文字工具的知识分子反对文字改革，甚至连简体字也反对的原因。可是，文字到了脱离了语言或落后于时代的时候，又要求改革。这时候演变性就发挥作用了。没有演变性，文字就没有进步，也没有字母的故事可讲了。历史上凡是脱离人民大众的学院（寺庙）文字（例如汉字和梵文等），都能不顾时代而长久保持它的稳定性；凡是与人民大众的生活相结合的日用文字，就不能不跟着语言和书写工具的变化以及文字学的进步而表现它的演变性。中国在几千年间保持着落后的形声字和文言文，这是文字脱离人民大众的结果。解放以来，"解放体"流行，这是文字与人民大众的生活一旦结合起来的必然现象。当然，"解放体"并不能提高汉字的结构水平，并不能解决文字改革的问题，它只代表文字形体简化的要求，它的发展前途至多只能像古代埃及字从碑铭体演变到僧侣体和人民体一样。

在这一本《字母的故事》小书里，不能面面俱到地细讲一切字母的故事。这里只有粗线条的轮廓画，其中缺少许多应有的东西，留待将来再谈。笔者由于知识的限制，所谈一定有不少错误，请读者多多指正。本书所用参考资料，主要是 D. Dirjnger 的《字母史》(一九四八年)，此外还有多种参考书目，不另一一注明。

下面，请开始看《字母的故事》吧。

（《字母的故事》，人民文学出版社二〇〇九年第一版）

《今日花开又一年》序言

张建安先生喜欢看我的书和文章，又喜欢看我的夫人张允和的书和文章。他在阅读之后，剪裁我们二人作品中的一些段落和篇章，巧妙地编织成这本轻松的休闲读物，题名《今日花开又一年》。这个书名，意味深长，促我反思。

休闲读物，可以随手丢开，闭目养神。可是，在不经意中看到某个章节的惊人记载，会使你跃忽而起，眼前浮起许多亲朋好友的不幸故事。

时代过去了。灾难也会随着时代过去吗？

张建安先生介绍我和张允和两人，不是因为我们有什么生活特色，而是因为我们两人的生活非常平凡，既有平凡的幸运，也有平凡的灾难，可以代表即将逝去的一代知识分子中的平凡阶层。

"今日花开又一年"。

年年花开。愿今日的花，不是昨日的重复，而是昨日的升华！

二〇一一年五月十八日

（《今日花开又一年》，中国文史出版社二〇一一年九月第一版）

《现代汉字学》序言[①]

人类的知识是不断发展的。在时间上向古代和未来延伸；在空间上向全球和全宇宙扩展。人类学把历史推前了二百万年。气象学每天在预报未来的天气。古人"登泰山而小天下"。今人登月球而小地球。

文字学也是一样。原来只知道钟鼎文，后来发现了甲骨文，知识延伸了。原来只知道"六书"是汉字的造字和用字原理，现在知道"六书"是同类型古典文字的共同原理，知识扩展了。汉字在人类文字的历史中处于什么地位，在文字类型学上属于什么类型，正在从主观的臆想进而成为客观的论证。

一百年来，受西方文化的冲击，汉字文化圈日益缩小。越南独立，正式废除汉字。朝鲜独立，北方废除汉字，南方大量减少汉字。日本在战后实行文字平民化，法律和公文只用少量常用汉字，其余用字母。可是，文字有坚韧的连续性。汉字在

① 高等学校教材《现代汉字学》，著者高家莺、范可育、费锦昌，高等教育出版社出版，一九九三。

故乡中国，连续性最强。

在中国，汉字已经有字母作为注音工具，帮助担任汉字不便和不能担任的工作。字母成为小学生的常识，应用日渐频繁。但是，字母在今天只是文字以外的辅助符号，汉字是书写汉语的正式文字，将在中国继续使用下去。

既然要继续使用下去，就应当对今天和明天使用的汉字加以研究，用现代的科学方法做多角度的研究，探索它的现代特点，改进它的现代用途，减少亿万人民的学习困难和应用不便。这样，传统汉字学中就自然地派生出一个分支："现代汉字学"。传统汉字学研究汉字的起源和形音义的历史演变。现代汉字学研究现代汉字的现状和实用问题。

"现代汉字学"的名称虽然到一九八〇年才在刊物上提出[①]，事实上民国初年以来就在不被重视中开始萌生了。例如，一早就有人尝试改进查字法，提倡简化字，后来进一步有小学用字统计等科学研究。在日本，革新的研究开始得更早。所以现代汉字学是"播种于清末，萌芽于五四，含苞于战后，嫩黄新绿渐见于今日"[②]。它是时代的产物。

一九八四年，上海师范大学和华东师范大学先后开设"现代汉字学"课程。后来，各地有更多大学开设同样的课程。"现代汉字学"已经诞生了。初生的婴儿不会说话和走路。初生的"现代汉字学"要经过一个逐步成长的过程。这部《现代汉字学》的出版，宣告这个婴儿要开始学习走路了。当然，要想健步行走，还必须有更长的时间和更多的研究者来共

① 见周有光《现代汉字学发凡》，载《语文现代化》丛刊第二辑，一九八〇。

② 见周有光《〈汉字声旁读音便查〉后记》，一九八〇。

同抚育培养。

中国的现代化要追上两个时代：工业化和信息化。已故的胡愈之先生多次说：语文的现代化是工业化的前提，西方如此东方也如此。信息化更需要语言文字现代化。希望这部《现代汉字学》的出版，以及对这个汉字学分支的不断深入研究，将有助于改进汉字作为信息和知识的承载体的功能。

（一九九〇年七月十五日）

《比较文字学初探》后记

二十世纪三十年代，中国掀起一个拉丁化新文字运动。好些人写文章，比较中文和英文的得失。我也写过这样的文章。渐渐，我明白，这种比较是浅层的，没有学术意义，也不能解决实际问题。于是我开始阅读国外的文字学著作，自学比较文字学，希望根据世界文字的历史资料，进行系统的深层比较。比较文字学在国外不断提高，但是不能说已经成熟，而且研究的重点跟中国的要求不尽符合。

五十年代，中国成立文字改革委员会，我被调来会中工作。这时候，听到许多人谈论，文字改革的根据是文字的发展规律。什么是文字的发展规律呢？只有简单的一句话，那就是从表形到表意到表音，没有深入的和详细的说明。反对的人说，根本没有这样的文字发展规律。你看，汉字经过三千年，变成拼音文字了吗？对这种反对意见，无人能作使人信服的解答。这是一个复杂的学术问题，不能用三言两语来肯定或者否定。要想进一步了解文字的发展规律，只有进行比较文字学的研究。

可是，这个课题的难度很大，研究进一步，困难大一步。许多关键性的问题，都无法从国外得到满意的现成答案，要我们自己去钻研、思考和探索。取得国外的参考资料，也非常困难，我感觉到我的能力和条件不足以担当这项研究。

但是我又不甘心放弃这项研究，因为它实在很重要。许多年来，我一时进行，一时停止，有一分气力，做一分工作。“文化大革命”期间停止研究长达十年。拨乱反正之后，又继续工作。日积月累，也把一部分原来模糊不清的认识，变为稍稍明白的了解。例如：

文字有成熟与不成熟的分别。成熟与不成熟的分界线在哪里？我得到的分界线是：能够按照语词次序无遗漏地书写语言，就是成熟的文字。

比较必须分类。分类学是任何学术的早期重点。语言学有公认的分类法。生物学有公认的分类法。国外的文字学者重视文字的分类，但是各人有各人的分类法，没有一个公认的分类法。我开始找寻文字分类的客观标准。我了解到：客观标准就是文字本身的三个侧面：一、符号的形式，二、语段的长短，三、表达法的层次。三个侧面叫作“三相”，由此可以形成文字的“三相”分类法。依靠比较研究，得到了宏观的文字分期：一、尚未成熟的形意文字；二、已经成熟的意音文字；三、分析语音的表音文字。

比较文字学使我们了解汉字在人类文字中的地位。西方学者发现，汉字跟丁头字和圣书字，外貌迥然不同，而结构如出一辙。它们是类型相同的三种意音文字。后来加上一种马亚字。最近我又加上一种云南规范彝文。我认为“六书有普遍适用性”，起先比较三种文字的六书，后来扩大到五种文字。纳西东巴文也可以用六书来说明，由于它不是成熟文字，所以列在五种文字之外。我收集到汉字型文字三十种，经过比较，分为孳乳仿造、变异仿造、异源同型三类。汉字的传播可以分为四个阶段：学习阶段、借用阶段、仿造阶段和创造阶段。把汉字型文字作为一个整体来比较观察，可以加深对汉字特点的了解。

意音文字本身也是从表意向表音发展的。有的走形声化道路，有的走音节化道路。有的把复合符号线性排列，有的把复合符号叠成方块。方式不同，方向相同。

字母分三类，它们的主要特点如下。一、音节字母：日本假名是不可分析的整体符号；埃塞俄比亚的阿姆哈拉字母是辅音字母跟元音符号的连接；朝鲜谚文是音素字母的音节组合。二、辅音字母：阿拉马系统和印度系统，都没有完备的元音表示法。辅音有字母，元音只有符号，附加于辅音字母的上下，不作线性排列。辅音字母本身带有元音“a”，但是时时脱落。三、音素字母：元音有独立字母，全部作线性排列。元音字母的独立，可以跟物理学从分子中分解出原子相比。

略举这些例子，只是说明一分耕耘，有一分收获。课题的范围太大，我只做了应当做的工作的一部分。现在，我已经超过九十二岁，时间和精力恐怕不可能再进一步作更加深入的探索了，只得告一段落，把已经做的工作整理成这个书稿，题名“比较文字学初探”。“初探”是一个观望大海的人在海边留下的足迹。

一九九八年十月一日，时年九十三岁

（《周有光语文论集》第三卷，上海文化出版社二〇〇二年版）

《汉字改革概论》三版序言

一九五八年秋季到一九五九年初春，北京大学中国语言文学系开“汉字改革”课程。这就是课程的讲稿。当时只分发简单的油印提纲，事后一年间陆续把讲稿写成，一九六一年出版。一九六二年上半年北京大学又开“汉字改革”课程，一九六三年上半年中国人民大学语言文学系也开“汉字改革”课程，都用本书作为讲稿基础。一九六四年再版。现在一九七九年三版。

一九五八——一九六〇是解放后汉字改革运动的一个高潮，也是大半个世纪以来汉字改革运动最大的一个高潮。本书叙述事实基本上以这个高潮为结束。

本书初版出版以来承书评家和读者一再指正。作者感谢他们的关怀和合作，请求他们继续指正。

“汉字改革”课程是一种新的尝试。汉字改革问题的研究是语言学文字学的一个全新的课题。这里的初步探索是不成熟的。再版和三版时候只对原有的缺点作了较小的修改，没有能够对一些重要问题进一步研究和改写。如果学校采用本书作为参考教材，请批判地应用。

一九七九年北京

（《周有光语文论集》第一卷，上海文化出版社二〇〇二年版）

周有光先生事略

一九〇六年一月十三日，生于江苏常州青果巷，原名周耀平。父亲周保贻，母亲徐雯。

一九一二年，进入新式小学——育志小学。

一九一八年，入镇江中学，不到一年，转入常州中学。

一九一九年，五四运动，新思潮传入常州中学，周有光的思想受到很大影响。

一九二三年，入上海圣约翰大学一年级，学基础课，并对语言发生了兴趣。

一九二四年，二年级开始分文理科，学文科，主修经济学。

一九二五年，“五卅惨案”发生后参加游行抗议，离校，改入光华大学。

一九二七年，光华大学毕业，在光华大学、江苏教育学院、浙江教育学院等校任教，同时参加拉丁化运动，提出语言文字要改革的几个方面，受到陈望道的重视及鼓励。

一九三三年，与张允和结婚，到日本留学，考入京都帝国大学（现改称京都大学）。

一九三五年，回国，一方面在光华大学教书，一方面在江苏银行工作。

一九三七年到一九四六年，避难四川，在农本局任职。

一九四六年年底到一九四九年，任职新华银行，由银行派驻美国纽约，业余时间读书学习，收获很大。游览英国、法国、意大利等国。

一九四九年六月，回国，希望帮助国家、帮助银行搞经济建设。在复旦大学经济研究所讲授经济学；上海院系调整后担任上海财经学院教授，兼任研究处主任。与此同时，担任新华银行秘书长并在人民银行华东区兼职，还与几位经济学家合办《经济周报》。《新中国的金融问题》（**新经济丛书第二种**）由香港绎济导报社出版。

一九五二年，《中国拼音文字研究》，上海东方书店第一版，一九五三年第六版。

一九五四年，《字母的故事》，上海东方书店第一版，上海教育出版社一九五八年出版修订本。

一九五五年，到北京开文字改革会议。

一九五六年，举家迁到北京，担任中国文字改革委员会和国家语言文字工作委员会研究员和委员，参与起草《汉语拼音方案》。

一九五八年，《汉语拼音方案》完成。《汉语拼音词汇》，周有光主编，文字改革出版社出版；一九六四出增订版；语文出版社一九八九年出版重编本。

一九五九年，《拼音字母基础知识》，文字改革出版社出版。

一九六一年，《汉字改革概论》，文字改革出版社出版第一版；一九六四年修订出第二版；一九七九年出第三版；香港尔雅社一九七八年出版修订本；"日本罗马字社"一九八五年出版日文翻译版，译者橘天广国。

一九六五年，《电报拼音化》，文字改革出版社出版。《汉语手指字母论集》，周有光等著，文字改革出版社出版。

一九六九年，下放宁夏。

一九七二年，回到北京。

一九七六年，逐步恢复工作，担任中国文字改革委员会委员、《简明不列颠百科全书》（中文版）中美联合编审委员会中方编审之一，中国语文现代化学会名誉会长。

一九八〇年，《拼音化问题》，文字改革出版社出版。

一九八一年，《语文风云》，文字改革出版社出版。

一九八六年，《中国语文的现代化》，上海教育出版社出版。

一九八八年，离开工作单位，回家后进入更为广泛的文化研究。

一九九〇年，《世界字母简史》，上海教育出版社出版。

一九九二年，《新语文的建设》，语文出版社出版。

一九九五年，《汉语拼音方案基础知识》，语文出版社出版；香港三联书店于一九九七年出版。《语文闲谈》，生活·读书·新知三联书店出版。

一九九七年，《文化畅想曲》，中国青年出版社出版。《世界文字发展史》，上海教育出版社出版，后列入"世纪文库"。《语文闲谈续编》，生活·读书·新知三联书店出版。《中国语文的时代演进》，"了解中国丛书"，清华大学出版社出版第一版；美国俄亥俄大学"Pathways丛书"二〇〇三年出版中英文对照本，译者张立青。

一九九八年，《比较文字学初探》，语文出版社出版。《多情人不老》，"双叶集丛书"，张允和、周有光合著，江苏文艺出版社出版。国际教育基金会评选中国百对恩爱夫妇中最老的一对：周有光九十三岁，夫人张允和九十岁。

一九九九年，《新时代的新语文》（战后新兴国家的语文新发展)，生活·读书·新知三联书店出版。《汉字和文化问题》，费锦昌选编，“汉字与文化丛书”，辽宁人民出版社出版。

二〇〇〇年，《人类文字浅说》，“百种语文小丛书”，语文出版社出版。《现代文化的冲击波》《语文闲谈三编》，生活·读书·新知三联书店出版。

二〇〇二年，《二十一世纪的华语和华文》(周有光耄耋文存)，生活·读书·新知三联书店出版。《周有光语文论集》，苏培成选编，上海文化出版社出版。

二〇〇四年，《周有光语言学论文集》，苏培成选编，商务印书馆出版。

二〇〇五年，《百岁新稿》，生活·读书·新知三联书店出版。

二〇〇六年，《见闻随笔》，新世界出版社出版。《学思集》(周有光文化论稿)，徐川山选编，上海教育出版社出版。《语言文字学的新探索》，语文出版社出版。

二〇〇七年，《汉语拼音·文化津梁》，生活·读书·新知三联书店出版。

二〇〇八年，《周有光百岁口述》，周有光口述，李怀宇撰写，广西师范大学出版社出版。《语文闲谈》(选订本)被列入中学图书馆文库，生活·读书·新知三联书店出版。

二〇一〇年，《朝闻道集》，世界图书出版公司北京公司出版。《拾贝集》，世界图书出版公司北京公司出版。

二〇一一年，《文化学丛谈》，语文出版社出版。《今日花开又一年》，中国文史出版社出版。

(张建安整理)